A Revolução dos Cravos

CONSELHO EDITORIAL

Aurora Fornoni Bernrdini – Beatriz Muyagar Kühl – Gustavo Piqueira
João Angelo Oliva Neto – José de Paula Ramos Jr. – Leopoldo Bernucci
Lincoln Secco – Luís Bueno – Luiz Tatit – Marcelino Freire – Marco Lucchesi
Marcus Vinicius Mazzari – Marisa Midori Deaecto – Paulo Franchetti
Solange Fiuza – Vagner Camilo – Walnice Nogueira Galvão – Wander Melo Miranda

Lincoln Secco

A Revolução dos Cravos

Economias,
Espaços e
Tomadas de Consciência
(1961-1975)

Segunda Edição,
revista e ampliada

Copyright © 2024 Lincoln Secco
Direitos reservados e protegidos pela Lei 9.610 de 19 de fevereiro de 1998.
É proibida a reprodução total ou parcial sem autorização, por escrito, da editora.

1ª edição, 2004 – Editora Alameda
2ª edição, revista e ampliada, 2024 – Ateliê Editorial

Dados Internacionais de Catalogação na Publicação (CIP)
(Câmara Brasileira do Livro, SP, Brasil)

Secco, Lincoln
A Revolução dos Cravos: Economias, Espaços e Tomadas de Consciência (1961--1974) / Lincoln Secco. – 2. ed. rev. e ampl. – Cotia, SP : Ateliê Editorial, 2024.

Bibliografia
ISBN 978-65-5580-135-4

1. Portugal – História 2. Portugal – Política e governo 3. Revolução social
1. Título.

24-198965   CDD-946.904

Índices para catálogo sistemático:

1. Portugal : Revolução : História   946.904

Eliane de Freitas Leite – Bibliotecária – CRB-8/8415

Direitos reservados à

ATELIÊ EDITORIAL	CÁTEDRA JAIME CORTESÃO
Estrada da Aldeia de Carapicuíba, 897	Avenida Professor Lineu Prestes, 338 –
06709-300 – Cotia – SP – Brasil	Cidade Universitária
Tel.: (11) 4702-5915	05508-900 – São Paulo - SP
www.atelie.com.br | contato@atelie.com.br	Tel.: (11) 3091-2101
facebook.com/atelieeditorial	https://cjc.fflch.usp.br/ | cjc@usp.br
blog.atelie.com.br	

Impresso no Brasil 2024
Foi feito o depósito legal

Para meu pai,
Paulo Milton Secco.
In memoriam

*Toda progressão lenta acaba um dia;
o tempo das verdadeiras revoluções é
também o tempo que vê florir as rosas.*

FERNAND BRAUDEL[1]

Nem ouro nem prata possuo: o que tenho, porém, isto te dou.

ATOS 3: 6.

---

1. Fernand Braudel, "Discurso Inaugural no Collège de France, 1º dez. 1950", *Écrits sur l'Histoire*, p. 31.

Sumário

SIGLAS 13

Nota à Segunda Edição 17

Explicação 19

   Plano 21

Apresentação | *Anna Maria Martinez Corrêa* 25

Parte I: *UMA CONJUNTURA LONGA*

   1. IMPÉRIO 33

      Liberalismo e Republicanismo em Portugal 40

      República 50

      A República Malograda 55

      Do Novo Império às Províncias Ultramar 61

   2. ÁFRICA 65

      Nação? 76

      Tomadas de Consciência 83

      Uma Geração 89

      Teoria 92

      Neocolonialismo Reposto e Transfigurado 95

   3. CRISE 97

      Estrutura de Guerra 111

      As Origens 119

Parte II: *RUPTURAS*

4. REVOLUÇÃO 129

25 de Abril e Depois 133

Atitudes dos Partidos Políticos 134

Mudanças de Estruturas 142

As "Lutas de Classes" 143

Verão Quente 148

Análise de Interesses Externos: Crise 157

Como se Acaba uma Revolução 160

Estruturas e Permanências 163

5. AS ARMAS 167

Dinâmica Revolucionária e Estrutura Militar 173

Liberdades e Diciplina 178

A "Normalização" 182

Uma Vez Mais o 25 de Novembro 184

Estruturas e Permanências 188

Parte III. DESTINOS COLETIVOS

6. EUROPA 195

Fronteiras 197

Lugar de Portugal na Europa 199

Constituição Europeia 203

Integração 210

Fontes e Imagens 213

Estruturas de Permanência 215

7. "GEO-HISTÓRIA" 219

Lisboa, Cidade Europeia 225

O Resto do País 233

Um Fenômeno de Longa Duração: Emigração 238

O Mito da Comunidade Lusófona: África 242

África Subsaariana: Destinos Coletivos e
Longa Duração 244

SUMÁRIO

8. HISTORIOGRAFIA 255
- *Historiografia* 257
- *A História no Salazarismo* 259
- *Relatos da Crise e da Revolução* 263
- *A Natureza da Revolução* 266
- *Memória* 268
- *A Constituição Dirigente* 269
- *Revolução dos Cravos e Revolução de Veludo* 271

CONCLUSÃO 273

CRONOLOGIA 277

FONTES 279
- *Fontes Primárias* 279
- *Jornais e Revistas* 281
- *Dicionários* 281
- *Bibliografia* 282
- *Arquivos Consultados* 294

APENSO DOCUMENTAL 295

TABELAS E GRÁFICOS 297

ÍNDICE ONOMÁSTICO 303

Siglas

AMFA – Assembleia do Movimento das Forças Armadas

ANC – Assembleia Nacional Constituinte

AOC – Aliança Operário-Camponesa

ARA – Ação Revolucionária Armada

BR – Brigadas Revolucionárias

CARP-ML – Comité de Apoio para a Reconstrução do Partido Marxista Leninista

CBS – Comissões de Base Socialistas

CCP – Comissão Coordenadora do Programa do MFA

CCR-ML – Comités Comunistas Revolucionários Marxistas-Leninistas

CDE – Comissão Democrática Eleitoral

CDS – Centro Democrático Social.

CEMGFA – Chefia do Estado Maior General das Forças Armadas

CIOE – Centro de Instrução e Operações Especiais

CIP – Confederação da Indústria Portuguesa

CML – Comité Marxista Leninista

Copcon – Comando Operacional do Continente

CR – Conselho da Revolução

CTT – Correios, Telégrafos e Telefones

DGS – Direção Geral de Segurança

EMGFA – Estado Maior General das Forças Armadas

EPAM – Escola Prática de Administração Militar

EPC – Escola Prática de Cavalaria
EUA – Estados Unidos da América
FAP – Frente de Ação Popular
FPLN – Frente Popular de Libertação Nacional
Frelimo – Frente de Libertação de Moçambique
FSP – Frente Socialista Portuguesa
FUR – Frente Unida Revolucionária
GIS – Grupo de Intervenção Socialista
GNR – Guarda Nacional Republicana
JSN – Junta de Salvação Nacional
LCI – Liga Comunista Internacionalista
Luar – Liga de Unidade e Ação Revolucionária
MES – Movimento de Esquerda Socialista
MFA – Movimento das Forças Armadas
MOD – Movimento de Oposição Democrática
MPLA – Movimento Popular de Libertação de Angola
MRP – Movimento Revolucionário do Proletariado
MRPP – Movimento Reorganizativo do Partido do Proletariado
MUD – Movimento de Unidade Democrática
MUNAF – Movimento de Unidade Nacional Anti-Fascista
OCMLP – Organização Comunista Marxista Leninista Portuguesa
OTAN – Organização Tratado do Atlântico Norte
PAIGC – Partido Africano para a Independência da Guiné e Cabo
 Verde
PC R – Partido Comunista (Reconstruído)
PCUS – Partido Comunista da União Soviética
PIB – Produto Interno Bruto
PIDE – Polícia Internacional e de Defesa do Estado
PM – Polícia Militar
PPD – Partido Popular Democrático
PPM – Partido Popular Monárquico
PRP – Partido Revolucionário do Proletariado
PS – Partido Socialista

PSD – Partido Social-Democrata
RAL – Regimento de Artilharia Ligeira
Ralis 1 – Regimento de Artilharia de Lisboa
RCP – Rádio Clube Português
Renamo – Resistência Nacional Moçambicana
RML – Região Militar de Lisboa
RPM – Regimento de Polícia Militar
RTP – Rádio e Televisão Portuguesa
SDCI – Serviço de Detecção e Coordenação de Informações
SUV – Soldados Unidos Vencerão
UDP – União Democrática Popular
Unita – União para a Independência Total de Angola
URML – Unidade Revolucionária Marxista Leninista
URSS – União das Repúblicas Socialistas Soviéticas

Nota à Segunda Edição

ESTA SEGUNDA EDIÇÃO oferece alguns acréscimos e correções, mas a tese original é a mesma. Na medida do possível, fiz referência a novas obras sobre a Revolução dos Cravos. Mas não discuto aqui a novel bibliografia, desajudado que estou do ímpeto das primeiras descobertas. Significaria escrever um novo livro. Deixo este que aí está como parte da própria história que ele visava narrar. Decerto, o autor não é mais o mesmo daquele que fez a pesquisa original. Mudam-se os tempos, mudam-se as vontades.

No entanto, a tese se mantém.

A Revolução é uma lenta alteração nas relações sociais assinalada por uma repentina mudança na correlação de forças no Estado. Assim, o período revolucionário não é apenas a cronologia de abril de 1974 a novembro de 1975. Ele é a síntese de uma diversidade de tempos e ritmos orientados por uma tendência que eu busquei apanhar desde o século XIX.

Para o historiador, a cronologia é a delimitação visível de um período, é a sua expressão acontecimental. O período é a síntese de uma diversidade de tempos e ritmos orientados por uma tendência à qual o historiador confere um sentido. A cronologia é empírica, o período é concreto. Este já é um resultado do pensamento. Mas uma vez definido, é o nosso verdadeiro ponto de partida da exposição.

Nos últimos dois séculos, quando Portugal perdeu sua colônia americana e tentou recriá-la no continente africano, as elites portuguesas hesitaram entre a "volta" à Europa e a "missão imperial". Na crise de seu império colonial vivenciaram a conjuntura da luta anticolonial. E em 1974 alguns sonharam completar uma Revolução que se interrompia. Não podiam ter consciência da dialética daqueles vários tempos históricos. Derrotados pela longa duração, cederam lugar aos profissionais.

Charles Péguy costumava dizer que tudo começa na mística e termina na política. Pluralismo socialista e solidariedade atlântica foram a sua poesia. Ela terminou, porém, na política europeia. Terminou?

Explicação

*O povo português tem, como o galego, a fama de ser um povo sofrido
e resignado, que tudo suporta sem protestar, a não ser passivamente.
E, no entanto, há que ter cuidado com povos como esses. A ira mais
terrível é a dos mansos.*

MIGUEL DE UNAMUNO[1]

ESTÁ O MÉTODO A MONTANTE ou a jusante da pesquisa científica?
Essa era a pergunta com a qual um geógrafo dos velhos tempos insti-
gava os alunos em suas aulas. Foi ainda este mesmo professor, Milton
Santos, que mostrou que as ideias compõem o espaço. Porque sua geografia não era mais apenas aquela de Vidal de La Blache. Mas uma geografia nova. E esta noção simples e surpreendente mudou os horizontes
desta tese. Sim, porque já havia uma tese. Ou antes uma ideia. E nas pe-
gadas de outro professor de antanho, Eduardo D'Oliveira França, pode-se aprender que uma tese é uma ideia e um método a serviço dessa
ideia. Talvez, a ideia de um método, como ele diria. O das comparações
(*méthode dangereuse*, segundo Braudel). E o da longa duração.

Joaquim Barradas de Carvalho espantou-se, certa vez, com o fato
de a discussão sobre a longa duração ter sido feita, durante quase
trinta anos, sem colocar em causa a história do pensamento. Por
isso, argumentava Barradas de Carvalho, "a história política ficou,
entre outras razões, talvez sob a influência de uma teoria marxista
mal compreendida, estreitamente ligada à curta duração. A história
política era a história *événementielle* por excelência"[2].

A tarefa que se deve propor numa história vista a partir das ideias
políticas é a de se identificar as formas pelas quais uma dada socie-

1.   Miguel de Unamuno, *Portugal: Povo de Suicidas*, p. 40.
2.   Joaquim Barradas de Carvalho, *Portugal e as Origens do Pensamento Moderno*.

dade (ou alguns de seus grupos ou classes) procurou dar respostas aos problemas que julgava mais importantes nos períodos críticos da sua história; em seguida, deve se objetivar a interação entre essas representações e a realidade vivenciada[3].

Por que partir de uma crise, de uma revolução? Ela pode condensar toda uma história de longa duração caracterizada por tentativas de superação de uma fratura histórica. O momento crítico pode ser tanto um ponto de chegada quanto um ponto de partida. A história portuguesa do *Ottocento* e do *Novecento* parece-se com um vale. Com suas vibrações e acontecimentos políticos, econômicos, é verdade. Tal qual o curso do rio que procura insistentemente rasgar as montanhas em busca da tranquilidade de um imenso platô. O rio, todavia, tem seu curso determinado pela conformação do relevo. Por mais que insistentemente o desgaste e também o mude.

Entre duas formações montanhosas, nos dois picos, o historiador poderá sempre observar a ampla depressão, um vale de extensão razoável. Exemplos: a França do século XIX, tomando como ponto de partida a crise do Antigo Regime e a Grande Revolução. Gramsci posicionou-se em 1871 para entender o 1789! Ou Portugal nos séculos XIX e XX, tomando como momento crítico o fim do Terceiro Império e a Revolução dos Cravos. Não se poderia fazer o mesmo com a Rússia escolhendo tanto o ano de 1917 quanto o ano de 1991? Enfim, trata-se de saber até que ponto a revalorização do que Vovelle chamou "acontecimento traumatismo", pode ser feita com uma "metodologia de ponta"[4]. Ou, para falar com Chesneaux, se a longa duração não é ela mesma política. Assim, deveríamos pesquisar o que ajuda e o que atrasa o tempo das flores. Este tempo de "ritmos fortes", como diria Florestan Fernandes.

---

3.   Cf. Pierre Rosanvallon, "Por uma História Conceitual do Político", *Revista Brasileira de História*, vol. 15, n. 30, pp. 9-22, 1995.
4.   Cf. Michel Vovelle, "A História e a Longa Duração", em Jacques Le Goff, *A História Nova*, p. 85.

O ponto crítico só pode ser visto, em sua plenitude de significado, na longa duração, como síntese das contradições que acompanharam toda uma trajetória. Dessa forma, ao tempo quase imóvel da mentalidade dominante, reforçada por estruturas sociais recorrentes, superpõe-se uma conjuntura crítica, lentamente ritmada, onde as estruturas em crise reproduzem-se incorporando disfunções que levam ao paroxismo da Revolução (tempo curto). As estruturas são sempre históricas. E seus dinamismos internos assumem uma nova condição formadora de novos sistemas dependendo de seu valor estrutural interno[5].

A estrutura, para o historiador, nada tem daquele *deus ex machina* do estruturalismo. Ela apenas significa as realidades que resistem mais ao tempo. Como se sabe, a duração nunca foi um conceito teórico definido de forma precisa. Braudel não se interessava muito por definições teóricas acabadas. A noção de duração refere-se ao processo pelo qual os homens formam um conjunto de experiências, e não outro, que continua a ser reiteradamente apropriado para sua existência material e espiritual. A duração adquire contornos estruturais, mostrando que também a história se interessa pelas estruturas, mas por estruturas que se transformam.

A questão é: pode tal duração ser encontrada no plano das ideias? O próprio Braudel disse: "No plano das ideias, os homens do século XVIII são nossos contemporâneos"[6], embora não o sejam no campo das estruturas do cotidiano. Eis a duração nas ideias.

PLANO

Nos capítulos desta obra o jogo entre as prisões de longa duração, as mesmas e reiteradas tomadas de consciência de uma crise permanente, e o aceleramento (aparente ou real) do tempo histórico, divide-se em algumas etapas. Procurei condensar aquelas sobre-

---

5. Florestan Fernandes, *Da Guerrilha ao Socialismo: A Revolução Cubana*, p. 60.
6. *Idem, ibidem.*

vivências ideológicas dentro de capítulos com nomes de continentes, numa alusão respeitosa a uma Geografia que outrora encantava os historiadores. E terminar tudo com uma fusão das ideias sobre eles (especificamente Europa e África) num capítulo chamado "Geo--História".

Da perda da América, passaram os portugueses a buscar a miragem de "novos Brasis" no continente negro. E na iminência da perda da África, voltaram-se para o que, de fato, sempre buscaram: a Europa. Ou a ordem liberal que ela representava ou passou a representar. O capítulo europeu deveria, metodologicamente, postar-se junto com os dois outros que têm nomes emprestados da geografia, compondo uma primeira parte que se poderia denominar de "Continentes" ou "Longa Duração". Todavia optei por situá-lo por último, para não antecipar conclusões que exigiriam desenvolvimentos prévios. A forma de exposição e a de investigação devem diferir.

A conjuntura que articula essas realidades duradouras é a da guerra colonial (capítulos dois e três), à qual se segue o tempo nervoso da Revolução. E as mentalidades recorrentes dos fautores da rebeldia, os militares, aparecem no capítulo seis. Por isso, esta parte é sobre rupturas revolucionárias e permanências ideológicas, mas não esquece os acontecimentos espetaculares e nervosos ocorridos entre 25 de abril de 1974 e 25 de novembro de 1975. Em seguida se faz um resumo da historiografia do salazarismo e da revolução.

Ocorre que as mudanças dos discursos e atitudes políticas lusas pareceram mais variações de roupagem que de conteúdo. Aqueles portugueses, adeptos do republicanismo, do socialismo moderado, ou mesmo de um comunismo contido pelas suas circunstâncias históricas na geopolítica que lhe tolhia seu ideal revolucionário[7], apenas reeditavam teses liberais do século XIX, como veremos. Identificavam-se, paradoxalmente, com os que, na assim chamada "África lusófona", queriam (ou diziam querer) a independência total.

---

7. Luciano Canfora, *Crítica da Retórica Democrática*, cap. 13.

EXPLICAÇÃO 23

Como se sabe, não haveria ideia de império, nem o real imperialismo periférico, sem as colônias e os trabalhos forçados que lá se operavam. As economias da metrópole e das colônias estavam interligadas. Também seus destinos. As movimentações políticas coloniais criaram as condições da Revolução dos Cravos. As relações sociais (o estatuto colonial) já não suportavam a pressão daquelas forças de produção que precisavam desenvolver-se no mercado mundial fora da carapaça política do império. Não se tratava de uma necessidade férrea, mas histórica. Como hoje acontece em África em virtude da sua marginalização, a superação do colonialismo poderia ter sido adiada *sine die* ao custo do perecimento de seus povos. Mas houve resistência. Assim como se acredita que, na África atual, também uma história de ritmos fortes poderá extrair dos seus próprios dinamismos internos as bases da criação de um novo padrão civilizatório.

Ora, como se tentará demonstrar aqui, a aceleração do tempo histórico não conduz, por si mesma, à superação da condição neocolonial ou dependente. Florestan Fernandes, ao avaliar os impasses da Revolução Portuguesa, tentou compará-la com outras vias de transição da condição dependente e associada à independência nacional[8]. Essa independência, em países sob os ditames e os imperativos do capital oligopolista internacional, só poderia se "completar" com o socialismo, passando da "revolução dentro da ordem" à "revolução contra a ordem". Cuba situou-se no caso extremo em que a consciência social revolucionária foi produzida pela própria revolução[9]. Peru, Chile, Nicarágua e os países revolucionários africanos não lograram levar suas revoluções até o fim e até o fundo. Veremos (capítulo cinco) como estes exemplos encantaram setores das Forças Armadas Portuguesas. Mas revoluções não podem imitar modelos. Precisam encontrar suas forças e seu destino na sua própria história.

8. Lincoln Secco, "A Sociologia como Previsão: Florestan Fernandes e a Revolução dos Cravos", em Paulo Henrique Martinez (org.), *Florestan ou o Sentido das Coisas*.
9. Florestan Fernandes, *Da Guerrilha ao Socialismo: A Revolução Cubana*.

A jusante das revoluções nem sempre está o socialismo. Assim como a montante, nem sempre reside o capitalismo e a dominação de classe "burguesa". As revoluções de 1989 solaparam essas certezas. Derrubaram o socialismo realmente existente e implantaram a democracia liberal e a economia de mercado. Assim, situar as revoltas na longa duração não implica aprisioná-las no passado, mas entender por que umas logram prosseguir até o fim e até o fundo, extraindo com vigor o neocolonialismo de suas economias e de suas consciências, e outras param em diversas etapas intermediárias.

Visão teleológica? Talvez. Afinal, por que as revoluções deveriam ir até a algum lugar? É o risco que se deve correr. As lideranças radicais da Revolução Portuguesa tentaram transformar a revolução "antifascista" numa tentativa de esboroamento completo da ordem social competitiva. Fatores conjunturais e até mesmo equívocos e ilusões compartilhados por diversos setores políticos, civis e militares, contribuíram para a solução europeia, social-democrata e liberal. Mas, essencialmente, a impossibilidade de mudar além dos marcos das reformas capitalistas do capitalismo, reside em projeções que dominaram as mentes das elites políticas das classes dominantes nos últimos dois séculos. E a ideologia dominante é sempre a da classe dominante. Essa mesma mentalidade se espraiou pelos setores de oposição a Salazar. A esquerda não pôde arrancar esse ideário pela raiz.

O historiador não deve dizer se isso era desejável. Pode afirmar que, talvez, fosse possível. Mas, também, que era improvável.

Determinações estruturais condicionam as escolhas. Limitam. Mas não levam ninguém a um lugar previsto. Porque os homens, dizia Marx, fazem a história sob as circunstâncias legadas pelo passado. Mas, enfim: eles fazem história.

Apresentação

Anna Maria Martinez Corrêa
Unesp

AO SE COMPLETAR TRINTA anos[1] da Revolução dos Cravos em Portugal, deparamos com um momento oportuno para uma reflexão sobre esse acontecimento e sobre seu significado não só para a história de Portugal, mas também para a história dos impérios coloniais em geral. É nessa linha que se desenvolve o trabalho de Lincoln Secco, *A Revolução dos Cravos: Economia, Espaços e Tomada de Consciência (1961-1975)*. O ponto de partida desse estudo é a história da formação do chamado Terceiro Império Português, já sem o Brasil, apoiando-se na África, na procura de um reconhecimento na Europa. Seu epílogo é representado pela perda da África e pelo encontro com a Europa. Uma história que se estende por amplos espaços e por um longo tempo. É nesse pano de fundo, espacial e temporal, que o autor situa o evento, a *Revolução dos Cravos*.

Na análise de Lincoln Secco, a *Revolução dos Cravos*, o movimento de 25 de abril de 1974 em Portugal, tem por objeto uma história que marca o fim do Terceiro Império Português. O acontecimento é visto assim como um evento que põe fim a uma instituição criada e organizada durante um longo período sobre amplos espaços. Os acontecimentos de abril são, a seu ver, produto da existência conturbada daquele império em seus últimos momentos e, ao mesmo tempo, seu agente modificador. Com extrema habilidade, Lincoln Secco

---

1. Este texto foi escrito em 2004.

analisa um acontecimento individualizado, marcado no tempo e no espaço, encravado numa espessa estrutura montada no decorrer de um tempo longo. Essa constatação decorre de sua opção pela perspectiva historiográfica da longa duração, fundamentada em reiteradas leituras que o conduziram à percepção da formação de estruturas montadas a partir de relações econômico-sociais e suas configurações espaciais e políticas.

A *Revolução dos Cravos* se apresenta, assim, como um excelente laboratório para a análise da interferência de um acontecimento sobre relações estabelecidas há algum tempo. O evento é situado pelo autor no interior de um processo complexo. Esse acontecimento singular tem seu eixo fundamental num registro, rigorosamente marcado no tempo, de 25 de abril de 1974 a 25 de novembro de 1975. Isso não significa, no entanto, que a análise do historiador termina com o golpe de novembro. Seguindo sua opção metodológica, a análise vai além, cuidando de apontar não só para as tentativas revolucionárias de mudança, mas também, depois de novembro, em face do desmoronamento das principais proposições revolucionárias, para a percepção do prolongamento das permanências, pela duração das estruturas.

Trabalho muito bem escrito, demonstra erudição e domínio pleno da matéria, gosto pela pesquisa e uma postura metodológica muito clara diante de sua proposta – a aplicação prática do conceito braudeliano da longa duração – da história de construção das estruturas, seu rompimento e sua permanência. Para isso, construiu uma narrativa segura a propósito da ação que constituiu o objeto de suas preocupações apoiando-se num suporte conceitual preciso e respaldado por amplas fontes documentais. Apesar de não ser uma intenção explícita, sua análise se aproxima da metodologia de História do Tempo Presente, tanto pelo recurso às fontes produzidas no calor da hora como também pelo fato de analisar um acontecimento ocorrido num período relativamente recente, a respeito do qual existem testemunhos ainda vivos. Tendo por objeto de estudo um acontecimento amplamente registrado, principalmente pela mídia, Lincoln perseguiu o caminho dessa informação. Nesse emaranhado de fontes, demonstrou suas preferências fazendo opções. Para a compreensão do grande quadro da história total, recorreu a uma ampla bibliografia que lhe proporcionou as informações necessárias para uma espécie de pano de fundo onde aparecem situados temas referentes à formação do império português, colonização, administração, configuração do espaço geográfico, descobrimentos e nacionalismos.

Para a análise do evento, o autor atribuiu uma grande importância à produção documental gerada no momento mesmo do acontecimento. Assim, os registros mais constantes procedem de matérias publicadas em jornais de diferentes procedências, particularizando jornais portugueses, principalmente de Lisboa. Grande parte de suas observações está assentada nos discursos feitos publicamente, nas assembleias, em depoimentos colhidos durante o período da Revolução. Apesar de demonstrar conhecimento de outras publicações, principalmente de fundo memorialístico, Lincoln deu preferência aos registros do momento. Podemos dizer assim que as fontes colhidas procedem de participantes mesmo do movimento. Não se trata de relatos de terceiros, de testemunhas, mas de personagens diretos, atores, agentes do movimento preferencialmente a relatos e reflexões posteriores ao acontecimento. Isso não significa, no entanto, um demérito a tais depoimentos que estão devidamente referendados no livro.

Outra contribuição importante contida neste trabalho em sua perspectiva de análise é o tratamento dado a questões candentes para a história política, como, por exemplo, o processo da formação de partidos políticos, sua atuação e sua expressão. Questões como a compreensão da formação dos partidos políticos, suas relações com um processo revolucionário e, mais ainda, suas relações com a questão da democracia ou mesmo, a expressão desses partidos diante da conjuntura mundial. De um modo especial, a atuação do Partido Comunista Português no decorrer do processo. Outro tema importante consiste na forma de tratamento da questão colonial, não apenas para o Império Português, mas em termos mais gerais e em dimensões maiores, envolvendo igualmente o tema da descolonização e da formação das nacionalidades. Outra questão de extrema importância é a análise da atuação dos militares. Não só o caso específico dos capitães do 25 de abril, mas o relacionamento entre a questão colonial e a atuação dos militares na construção das estruturas, na formação do Império e no seu desmoronamento. Todas essas questões têm neste trabalho um tratamento bastante cuidadoso. Por outro lado, são abertas novas frentes quando muitas questões são problematizadas constituindo-se em indicações para futuras pesquisas.

A narrativa do texto, em sua exposição e discussão, está fundamentada de forma clara e segura e muitas vezes provocativa e atraente. Com essa finalidade Lincoln Secco lançou-se à busca das informações necessárias ao seu projeto, frequentando arquivos e bibliotecas no Brasil e no exterior. Cercou-se assim de uma vasta produção historiográfica referente ao seu objeto de pesquisa. Sua argumentação não se restringe aos aspectos econômicos, sociais e políticos, mas ao acompanhar a formação dessas estruturas inclui nelas os aspectos culturais. Nessa linha, chama a atenção do leitor para as possibilidades de análise de bibliotecas e arquivos não só pelas informações diretamente atribuídas ao evento estudado, mas também para um melhor conhecimento dos personagens, agentes da ação, na tentativa de um conhecimento mais aprofundado de sua formação intelectual e política, de leituras provavelmente feitas ou de suas preferências literárias. Seu gosto particular pela erudição é revelado nos trabalhos com a linguagem, na busca incessante do significado oculto das palavras e na contribuição que nos traz na apresentação de fontes pouco convencionais, como sua referência ao uso do selo como fonte para a história. O prazer da descoberta, das revelações contidas em velhos dicionários, ou o registro de catálogos com os títulos de obras em leilão é acompanhado por uma escrita clara, convincente e extremamente agradável.

Estamos assim diante de um trabalho que, pela intensidade das questões tratadas, pela originalidade de sua abordagem e pela forma da sua narrativa, não só nos informa a respeito do lugar e da importância da *Revolução dos Cravos* na história contemporânea de Portugal, mas também nos abre inúmeras perspectivas indicativas de novos caminhos, convidativos para novas pesquisas.

Parte I
UMA CONJUNTURA LONGA

1. Império

Aí está a França; essa França onde já se ganhou a causa da humanidade, onde já se perdeu, onde só ela pode ser perdida ou ganha.

ALMEIDA GARRETT[1]

O INÍCIO DO TERCEIRO IMPÉRIO COLONIAL Português foi marcado pela perda da América Portuguesa. Esta América que foi, desde então, procurada na África (Novo Brasil), quando em verdade só se desejava buscar (e reencontrar) a Europa. E o fim desse mesmo império foi marcado pela perda da África e o suposto reencontro da Europa. Por isso, toda essa história girou em torno de continentes. Mais das ideias que se fizeram sobre eles do que das reais e profanas extensões de terra. Elas já estavam configuradas no oitocentismo.

O século XIX assinalou a mais notável transformação interna do Império Colonial Português. Século do "progresso". Século "depressivo". Século "pacífico". Como quer que o qualifiquemos, Portugal seguiu nele caminhos singulares. De fato, o oitocentismo foi marcado pela chamada Paz dos Cem Anos (1815-1914). A Conferência de Viena e a Santa Aliança garantiram uma estabilidade diplomática entre as grandes potências jamais vista, embora seja preciso olvidar os recontros entre Prússia e Áustria (1866) ou o desastre de Sedan (1870), em que o Imperador francês encontra na batalha perdida a humilhação, a derrota e a abdicação. Ou mesmo os incidentes a partir de Fachoda (1898). Segundo Karl Polanyi:

---

1. Visconde D'Almeida Garrett, *Portugal na Balança da Europa*, p. 98.

Excetuando-se a Guerra da Crimeia – um evento mais ou menos colonial – Inglaterra, França, Prússia, Áustria, Itália e Rússia só guerrearam entre si durante dezoito meses. Um cálculo de cifras comparáveis para os dois séculos anteriores nos dá uma média de sessenta a setenta anos de grandes guerras em cada um[2].

Todavia, basta voltar os olhos para a periferia da Europa e a situação se mostrará bem diversa. Em vez de estabilidade e paz relativa, guerras constantes e instabilidade das instituições políticas. Se considerarmos aquilo que Tilly definiu como "situações revolucionárias" no Velho Mundo, entre 1792 e 1892 (outros cem anos!), veremos a disparidade entre as ilhas britânicas (seis situações revolucionárias), Países Baixos (oito), França (quatorze) e Rússia (seis) de um lado; e a Península Ibérica (cinquenta e oito) e os Bálcãs e a Hungria (cinquenta e cinco) do outro[3]. Portanto, tratar de Portugal a partir do século XIX é adentrar a selva escura das *mutazioni* constantes do poder político, ou ao menos das tentativas revolucionárias.

República, Revolução, Europa, Liberalismo (e o setembrismo), Socialismo (em sua versão moderada, e na segunda metade do século XX: social-democracia). Nomes diversos para ideias recorrentes? O mais irônico seria dizer que o não recorrente e, talvez, original, seja o ideário que assumiu as múltiplas formas que acompanharam (e justificaram) o imperialismo atlântico de Portugal. Seja no Quatrocento, para operar seus grandes descobrimentos, seja com o fim do Império primeiro, houve uma utopia imperial fora do convívio europeu. Aos liberais, republicanos e... depois socialistas, não haveria outra solução senão a "volta" à Europa. Enfim, seriam os portugueses o "povo escolhido" pelo próprio Cristo, aparecido que o fora para Afonso Henriques no milagre de Ourique? Ou seriam reintegrados, na forma que se lhes permitisse, à "Europa culta?" Boxer mostrou bem como a derrota e o fim do Império, assinalados pela dominação

---

2. Karl Polanyi, *La Gran Transformación*, p. 19.
3. Charles Tilly, *As Revoluções Europeias (1492-1992)*.

espanhola, exprimiram-se na exaltação dessas ideias que povoaram os séculos XVI e XVII: o bandarrismo, sebastianismo, a historiografia de Alcobaça, as reedições orientadas de *Os Lusíadas* (onze durante o predomínio dos Filipes)[4]...

Já as "novas" ideias viriam de Europa: a França revolucionária expulsara a própria realeza. Mais atlântica ainda seria a vocação portuguesa. Contra interesses franceses e tão "amiga" das ilhas britânicas.

O entendimento da crise terminal do Terceiro Império Português e dos acontecimentos que aluíram definitivamente suas bases exige que se retorne às vias pelas quais as ideias de revolução e república penetraram na cultura política portuguesa depois do fim do Segundo Império. Estranho parecerá recuar tanto para explicar fenômenos da história contemporânea, e ao mesmo tempo retroceder tão pouco para explicar as mutações no poder que, afinal, foram uma constante na trajetória moderna europeia. Ocorre que é a partir do fim do século XVIII que se falará na perspectiva de mudar drasticamente os regimes políticos com o fito de construir uma nova ordem social.

E em Portugal, acreditando-se há muito em eterno naufrágio, sempre mais atrasado face aos ritmos históricos ocidentais, só o liberalismo radicalizado dos anos 1820 e 1830 fará com que o Terceiro Império já nasça em meio a convulsões. Que os contemporâneos consideraram, conscientemente, revolucionárias. Não mais os disfarces habituais da revolução (lida como uma contrarrevolução) ou uma restauração[5]. Não mais a poesia tirada do passado. Porém, o republicanismo, para o qual as elites das classes dominantes foram, lentamente,

---

4. Charles Boxer, *O Império Marítimo Português*, p. 358.
5. A revolução servia para designar um movimento recorrente dos astros. Como metáfora política passou a significar *restauração* (uma "volta" a um antigo e supostamente melhor estado de coisas). Durante a Revolução Francesa passou a adquirir o significado atual. O *Dictionnaire* de Saint-Laurent de 1845 (p. 1185) definiu a revolução como algo ligado à desordem, reviravolta, confusão, ação violenta etc. (a palavra francesa é *bouleversement*). *Revolutionnaire* (1789), *contre-revolution* (1790) são termos que fazem sua aparição nesse momento (Charles Saint-Laurent, *Dictionnaire Encyclopédique Usuel*; Albert Dauzat, *Dictionnaire Étymologique*; Hannah Arendt, *Da Revolução*; Eric Hobsbawm, *Revolucionários*).

"evoluindo", carregou sempre as marcas e as formas do discurso revolucionário, ainda que fosse para impor uma Ordem. Não Marx, mas Comte. Por isso não era a República social. Mas a positiva.

República e revolução não são sinônimos, mas estiveram, ao longo do século XIX, associados em diversos momentos. Já na constituição do ano I, a República aparecia associada ao direito de resistência à opressão (artigo 34). Isso implicava que "Quando o governo viola os direitos do povo, a insurreição é, para o povo e para cada parte do povo, o mais sagrado dos direitos e o mais indispensável dos deveres" (artigo 35)[6]. E não sem razão, o *Dictionnaire Universel des Sciences, des Lettres et des Arts* de Bouillet (edição de 1862), depois de citar as "repúblicas" existentes no mundo, acrescentava: "Quase todas são agitadas por revoluções perpétuas"[7]. Regimes instáveis esses republicanos, os quais herdaram as vicissitudes revolucionárias da França.

Durante a fase inicial da Revolução Francesa, a ideia de *République* não estava associada à de *Révolution*, posto que o conceito não era, ainda, definido em oposição à monarquia, mas apenas como a "coisa pública", ou "bem comum", segundo a visão dos romanos (Cícero), designando o governo que não fosse baseado na violência ou na anarquia. Em Maquiavel a República era uma organização política que representava a cidade (Florença, *v. g.*), e o principado era o domínio de um príncipe[8]. Bodin usava a palavra república para designar a própria monarquia legítima. Essa ambiguidade apareceu na fase inicial da própria Revolução Francesa: Saint-Just chamou o novo regime de "monarquia sem privilégios", supostamente parecida à pri-

---

6. *Les Constitutions de la France Depuis 1789*, p. 83.

7. Marie-Nicolas Bouillet, *Dictionnaire Universel des Sciences, des Lettres et des Arts*, 1862.

8. Para Maquiavel, em 1513, todos os domínios são repúblicas ou principados (Nicolló Machiavelli, *Il Principe*, p. 3). Em Portugal as variantes *repruvica* e *repubrica* foram localizadas em textos do século XV (cf. Antônio Geraldo da Cunha, *Dicionário Etimológico*, p. 677), e é com a mesma noção dos antigos que eram utilizadas tais variantes. Por exemplo: Salgado de Araújo, em sua *Ley Regia de Portugal* (Madrid, 1627, citado por Eduardo França, *Portugal na Época da Restauração*, p. 268), pregava que cabia ao príncipe "manter a república em justiça e religião".

meira monarquia de Roma[9]. Só depois das jornadas de agosto e da vitória de Valmy que se decretou solenemente a abolição da realeza. Mais tarde, o *Dictionnaire* de Saint-Laurent definirá a *République* como o estado onde a constituição é democrática e o povo pode se autogovernar. Havia, então, a ideia, de matriz conservadora, de que a Revolução Francesa havia percorrido um caminho invertido: passara de um estágio democrático a um estágio aristocrático (governo dos melhores) até atingir o despotismo de um só (império napoleônico).

Em Portugal, esses princípios franceses parecem ter preocupado suas elites a partir do "elo mais fraco", as colônias. Já nos fins do século XVIII, as inconfidências no Brasil, que sinalizavam a crise daquele sistema colonial, traziam em seu bojo as chamadas "francesias", as ideias revolucionárias e sediciosas que tiveram papel destacado, particularmente, na Inconfidência Baiana de 1798. Enquanto a Inconfidência Mineira inspirou-se mais na Revolução estadunidense, a baiana incorporou parcialmente os "abomináveis princípios franceses"[10]. Esses princípios que nada mais faziam do que projetar a ideia de uma nação, ainda que tal ideia estivesse longe de se efetivar na América Portuguesa. Sim, porque era isso que incomodava o império luso, a emergência de uma ou várias nações nas partes do Brasil. Porque seriam separadas de seu "imperialismo". Nação! Essa invenção tão abominável quanto francesa. Vejamos Lucien Febvre:

> A nação: a palavra revolucionária por excelência. Palavra de ressonâncias profundas, cuja história, que seria tão curiosa, não se fez. Uma história que nasce como, por assim dizer, por acaso, no fim do reinado de Luís XIV, no tempo em que a monarquia sofre as suas primeiras grandes derrotas, seus primeiros grandes eclipses e que estranhamente mescla-se à história dos progressos da ideia laica, às reivindicações do livre pensamento contra a religião revelada. Foi a nação que, em 1789, diante da queda dos reis, do desmoronamento dos tronos, assumiu a qualidade de sujeito da história – e a guardou[11].

9. Louis Antoine Léon de Saint-Just, *O Espírito da Revolução*, p. 49.
10. Vide Carlos Guilherme Mota, *Ideia de Revolução no Brasil*, 1997.
11. Lucien Febvre, *Michelet e a Renascença*, p. 86.

As preocupações das elites portuguesas não eram extemporâneas. A Revolução Francesa havia chegado à forma republicana e, depois, ao império napoleônico. Em boa parte do século XIX o republicanismo[12] tornou-se a matriz da qual derivaram as diversas formas de radicalismo político. Para a república convergiram os liberais radicais franceses e os socialistas mais ou menos moderados (que prefeririam, certamente, falar em república social). Mesmo os que se restringiam à defesa do princípio da nacionalidade, por volta de 1848 (o termo *nacionalismo*, embora já existisse desde fins do Setecentos, só seria amplamente usado muitos decênios depois[13]), tinham em vista (embora nem sempre) algum tipo de república no seu horizonte político, sem excluir aquelas monarquias supranacionais que dominaram a cena política da época, mas que neste ano estavam no campo da contrarrevolução. Se uma monarquia podia ser supranacional, talvez a nação, que no futuro seria criada quase sempre por radicais burgueses e pequeno-burgueses, podia ser republicana[14]. Mas também é verdade que o republicanismo revolucionário degenerou numa espécie de agitação política contida na ordem estabelecida.

Por outro lado, o princípio da nacionalidade era, até meados do XIX um apanágio de grandes Estados. Era preciso ter algum tama-

---

12. O termo republicano já aparecia em Portugal em 1813 (*apud* Antônio Geraldo da Cunha, *Dicionário Etimológico*). Mas sua origem é antiga. *Républicain* (século XVI) e *républicanisme* (1750) foram registrados por Albert Dauzat no seu *Dictionnaire Etymologique*, p. 626.

13. A palavra apareceu em francês no fim do século XVIII. Reapareceu outras vezes (1812, 1836) até ingressar no *Grand Dictionnaire Universel* de Pierre Larousse em 1874 (Albert Dauzat, *Dictionnaire Etymologique*, p. 496; Raoul Girardet, *Le Nationalisme Français: Antologie 1871-1914*, pp. 7-8).

14. Houve, é claro, a formação de duas nações significativas sob monarquias (Itália e Alemanha), mas elas se dividiam em vários domínios que abominavam mais a República ateia do que um rei usurpador; além disso, a unificação já aconteceu durante a era de refluxo das lutas de esquerda e ascensão de uma nova fase de mundialização capitalista, nos anos imediatamente posteriores a 1850. Não foi sem razão, que Marx, embora criticasse o programa adotado pelo Partido Social-Democrata Alemão, em 1875, aceitasse que, sob Bismarck, não era mais possível levantar a bandeira da República democrática.

nho, como lembrou Hobsbawm, para querer ser uma nação respeitável. Talvez por isso, "o *Dictionaire Politique de Garnier-Pagès* de 1843 pensava ser 'ridículo' que a Bélgica ou Portugal quisessem ser nações independentes dado seu visível pequeno tamanho"[15]. Nação era um conceito que adquiria tanta força que os mais revolucionários não hesitavam em dizer que o proletariado deveria primeiramente erigir-se em "classe nacional", ainda que não como a burguesia e, certamente, tendendo a fazer desaparecer os antagonismos nacionais. E o próprio Engels, em 1845, zombava do palavrório sobre uma "República europeia", dizendo que a burguesia não conseguiria ultrapassar a nacionalidade[16].

Um dos fatos mais controvertidos do século XIX foi a fusão, em certos casos, do republicanismo com o nacionalismo e, no século XX, deste com a revolução. O ideário herdado pelos homens do século XIX provinha das luzes francesas, e nada menos particular e nacional do que o universalismo da ideia de uma natureza humana "tão invariável quanto o universo newtoniano"[17]. A reação a este universalismo iluminista apareceu principalmente com o historicismo alemão e, filosoficamente, fundamentou a política do princípio das nacionalidades, quase sempre associada à direita, durante o século XIX.

O nacionalismo passaria a ser uma bandeira de governos estabelecidos onde os Estados já estavam consolidados, mas onde havia algum movimento nacional oprimido por outra nação ou Estado, ele poderia assumir feições radicais, como na Grécia, na primeira metade do século XIX, e muito mais na Irlanda da segunda metade. A verdade é que o nacionalismo estava restrito a governos e cúpulas de movimentos autonomistas, e só depois atingiu as grandes massas. Transitou da ideia de um grande território para qualquer pequeno povo (ou "nação") com alguma identidade linguística, religiosa ou

---

15. Eric Hobsbawm, *Nações e Nacionalismo desde 1780*, p. 42.
16. Michel Löwy, *Nacionalismos e Internacionalismos*, p. 15.
17. *Apud* Isaiah Berlin, "O Pretenso Relativismo no Pensamento Europeu do Século XVIII", p. 69. A expressão é de Clifford Geertz.

étnica, real ou inventada – o *Dictionnaire* de Saint-Laurent (1845) definia a *nation* apenas como uma reunião de pessoas com a mesma origem e que vivem juntas sob as mesmas leis.

Em Portugal e Espanha é difícil referir-se a um nacionalismo inteiramente popular antes do século xx, embora já se vissem indícios antibritânicos desde a abertura do novo século[18]. Por outro lado, um camponês espanhol, até fins do século xix, dificilmente saberia vincular a palavra "pátria" à ideia de Espanha[19]. Mais que a definição por uma, até então, abstrata ideia de nação, o camponês preferiria definir-se em função de sua vizinhança e de sua aldeia. Ao menos até que a emigração em massa e a autoridade do Estado lhe ditassem o contrário.

Em Portugal, o republicanismo foi antecedido pelo liberalismo. Só no último quartel do século, sob a influência positivista e a vinculação da perda do prestígio nacional com a monarquia, setores das elites tornaram-se a um só tempo nacionalistas e republicanos. Mas, como veremos, o nacionalismo só cumpriu papel essencial no século xx, para ressaltar cada vez mais a suposta grandeza da pátria como justificativa de um governo autoritário e de um colonialismo ultrapassado. O nacionalismo seria o de um governo estabelecido e colonizador, portanto, conservador.

LIBERALISMO E REPUBLICANISMO EM PORTUGAL

Se o liberalismo português teve um ato político inaugural, este foi a Revolução do Porto (1820). Não era simples fruto de uma contingência local. Explodia junto com as vitórias liberais em Espanha e

18. "Profecia politica, verificada no que está succedendo aos portugueses pela sua céga afeição aos ingleses: escrita depois do terremoto do anno de 1755, e publicada por ordem superior no anno de 1762, em Madrid. Traduzida do hespanhol. Augurium ratio est & conjectura futuri. Ovid. Trist. L.I. Eleg. 8. Lisboa. Na Typografia Rollandiana, 1808", em Armando Castro, *A Dominação Inglesa em Portugal com 3 Textos do Século XIX em Antologia*.

19. A palavra vinculava-se a uma realidade local (Eric Hobsbawm, *Nações e Nacionalismo*, p. 28).

em Napoli[20]. Na Espanha, convulsionada por lutas internas e mobilizações constantes para expulsar os franceses (1809-1814), fora proclamada uma constituição de cores levemente liberais em 1812, logo tornada sem efeito, a qual seria várias vezes reivindicada em movimentos liberais posteriores. A luta liberal era inseparável da exigência de uma carta constitucional.

Em Portugal, foi a grande burguesia liberal a integrar um processo político repleto de indecisões e recuos frente suas tarefas históricas. A burguesia comercial e média só encontrava respaldo nas camadas populares das cidades, num país que era (e sempre o fora) rural. O liberalismo luso teve seu primeiro revés com o golpe (ou golpes, melhor dizendo) de 1823, conhecido como vilafrancada, onde o infante D. Miguel e o rei D. João VI, retornado do Brasil, se opuseram várias vezes aos intuitos liberais das cortes.

O processo de instauração do liberalismo português viverá, por isso, um período de instabilidade política tão grave, que o irá macular irremediavelmente com as marcas do conservantismo monárquico. Das hesitações de políticos indecisos e pouco audaciosos. Das reformas sempre (enquanto é possível) adiadas. Mas também de um nacionalismo (sempre antibritânico)[21] de parte de suas elites mais conscientes da situação marginal do país na Europa. Assim como ocorrerá com o republicanismo no século XX, o liberalismo luso será, na prática, uma curta experiência de desencontros e projetos malogrados, servindo para coroar regimes que, se não são iguais aos anteriores, pouco se parecem com os projetos originalmente sonhados.

O período de convulsões liberais prosseguiu com a disputa entre a "direita liberal", apoiada no regime originado pela vilafrancada

20. Como sabemos, a Sicília tinha seu destino vinculado às vicissitudes da coroa espanhola.
21. "Proclamação que nos fins de janeiro de 1825 se espalhou na cidade do Porto, províncias do Minho e Trazmontes, contra a nação ingleza; e em particular contra o governo de S.M.B.; precedendo á mesma proclamação, copia da carta, que a acompanhava", em Armando Castro, *A Dominação Inglesa em Portugal com 3 Textos do Século XIX em Antologia*.

e em D. João VI, e os liberais "cartistas", adeptos do regime constitucional. A reação dos partidários do Antigo Regime não era de se desprezar. Em abril de 1824 tentou-se um golpe militar em Lisboa, contrarrevolucionário e realista, aparentemente chefiado por D. Miguel[22]. Conhecido como a abrilada, este golpe fracassou.

Depois da morte de D. João VI (1826), o imperador do Brasil, D. Pedro I (D. Pedro IV de Portugal), legítimo sucessor, concedeu aos portugueses uma carta constitucional e procurou, por pressões dos governos austríaco e inglês (este interessado na garantia da separação entre Brasil e Portugal, reconhecida em 1825), casar sua filha, D. Maria da Glória (de sete anos) com o tio Miguel. Este foi em seguida (1827) nomeado lugar-tenente de D. Pedro em Portugal (na prática, confiava-lhe a regência, enquanto fosse menor sua filha Maria). D. Pedro também renunciou ao trono português.

Esses arranjos políticos foram frustrados pelo desembarque de D. Miguel (1828), com intenção de restaurar a monarquia absoluta[23] e de rejeitar a conciliação de interesses que se formalizaria através de seu casamento com sua sobrinha. A partir daí, a luta entre a ditadura miguelista e a oposição liberal, quase toda ela emigrada, teve continuidade.

Os republicanos ainda não tinham força suficiente para entrar em cena. A tese da usurpação e a defesa do direito legítimo de D. Maria II, deu a D. Pedro o motivo para reivindicar, de armas nas mãos, o trono para sua filha, a partir de 1832. Mas foram fatores externos que tornaram viável o recrudescimento da oposição a D. Miguel. Por quê?

Até 1830, a Europa dava a D. Miguel o ambiente espiritual e propício no seio das classes dominantes para legitimar sua ditadura. Metternich reforçava, na Áustria, o poder absoluto; o Duque de Wellington, um aristocrata do partido Tory, era o chefe do governo inglês; na França, dominava o ultrarrealista Conde d'Artois (Car-

---

22. Victor Sá, *Instauração do Liberalismo em Portugal*.
23. *Idem*, p. 31.

los x)[24]. Todavia, em 1830 houve a Revolução de Julho na França, agora sob a monarquia da burguesia financeira, chefiada pelo novo rei Luís Filipe (Duque de Orléans), com quem D. Pedro manteve boas relações, e em novembro deste ano caiu o gabinete Wellington na Inglaterra. Em 7 de abril de 1831, D. Pedro foi obrigado a abdicar ao trono brasileiro, podendo (ou devendo) dedicar-se à reconquista de seus direitos supostos em Portugal. Os ideais da burguesia liberal triunfaram em 1834.

O novo governo gozava da confiança da Grã-Bretanha e da França, que nada mais queriam senão expulsar da Península Ibérica as facções ultrarrealistas de D. Miguel (Portugal) e D. Carlos (Espanha). Em 1836, a Espanha entrou em ebulição com a Revolta dos Sargentos da Granja, que obrigou sua rainha a prestar juramento à antiga constituição liberal de 1812. Os portugueses, por seu turno, pediram que a carta outorgada em 1826 fosse substituída pela constituição de 1822. Num ano de grave crise econômica, os setores liberais mais radicalizados da burguesia transformaram as manifestações populares de Lisboa numa insurreição armada, e em setembro o governo caiu. Era o triunfo daquilo que ficou conhecido como Setembrismo. Este movimento foi o primeiro em que as massas populares desempenharam papel preponderante e decisivo[25]. Leia-se: massas urbanas, minoritárias na população. Entretanto, os trabalhadores não agiram neste movimento como uma força política autônoma, e nem as suas condições materiais de existência o permitiriam. Assim, o Setembrismo gerou mudanças políticas e jurídicas, mas "não cumpriu qualquer reivindicação de ordem social"[26].

A contestação popular não foi peça ausente desse quebra-cabeças de indefinições políticas da conjuntura crítica portuguesa dos anos 1820-1851. Em 1846-1847, houve a Revolta da Maria da Fonte, curiosamente movida parcialmente pela obrigação de enterrar os

---

24. Celestino Souza, *Movimentos Revolucionários em França e Portugal (1830-1848)*, p. 120.
25. Victor Sá, *Instauração do Liberalismo em Portugal*, p. 51.
26. *Idem*, p. 54.

mortos fora da Igreja, e a Revolta da Patuleia, que para muitos foi liderada pelos de "patas ao léu", os descalços do mundo rural, mas parece ter sido, de fato, um movimento de hegemonia pequeno-burguesa, movido por militares e gente do mundo politicamente estabelecido[27]. Eram, entretanto, desprovidos de organização política.

O ano revolucionário de 1848 encontrará as camadas populares cansadas de trinta anos de guerras e os mais pobres com uma lembrança muito recente de tenebrosas repressões. A Regeneração (1851) abrirá o período de um liberalismo monárquico adequado à grande-burguesia e aos seus investimentos capitalistas. O Setembrismo sobreviveria como uma herança histórica e desapareceria no interior daquela ideologia das camadas que não consentiram o esfriamento político inaugurado com a Regeneração: o republicanismo.

Na metade do século XIX, quando Portugal inaugurou seu arremedo de parlamentarismo monárquico (1851-1910), a ideia republicana, embora já tivesse vivido experiências práticas em alguns lugares (e presidia a evolução política de um país já importante, os Estados Unidos), permanecia marginalizada na maioria dos países, se descontarmos as Repúblicas nominais que surgiram na América Latina durante os primeiros decênios do século XIX.

A ideia de República estava circunscrita às camadas "respeitáveis" da oposição política – aquelas que renunciavam momentaneamente a um tipo de revolução que pudesse, ao menos imediatamente, ameaçar a propriedade. Depois da Primavera dos Povos (1848), o tradicional republicanismo europeu foi a forma principal de uma certa esquerda temperada pelo período de refluxo das lutas revolucionárias que se sucedeu. Esse republicanismo floresceu na França em algumas áreas rurais, depois de 1848, e ganhou a maioria depois de 1871[28]. Na Espanha (1873) atingiu o poder por algum tempo, sendo depois restaurada a monarquia, sob a liderança de fato de Cánovas (1828-1897),

---

27. *Patuleia* provém do espanhol *patuléa*: soldadesca indisciplinada. Vide José Hermano Saraiva, *História Concisa de Portugal*, p. 299.

28. Eric Hobsbawm, *A Era do Capital*, p. 204.

que governou a Espanha durante a maior parte do tempo no período 1874-1897. De qualquer maneira, a curta experiência republicana impactou a intelectualidade de Portugal.

Ela, a República, poderia ser o remédio para aquele sentimento de perda que abalava as partes de cima da sociedade. No andar de baixo, esse republicanismo não chegava a existir (e não poderia jamais viver nas mentes dos pobres, tão preso àquele formalismo democrático que, na história recente, tem interessado tão pouco os que não têm propriedade ou cabedais). O tempo dos republicanos, dos socialistas dos salões e dos cafés, não era o tempo da massa iletrada. Portugal estava muito aquém do restante da Europa e isto sabia-o muito bem quem se importasse com a "questão social". Lia-se pouco. Estudava-se pouco. Alfabetizava-se quase ninguém. O número de cartas recebidas por portugueses em meados do século XIX era, relativamente, tão baixo que o situava só à frente da Rússia. Talvez umas trinta vezes abaixo da França e umas oitenta vezes abaixo da Grã-Bretanha[29]. Se o republicanismo era dos que liam... era de tão poucos!

As fontes do republicanismo em Portugal seguramente remontam, como temos visto, ao ascenso do ideário liberal no século XIX, o qual influenciou as guerras civis que envolveram o reino, entre 1820 e 1836 (e talvez até a Regeneração, em 1851). Ao liberalismo, associou-se a influência socialista, especificamente a do socialismo utópico francês e, mais tarde, a de outras correntes europeias.

Essa associação não é só a mais curiosa. Na América Latina (México e Brasil) o socialismo combinou-se ao positivismo como fenômeno progressivo. Na Europa, essa combinação foi cedo questionada por correntes revolucionárias, como a de Rosa Luxemburgo, na Alemanha, ou a de Gramsci e Bordiga na Itália. Ora, no extremo ocidente da Península Ibérica, esse socialismo, malgrado o honesto sentimento igualitário de muitos de seus adeptos, nunca teve a consistência teórica de seus pares europeus. Jamais adquiriu den-

---

29. Dados apenas aproximados. Vide Maurice Block, *Dictionnaire Géneral de la Politique*, verbete "Postes".

sidade social. Ou apoio da classe operária, camponesa ou qualquer outra classe histórica. Ele tão só revisitou, com outra fraseologia, os temas, programas e necessidades do liberalismo (ou do republicanismo). Pensemos em Magalhães Lima, esse propagandista que viajou ao Congresso da II Internacional e registrou a emoção com a qual assistiu a Engels a falar da tribuna. Quando tangencia os problemas práticos, ligados ao federalismo e o unitarismo (tema que interessava aos republicanos!), ainda cita o seu amigo brasileiro, o liberal gaúcho Assis Brazil[30]. Em Portugal houve socialistas. Mas não houve movimento socialista.

Dos socialistas, o mais brilhante foi Antero de Quental, ponta de lança da Questão Coimbrã na literatura portuguesa, através da qual se fez a crítica ao romantismo. Ele foi um dos mais ardorosos socialistas portugueses, bem como um analista da efêmera experiência republicana espanhola. Oliveira Martins, Sampaio Bruno, e inúmeros intelectuais também passaram a criticar a monarquia constitucional, sempre em nome da República.

Antero Tarquínio de Quental (1842-1893), membro de uma aristocrática e brasonada família dos Açores, foi talvez o poeta português mais importante do século XIX. Mas não é como poeta que ele nos interessa aqui. Sua importância intelectual no âmbito da escrita prosaica é menor, do ponto de vista da inovação formal, mas é nela que encontramos suas ideias políticas e estéticas. Estas não foram de somenos importância. O jovem Antero foi um dos responsáveis pela famosa Questão Coimbrã (1865), ato de fundação do realismo literário lusitano. Tornou-se cedo um dos defensores da causa republicana.

Antero não se limitou ao republicanismo, superando o primeiro teórico da ideia republicana, o jovem José Félix Henriques Nogueira (1825-1858). Fez-se socialista e adepto da Associação Internacional dos Trabalhadores:

---

30. Sebastião Magalhães Lima, *A Obra da Internacional*, p. 125.

> Somos republicanos daquela república que não existe senão como ideia e aspiração, a República Social. [...] A república não é mais do que a forma política daquela organização econômica da sociedade que nós, com o nome de socialismo, temos sempre pregado como sendo a expressão exata da justiça nas relações humanas[31].

Joel Serrão notou essa passagem do Antero republicano ao socialista no universo das palavras: o predomínio de "república" e "liberdade", em 1870, cede lugar às palavras "classe" e pensamento em 1872[32].

Para Antero, a solução era Portugal, uma vez separado da marcha civilizatória, entrar de novo "na comunhão da Europa culta", opondo à monarquia centralizada uma federação republicana, renovando inclusive a vida municipal, tema que fora caro a José Félix Henriques Nogueira[33]. Para isso, exigia-se a "crença no progresso" e a adoção do "espírito moderno", a revolução. Mas essa palavra vem associada à ideia de ordem: "revolução não quer dizer guerra, mas sim paz: não quer dizer licença, mas sim ordem". Essa "ordem", veremos, será importante nos republicanos positivistas e até num espírito tão crítico como Fernando Pessoa.

Mas sigamos a marcha da economia. A estrutura da produção material era o motivo da exposição das permanências, indicativas de uma crise que só podia se arrastar sem solução e que era percebida, seja na mentalidade de uma população que não sentia melhora nem mudança em sua vida, seja pelas tomadas de consciência mais elaboradas das elites intelectuais e políticas. O Portugal do século XIX enquadra-se nas conjunturas vividas pela economia europeia de um modo geral, mas também afirma suas peculiaridades.

31. Antero de Quental, "Quem Diz Democracia Diz Naturalmente República", em Joel Serrão, *Liberalismo, Socialismo, Republicanismo: Antologia de Pensamento Político Português*, pp. 246-247.
32. Joel Serrão, "Para a História da Cultura do Século XIX Português", *Revista de História*, n. 13, 1953.
33. José Felix Henriques Nogueira, *O Município no Século XIX*, 1856.

48 LINCOLN SECCO ❧ A REVOLUÇÃO DOS CRAVOS

De 1847 a 1891 o setor mais dinâmico da economia portugue-sa foi a agricultura, beneficiada pelo mercado externo[34]. A demanda agregada interna era limitada devido à atrofia do setor industrial. Lisboa e o Porto ocupavam lugar desproporcional no consumo da nação. Concentravam 11% da população, mas absorviam cerca de 50% da produção comercializada do país[35]. "Comercializada", pois vigorava também o autoconsumo nas propriedades rurais. Claro, o capital não se apropriara realmente da maioria das atividades. Preva-lecia a subsunção formal (Marx) dos trabalhadores aos capitalistas. Também a economia doméstica. O consumo urbano fora inferior ao crescimento demográfico, o que diminuiu as possibilidades de uma acumulação de capital baseada no mercado interno. Por quê?

O protecionismo generalizado da era depressiva, que se seguiu à crise mundial de 1873, não foi bom para Portugal[36], embora este também tivesse sua pauta protecionista conquistada em 1892. Pouco industrializado e com parca renda gerada na atividade primária, Por-tugal tinha uma demanda interna insuficiente e dependia de merca-dos externos. Em 1883 havia apenas 1 150 fábricas no país, ocupando noventa mil trabalhadores[37]. Adotando tarifas protecionistas para os produtores de trigo, o governo fez o preço do pão subir para o dobro da média europeia, baixando ainda mais o poder aquisitivo da população urbana. Os salários dos trabalhadores dos latifúndios cresceram ligeiramente, mas não o necessário para implicar a deman-da interna[38]. O consumo anual *per capita* de carne em Lisboa sofreu queda sensível nos dois decênios anteriores à república, caindo de 45 kg *per capita* (1887) para 25 kg *per capita* (1911)[39]. Alto custo de vida e salários baixos. Nem as greves, disseminadas após 1910, mu-

34. Miriam Halpern Pereira, *Política e Economia: Portugal nos Séculos XIX e XX*, p. 19.
35. *Idem*, p. 80.
36. O país, entretanto, tomou medidas protecionistas em diversas ocasiões: 1837, 1841, 1861, 1871, 1882, 1885 e 1892 (cf. Angel Marvaud, *Le Portugal et ses Colonies*, p. 150).
37. John Vincent-Smith, *As Relações Políticas Luso-Britânicas: 1910-1916*, p. 15.
38. Clarence Smith, *O Terceiro Império Português (1825-1975)*, p. 17.
39. Miriam Halpern Pereira, *Política e Economia: Portugal nos Séculos XIX e XX*, p. 82.

daram essa situação. Mesmo porque os republicanos criaram uma lei de greve (1910) favorável ao patronato, e a recém-criada (1911) Guarda Nacional Republicana (GNR) reprimiu violentamente quaisquer veleidades reivindicatórias dos trabalhadores rurais e urbanos. Esta derrota prematura do movimento operário também era um elemento que antecipava a vitória futura do regime salazarista. Como força social, o operariado dirigido por anarquistas e outros grupos seria marginalizado da vida civil republicana.

O quadro mental que presidiu grande parte do Terceiro Império foi deveras marcado por um complexo de sentimentos que envolvia um certo passadismo e uma projeção do passado no futuro. Sentimento, como já vimos, de descompasso com o processo histórico europeu, como se em Alcácer-Quibir ou em qualquer outro momento indefinido, Portugal tivesse desviado de seu destino. Outros o cumpririam, com suas velas sopradas pelo dinheiro acumulado por uma burguesia europeia setentrional e das ilhas britânicas.

Desse sentimento de perda provém o de espera. O encoberto D. Sebastião. Que podia ser o D. João IV da monarquia restaurada, sob a complexa mística do messianismo da Casa de Bragança (conforme já o demonstrou à saciedade Eduardo D'Oliveira França[40]). Mas que mito sobreviveria ao toque da realidade? Os Bragança logo se tornaram rotina e o sebastianismo larvar voltou a se impor em alguns espíritos, embora nunca mais com a força popular de outrora.

Mas vamos ao final sem conclusões. Com o trauma da transição da monarquia à república, Portugal viu as elites de suas classes dominantes hesitarem. Afinal, a nova e esperada Ordem não trazia ordem, mas instabilidade política. Como já o dizia Unamuno, "Portugal, povo de suicidas". Em Manuel Laranjeira, em seu tristíssimo diário íntimo, via-se toda a desesperança pré-republicana de uma geração de literatos já acostumados a descrer. E a sofrer. Gomes Leal, poeta melancólico. Antes dele Antero de Quental já se matara

---

40. Eduardo França, *Portugal na Época da Restauração.*

desiludido, depois de ser socialista e republicano ardoroso. E antes dele, Camilo já não fizera o mesmo? E antes dele ... bem, proclamada a república, veremos hesitar a geração de Jaime Cortesão, de João Lúcio de Azevedo, que escreverá uma história do ... sebastianismo. Veremos Sá-Carneiro matar-se em Paris. Florbela Espanca não fez, à sua maneira, o mesmo?

REPÚBLICA

O primeiro ensaio de revolta republicana, em Portugal, teve claras razões nacionalistas. Com o avanço da política neocolonialista das potências europeias, novos impérios passaram a sobrepujar os antigos ainda remanescentes, como Portugal e Espanha. Esta perdeu os despojos do seu antigo império pré-industrial na guerra com os norte-americanos (1898), quando Cuba, Porto Rico e as Filipinas tornaram-se satélites dos Estados Unidos. A história da colonização portuguesa em África não teve a mesma atenção que a da América portuguesa, mas era o que restava no século XIX do grande império colonial. Portugal teve mais "sorte", posto que não só manteve seus últimos territórios coloniais, como os ampliou em 750 mil quilômetros quadrados. Mas se os manteve não foi pelo seu poderio militar ou diplomático, mas "pela incapacidade de seus rivais modernos chegarem a um acordo quanto à maneira exata de dividi-los entre si"[41], opinião que já tinha sido emitida pelo próprio Lenin, que escreveu um artigo e algumas notas sobre Portugal[42]. Tanto é verdade que, quando quis reclamar para si os territórios da Zâmbia, Malawi e Zimbabwe, de acordo com a Conferência de Berlim (1884-1885), foi rechaçado pela Alemanha e a Inglaterra[43]. O sentimento de in-

41. Eric Hobsbawm, *A Era dos Impérios*, p. 89.
42. Cf. Luis Vidigal, *Cidadania, Caciquismo e Poder: Portugal 1890-1916*, p. 111.
43. Em 1893 chegaram até a estabelecer tratativas secretas para assumirem os territórios portugueses, caso Portugal não conseguisse administrá-los. O resfriamento das relações diplomáticas entre os dois países e a Grande Guerra "salvaram" Portugal (cf. Henri Brunschwig, *A Partilha da África Negra*, p. 68).

ferioridade em relação aos britânicos era notório[44]. A aceitação de um ultimato britânico[45] pelo rei de Portugal, em 1891, humilhou o sentimento nacional (incluindo elites tradicionais[46]) e suscitou uma fracassada revolução republicana no Porto.

As elites portuguesas aproximavam-se de um momento de transição delicada e difícil, o qual foi definido por Florestan Fernandes como "a passagem da sociedade imperial à sociedade competitiva, uma transição que submergiria aquelas elites dentro de uma sociedade de massas, forçando-as a mudar de idade histórica (ao passarem de estamento a classe) e a confundir-se com a plebe"[47]. Além dos dilemas domésticos, tais elites precisavam posicionar-se na arena externa, onde um império secular e pobre sobrevivia junto com os vorazes países neocolonialistas. Portugal entrou, depois da Conferência de Berlim, na era daquilo que Rosa Luxemburgo chamaria de "política mundial", para designar um fenômeno que, posteriormente, seria chamado de imperialismo[48].

44. "A Dominação Inglesa em Portugal (O que É e de que nos Tem Servido a Aliança da Inglaterra por um Compatriota de Gomes Freire D'Andrade", Lisboa, Ed. João Antônio Rodrigues Fernandes, 1883, em Armando Castro, *A Dominação Inglesa em Portugal com 3 Textos do Século XIX em Antologia*.

45. O esforço português para unir Angola e Moçambique num único território contíguo foi desfeito quando os ingleses ordenaram (11 de janeiro de 1891) a evacuação do Shiré.

46. Aqui caberia um parêntese. Mais que a literatura elaborada daqueles tempos (mesmo que seja a de Antero de Quental); mais que a crítica política consciente de então, tome--se uma trajetória individual e veja-se o quanto se mistura à azáfama do Portugal dos anos 1890. O Duque de Palmela, amigo de sempre dos ingleses, oficial voluntário da Armada Britânica, fora condecorado com a Baltic Medal em 1856. Por ocasião do *ultimatum*, ele devolveu aquela condecoração ao governo da Grã-Bretanha. Convenhamos: este exemplo preencheu alguma das crônicas famosas do Tinop, cuja prosa desapressada dos cafés de Lisboa agradou o fim de século português (João Pinto de Carvalho [Tinop], *Lisboa d'Outros Tempos*, vol. 1, p. 14).

47. Cf. Lincoln Secco, "A Sociologia como Previsão: Florestan Fernandes e a Revolução dos Cravos", *Florestan ou o Sentido das Coisas*.

48. Cf. Marcos Del Roio, *O Império Universal e Seus Antípodas*, p. 237. O termo "imperialismo" já era usado na Inglaterra, mas só deixou de ser neologismo depois do livro de John Hobson, um moderado simpatizante do fabianismo: *Imperialismo: Um Estudo*, 1902.

LINCOLN SECCO ❈ A REVOLUÇÃO DOS CRAVOS

Para superar os novos dilemas da política mundial, os setores republicanos das elites só podiam buscar exemplos externos, como a "revolução do Brasil" (1889), segundo Fialho de Almeida[49], ou a "incomparável tolice" (Oliveira Martins); enquanto a agitação intelectual e política interna afirmavam-se cada vez mais. É de se notar a importância da Proclamação da República brasileira em Portugal, um país que mantinha seus principais laços econômicos (como teremos oportunidade de ver) com o Brasil. A maçonaria, cuja grande figura era o intelectual Teóphilo Braga, e o PRP, Partido Republicano Português, já se faziam ouvir. Nos subterrâneos da vida política, a Carbonária ensaiava seus atentados "terroristas" – era uma organização sincrética, formada por sargentos, soldados e marinheiros. O republicanismo passava das palavras à ação, entre fins do século XIX e princípios do século XX. Na periferia do mundo, Brasil (1889), Portugal (1910) e China (1911) espelham esse processo, que continuaria durante e depois da Grande Guerra, na Rússia (1917), Alemanha (1918), Turquia (1923) e, de forma passageira, na Grécia (1923).

O clímax da rebelião antimonárquica portuguesa foi atingido em 1908 com o regicídio. Depois de abandonado por muitas defecções de políticos importantes, o rei submeteu-se ao ministro João Franco, um verdadeiro ditador no período em que controlou a economia com mãos de ferro. O PRP preparava uma sublevação para fins de janeiro, mas ela foi abortada e seus líderes encarcerados. Entretanto, o que mais intriga o historiador é a facilidade aparente com que os súditos portugueses passaram da adoração de um rei para o regicídio.

Mais uma vez, um poeta pareceu ser, como diria Pound, as "antenas da raça": "Não sei como isto vai acabar; mas acreditando, como eu acredito, que em Portugal há uma família a mais e que o rei é um monstro de perversão, se eu daqui pudesse matá-lo com o pensamento, fá-lo-ia"[50]. O autor dessa frase, Guerra Junqueiro, pareceu

---

49. Fialho de Almeida, "O País Não Faz Senão Gritar Viva a República", em Joel Serrão, *Liberalismo, Socialismo, Republicanismo*, p. 272.

50. Cf. Miguel de Unamuno, *Portugal: Povo de Suicidas*, p. 37.

ter realmente assassinado mentalmente o rei de Portugal. Disse tais palavras poucos dias antes do atentado que vitimou mortalmente o monarca português. Que sentimento expressava o poeta? O sentimento das elites políticas, econômicas e culturais do país, que não mais desejavam um reinado em crise. Portugal matou o seu rei. Queria a República? Queria ordem? Talvez mais esta do que aquela. Talvez o desejo da primeira escondia a necessidade da segunda. Mas, apesar de tudo, era preciso pegar em armas, ou influenciar aqueles que as detinham. No dia 28 de janeiro de 1908, o rei D. Carlos e o príncipe herdeiro, D. Luís Filipe, foram assassinados. Não faltou muito para que um golpe militar implantasse a República em 5 de outubro de 1910, com uma pequena resistência que custou setenta e seis combatentes mortos[51].

Mas não nos afoguemos apenas no mar de contradições de Portugal. Não era um país inteiramente fora dos ritmos europeus, como pensavam suas elites. A esse respeito é curioso ler o *Almanaque Garnier* de 1909. Nele, a notícia da morte do rei D. Carlos acompanhava-se de um lamento: "O velho Portugal lealista e monárquico caía no rol comum das nações onde a anarquia *já começou a dar seus venenosos* frutos"[52].

Um Portugal "atrasado", talvez. Mas também estreitamente associado aos interesses mais modernos da economia e da política mundiais. Desenvolvimento desigual e combinado, diria um ortodoxo. Visto em conjunto, também o ataque aos chefes de Estado e de governo fazia parte do espírito da época. Se é verdade que desde o século XVII os reis europeus já não poderiam considerar-se imunes à fúria dos descontentes (fosse de natureza religiosa ou secular), o final do século XIX e os dois primeiros decênios do século XX entraram para a história como uma época em que monarquias e impérios transnacionais foram abalados por ideologias estritamente seculares (socialismo, anarquismo e, principalmente, o nacionalismo).

---

51. A. Reis, "A Primeira República".

52. *Almanaque Brasileiro Garnier*, 1909, p. 423.

Com seu habitual senso prático, Bismarck soube usar a tentativa de assassinato do imperador Guilherme I para dissolver o Reichstag e jogar os socialistas na ilegalidade a partir de 1878. Em 1881, o czar Alexandre foi assassinado e, no último decênio do século XIX, foram assassinados o rei Umberto (Itália), a imperatriz Elizabeth (Áustria)[53] e o primeiro-ministro Cánovas (Espanha)[54]. A onda prosseguiu com D. Carlos (Portugal, 1908), o príncipe-herdeiro, arquiduque Ferdinando (Áustria, 1914) e o czar de todas as Rússias, Nicolau II (1918). O próprio assassinato de D. Carlos encontrou simpatia nos discursos de deputados socialistas na maior parte dos parlamentos europeus, e até Lenin lhe dedicou um artigo, onde criticava apenas o seu teor conspirativo, defendendo a necessidade de um terror coletivo, como o da grande Revolução Francesa[55]. Afinal, o rei era uma figura do passado quando outros sonhavam com o futuro. Que evocava tradição onde novos movimentos políticos queriam (ou diziam querer) a revolução.

Ainda em 1907, Faustino da Fonseca escrevia um artigo intitulado: "Queremos a Revolução"[56]. Um ano depois, era o célebre Fidelino de Figueiredo a escrever essas proféticas palavras:

> As ideias vêm descendo lentamente, descansadamente como um rio de plena planície sem cheias nem cataratas; quando se lhes põe um obstáculo, param, ganhando energias, que acumuladas derrubam o dique, galgando além impetuosas e destruidoras. São as revoluções[57].

Até mesmo o conservador Oliveira Salazar (que depois dominaria a cena política do seu país por meio século) falava da neces-

---

53. Mais conhecida como Sissi, a mitificada mulher do imperador Francisco José I foi apunhalada pelo anarquista Luigi Lucheni. Aliás, os anarquistas foram os principais artífices dos atentados políticos da época.
54. Cf. Eric Hobsbawm, *A Era dos Impérios*, p. 147. Repúblicas também foram atingidas, quando os presidentes McKinley (EUA) e Sadi Carnot (França) foram assassinados e Prudente de Morais (Brasil) sofreu um atentado, mas as razões são mais específicas.
55. Cf. Luis Vidigal, *Cidadania, Caciquismo e Poder: Portugal 1890-1916*, p. 114.
56. *Apud* Jacinto Baptista, *O 5 de Outubro*, 1965, p. 31.
57. Fidelino de Figueiredo, *A Arte Moderna*, p. 13.

sária reforma educacional e mental do país, em 1909: "Isto é uma inovação; será! Digam até, se quiserem, que é o início duma revolução, mas duma revolução útil como nenhuma"[58]. É de se notar que a palavra "revolução", quando proferida pela boca de um conservador ou um moderado, quase sempre precisa ser adjetivada.

A REPÚBLICA MALOGRADA

Nenhum intelectual da época hesitou em chamar à Proclamação da República portuguesa de Revolução. Mas a ideia de revolução aparece indissoluvelmente vinculada à de democracia:

> A República, que era uma aspiração do povo português, foi proclamada das janelas da Câmara Municipal de Lisboa no meio de delirante entusiasmo da multidão. Ao fim de muitos anos d'uma acesa propaganda e de dois dias de combate nas ruas, a democracia triumfou[59].

Mas a República não democratizou o Estado e nem poderia fazê-lo. Obra de elites divergentes, a revolução republicana só fez circular o poder entre frações de uma mesma classe social; onde a sociedade civil era pouco, com uma legislação eleitoral que restringia o direito de voto e uma política dominada por caciques locais, o único Estado possível seria autocrático ou um arremedo de democracia formal. Disse-o Henrique Baptista: "Pois quem é que elege o deputado? É o eleitor? De modo nenhum. É o influente, é o cacique, é a autoridade administrativa"[60]. A República não mudou esta realidade: não era o eleitor que realmente votava. O Velho Mundo dos espíritos continuaria a atormentar os portugueses. E nem as mulheres, que alhures já votavam, ou se mobilizariam para fazê-lo, desfrutaram de qualquer direito civil relevante. Certo, mesmo a Europa "avançada" ainda resistia aos movimentos feministas que já a agitavam. Inicialmente, as mulheres só puderam votar na

58. António de Oliveira Salazar, *Antologia*, p. 13.
59. Cf. *Ilustração Portugueza*, n. 242, 10 out. 1910, Lisboa.
60. Henrique Baptista, *Eleições e Parlamentos na Europa*, p. 20.

sua "periferia" ou nas suas "colônias de povoamento" mais recentes como Nova Zelândia (1893), Austrália (1902), Finlândia (1906) e Noruega (1913).

As próprias publicações da época falavam em "forças revolucionárias" e revolução, referindo-se ao novo regime[61], mas tal revolução tinha poucas chances de se completar no aspecto social e econômico. A República e a revolução apontavam para o futuro, contra uma monarquia que vivia de supostas glórias passadistas. Teóphilo Braga declarou que o rei não fora defendido "porque já se perdera a fé no passado"[62], talvez remetendo inconscientemente ao sentido original da palavra revolução como a tentativa de voltar a uma ordem social perdida ou desfigurada. A República, surgida de uma revolução, desejava estabilizar-se, criar uma nova Ordem, ser reconhecida internacionalmente[63], e a própria *Ilustração Portugueza*, que saudara entusiasticamente a Revolução Republicana, não deixava de intitular uma matéria sobre a Revolta da Chibata, liderada por João Cândido, contra o governo republicano brasileiro, da seguinte maneira: "Como se sufoca uma revolta: a insubordinação da esquadra brasileira"[64].

Positivistas, muitos dos republicanos tinham em mente a noção comtiana da ordem a ser instaurada, enquanto seus críticos acentuavam, mais realisticamente, que ela só tinha gestado a desordem e a anarquia, como o disse Fernando Pessoa (1915)[65]. De qualquer maneira, a intenção declarada era recolocar na Europa "uma nação que fora afastada pelos seus governos do convívio da civilização"[66]. Neste trecho, parte da mensagem do governo provisório enviada aos constituintes de 1911, e lida pelo próprio Teóphilo Braga, há os ecos do que

61. *Ilustração Portugueza*, n. 243, 17 out. 1910.
62. *Ilustração Portugueza*, n. 244, 24 out. 1910.
63. O Brasil a reconheceu no rapidamente, para as circunstâncias da época. Em meio à proclamação da República estava presente, em Portugal, o presidente eleito do Brasil, Hermes da Fonseca (vide *Ilustração Portugueza*, n. 249, 28 nov. 1910).
64. *Ilustração Portugueza*, n. 253, 26 dez. 1910.
65. Fernando Pessoa, *O Banqueiro Anarquista e Outras Prosas*, p. 285.
66. Luis Vidigal, *Cidadania, Caciquismo e Poder: Portugal 1890-1916*, p. 61.

foi, da ideia de perda do caminho que em algum lugar do passado os portugueses trilharam com a parte avançada da Europa. Ideia que já estava em Antero de Quental e em muitos antes dele, já o vimos, e que continuaria nas elites portuguesas posteriores ao 25 de abril. Enfim, deveria a casa comum europeia receber novamente Portugal, como o quiseram os governantes que levaram Portugal à Comunidade Econômica Europeia (1986).

A República fracassou em seu intento de transformar a sociedade através de reformas impostas pelo poder político. Faltava-lhe base social e econômica para tal. Seu dilema foi bem definido pelo historiador Fernando Rosas: fenômeno de base urbana, o republicanismo, basicamente seu partido democrático ou jacobino, queria representar as "forças vivas" da nação, mas não podia alargar a cidadania política a essas mesmas populações porque isso significaria a marginalização política da elite de funcionários urbanos que chegavam ao aparato de Estado[67]. Era preciso demonstrar, à direita, que se tinha autoridade para a governação, e à esquerda, que se pretendia representar os marginalizados desde que esses não quisessem a rebelião social. Mas uma extensão do direito de voto a todos poderia candidatar outros partidos, e até mesmo uma força poderosa (a Igreja Católica), à liderança. Daí por que os republicanos reprimiram tanto o movimento operário quanto a Igreja e os monarquistas.

E também por isso a República foi responsável pela lei que separou o Estado e a Igreja (1911) e pelo código eleitoral (1913) que excluiu a população analfabeta, ou seja, a maioria esmagadora da população[68]. A reforma universitária foi feita, e a ideologia pedagógica, de inegável tom iluminista e racionalista, impulsionou um tímido alargamento da educação popular, por obra da geração de educadores simboliza-

---

67. Fernando Rosas, "A Crise do Liberalismo e as Origens do Autoritarismo Moderno e do Estado Novo em Portugal", p. 103.
68. Cf. Lincoln Secco, "A Sociologia como Previsão: Florestan Fernandes e a Revolução dos Cravos".

da por João de Barros[69], para quem educação e democracia estavam unidas. Por fim, até mesmo o levante monárquico do Norte (sempre o Norte!) foi esmagado (1919). Os monárquicos ocuparam cidades setentrionais, mas fracassaram porque esperavam por uma insurreição em Lisboa, a qual não aconteceu[70]. Aprenderiam que uma Revolução não se faz com Lisboa. Assim como em 25 de novembro de 1975, os radicais de esquerda, aqueles militares que não aceitavam o fim da rebeldia, entenderam que também não se prolonga uma revolução sem o resto do país.

Por outro lado, a ocupação do ultramar continuou e os republicanos não quiseram (ou não puderam) radicalizar a própria República:

> Os arautos e os próceres do movimento republicano defenderam obstinadamente essas transformações. Não obstante, eles não conseguiram ver a realidade com clareza crítica e, por isso, não identificaram nem se bateram com a decisão necessária contra dois obstáculos que se iriam revelar intransponíveis: *1.* o poder relativo do resto das elites dessas classes dominantes, às quais pertenciam, que além de quantitativamente numeroso, abrangia cliques localizadas estrategicamente na estrutura da sociedade e no aparelho do Estado; *2.* os resíduos arcaicos que se aninhavam em suas personalidades, em suas concepções de mundo e modos de agir ou nas orientações de seu comportamento coletivo, os quais solapavam, seus ideais "nobres" ou altruísticos e impediam a formação de uma visão crítica autenticamente revolucionária da realidade[71].

Em 1915, Ramalho Ortigão escreveu, na *Gazeta de Notícias* do Rio de Janeiro, um juízo acerbo: "Em Portugal a República é execrável"[72]. Até essa data, a República só conhecera a instabilidade política, sucedendo-se oito ministérios[73]. A participação na Grande

---

69. Vide João de Barros, *A Pedagogia e o Ideal Republicano em João de Barros.*
70. Jacques Marcadé, *Le Portugal au XXᵉ Siècle,* p. 31.
71. Florestan Fernandes, *Democracia e Desenvolvimento: A Transformação da Periferia e o Capitalismo Monopolista da Era Atual.*
72. *Apud* Antonio Cabral, *Em Plena República,* p. 275.
73. Manuel D'Arriaga, *Na Primeira Presidência da República Portuguesa,* pp. 292-296.

Guerra também contribuiu para abalar os alicerces republicanos, notadamente os financeiros, com aumento do déficit orçamentário e, particularmente, do custo de vida entre 1914 e 1918[74]. A instabilidade política era patente. No âmbito da política oficial sucedem-se tantos golpes e violações do regime constitucional que seria enfadonho nomeá-los. Em 1915, por exemplo, uma insurreição deixou duzentos mortos; em 5 de dezembro de 1917, ocorre o golpe militar do major Sidônio Pais, e em 1918 o seu assassinato; enfim, entre 1910 e 1926 foram quarenta e cinco governos e sete eleições (em dezesseis anos!). Somente entre 1908 e 1923 (quinze anos) registraram-se vinte e duas situações de ruptura institucional, compondo aquilo que um historiador espanhol conservador, adepto de Franco e Salazar e obcecado pela ideia de ordem, chamou de "balbúrdia sanguinolenta"[75].

O golpe de 1926, que levou ao poder o general Gomes da Costa, permitiu tanto o novo arranjo das elites das classes dominantes quanto a superposição de um processo de expansão econômica com estruturas simultaneamente modernas e arcaicas de poder. E depois do golpe de 1926, Antonio Cabral, ex-ministro republicano, perguntou-se: "Portugal lucrou com a mudança de instituições?"[76].

Tal mudança de instituições correspondia a um processo que se desenrolava em outros países. Portugal, a exemplo de outras nações periféricas ou de capitalismo tardio, aderiu a um regime cuja característica ideológica era a recusa tanto do socialismo marxista quanto do liberalismo. O país transitou da monarquia à ditadura, tendo a república liberal como um simples interregno. Os anos 1920 assistiam a fenômenos semelhantes em outras nações periféricas e semiperiféricas, determinadas pela emergência de um capitalismo tardio impulsionado pelo Estado, como Itália e Alemanha. Fosse sob a forma de monarquias aparentemente constitucionais ou sob a forma "republicana", regimes daquele tipo se instalaram na Turquia

---

74. *Apud* António José Telo, *Decadência e Queda da I República Portuguesa*, p. 145.
75. Jesus Pabón, *A Revolução Portuguesa*, p. 135.
76. Antonio Cabral, *Em Plena República,* p. 503.

60   LINCOLN SECCO ❧ A REVOLUÇÃO DOS CRAVOS

e na Espanha (1923), e depois em Portugal (1926), Áustria (1933), Grécia (1936), Brasil (1937) e, Espanha novamente (1939). O mesmo ocorreu na Hungria, Bulgária, Iugoslávia, Lituânia, Estônia e Letônia. Ressalvadas as peculiaridades nacionais, todos eles atacaram o movimento operário de inspiração socialista (ou anarquista) e recusaram os rituais da democracia liberal.

As democracias liberais estavam cada vez mais circunscritas aos Estados Unidos, à Grã-Bretanha, à França e à Tchecoslováquia de Masaryk. No final dos anos 1920, tanto o liberalismo político quanto o econômico (que os italianos chamam de liberismo) estavam à beira da catástrofe, e os regimes fortes de homens como Horthy (Hungria), Pisuldski (Polônia), Mannerheim (Finlândia) e o rei Alexandre (Iugoslávia) exemplificavam que também para as nações menores algum tipo de autoritarismo parecia ser a onda do futuro. O próprio liberalismo econômico (liberismo) era deixado de lado pela ideia de planejamento estatal, fosse quase sem mercado, na versão mais radical da antiga União Soviética, fosse respeitando a propriedade privada, como na Alemanha e Itália, mas também nos países formalmente democráticos: França, Inglaterra e Estados Unidos[77].

Em Portugal, a instabilidade política e a crise econômica eram as marcas decepcionantes do regime republicano. Após o golpe de 1926, sucederam-se dois triunviratos, em que o desequilíbrio institucional do novo regime ainda era patente. O governo do general Carmona, instalado em 1928, resolveu convidar pela segunda vez (na primeira ele declinara ao convite por não lhe garantirem total controle do orçamento público) um famigerado intelectual de direita, um professor da tradicional Universidade de Coimbra, António de Oliveira Salazar (1889-1970), com o objetivo de "salvar" a economia do país (repare-se bem na forma verbal: "salvar"). Sua carreira foi meteórica: em 1928 assumiu a pasta das finanças, conseguindo reequilibrar as contas nacionais depois de vários anos de déficit público;

---

77. Vide Eric Hobsbawm, *Era dos Extremos*, 1995, cap. 4.

em 1930, assumiu a administração colonial e, em 1932, aclamado pela maior parte da opinião pública, foi nomeado presidente do Conselho de Ministros (primeiro-ministro), já sob o mito de que era um homem excepcional.

DO NOVO IMPÉRIO ÀS PROVÍNCIAS DE ULTRAMAR

Progredir sem sobressaltos, sem grandes mudanças políticas que afetassem os lucros: eis o anseio dos chamados "agentes econômicos" de todas as épocas. Mas para chegar à época sem mudanças era preciso mudar. Para não fazer a revolução, era necessário querer alguma revolução. Que não fosse uma revolta dos mais pobres, bem entendido, já que tal perspectiva nem se colocava seriamente no horizonte político. Mas que talvez lhes desse mais direitos, pensariam alguns republicanos mais exaltados. Ou que os mantivesse definitivamente no seu devido lugar, como desejaria um antigo e persistente pensamento conservador, mesmo que não monárquico. Este foi o vencedor.

O Estado português hesitaria entre o compromisso com um desenvolvimento que cortejaria os humildes e outro que os encararia como esteios da produção material, mas não do usufruto da cidadania republicana e liberal. Até mesmo quando ausentes, os pobres se tornavam um problema. Ainda mesmo que sua revolta não pudesse assumir mais que feições de explosões espontâneas e localizadas, havia que se lhes opor um bom aparato, fosse repressivo, fosse educativo. Como todo Estado não é mais do que uma forma de contração dos lucros, na visão microeconômica dos capitalistas, do campo e da cidade, só se redireciona parte maior do excedente social aos pobres quando estes se tornam uma ameaça política. Não era esse, ainda, o caso português. Salazar o sabia.

Salazar era um renomado professor da Universidade de Coimbra. Em 1928, quando o general Carmona assumiu a presidência, ele foi convidado para a pasta ministerial das finanças. Sua política ortodoxa reduziu os desequilíbrios macroeconômicos e garantiu-lhe a popularidade que outros governantes europeus conquistaram, à mesma época, em função de políticas de estabilização monetária e de estímulo ao emprego. A partir de 1933 o salazarismo já estava consolidado como política de Estado.

No início, o governo de Salazar só conheceu um fato importante: o decisivo apoio que deu aos sublevados franquistas na Guerra Civil Espanhola (1936-1939). Durante a Segunda Guerra, Portugal se manteve oportunamente neutro, com discretas colaborações com ambos os lados e muitas simpatias pelo nazifascismo. As oposições republicana e comunista (as duas principais), acompanhadas de pequenos grupos socialistas, recobraram ânimo neste período em que a aliança americano-soviética, a vitória em Stalingrado e o combate ideológico mundial ao fascismo lhes conferiam um certo prestígio. Entretanto, elas nunca deixaram de ser reprimidas, e seus membros continuaram a ser presos, torturados e assassinados[78].

A convivência entre militares e governo civil nem sempre era harmônica, pois às Forças Armadas era concedido um papel na estrutura de poder fascista diferente daquele em que os militares tradicionalmente têm numa ditadura militar comum. O governo logo se encarregou de submeter as Forças Armadas ao Conselho de Ministros, introduzindo a Lei da Reforma Militar em 1937, pela qual diminuiu o efetivo de oficiais e o tempo de permanência em cada patente, acelerando as promoções e, portanto, a adesão contínua da oficialidade jovem ao regime.

As poucas manifestações de descontentamento militar tinham mais a ver com as demandas de modernização profissional e organizacional das Forças Armadas depois da sua integração à OTAN – Organização Tratado do Atlântico Norte, no pós-guerra. Os ataques ao regime eram logo sufocados: tentativa de levante operário em 1934; revolta dos marinheiros, em 1936. O objetivo da oposição era, desde o início, um golpe militar "libertador": em 1931 já havia

---

78. Este foi o caso do secretário-geral do PCP, Bento Gonçalves, morto no campo de concentração do Tarrafal.

sido criada a Aliança Republicano-Socialista, liderada pelo general Norton de Matos, que depois chefiou o MUNAF – Movimento de Unidade Nacional Anti-fascista (1943), transmutando-se, com finalidades eleitorais, para MUD – Movimento de Unidade Democrática (1945)[79].

Descontente com a manipulação eleitoral e as restrições à participação política, o MUD dedicou-se à conjuração militar[80]. Em outubro de 1946, o MUD foi derrotado, no Golpe da Mealhada[81]. Um outro golpe de alguma forma vinculado ao MUD, chefiado pelo general Marques Godinho, também foi desbaratado. Depois disso, a agitação militar arrefeceu, pelo menos até o final dos anos 1950. As eleições presidenciais permitiam que a oposição formasse coligações políticas provisórias, mas além do monopólio da comunicação social pró-governo e do apoio financeiro das empresas, os oposicionistas enfrentavam as grandes fraudes eleitorais, como ocorreu em 1958, quando se candidatou o general dissidente Humberto Delgado. O salazarista Américo Thomás foi eleito num eleitorado limitado e vigiado, e mesmo assim Salazar resolveu abolir de vez o sufrágio direto, após a ameaça que Delgado havia representado.

Como já disse alhures[82], a ditadura lusitana baseava seu aparato repressivo nas forças armadas, na PIDE – Polícia Interna e de Defesa do Estado, na PSP – Polícia de Segurança Pública, na GNR – Guarda Nacional Republicana (unidades blindadas que combatiam greves) e na Guarda Fiscal (aduaneira). Politicamente, o país era governado por uma Assembleia Nacional e uma câmara corporativa, ambas

---

79. Vide Josep Sanches Cervelló, *A Revolução Portuguesa e a sua Influência na Transição Espanhola.*

80. As tentativas de golpe de Estado em Portugal foram incontáveis durante o século XX. Ainda que se desconte o agitado período republicano, o regime salazarista enfrentou conjurações militares nos anos 1940 e, particularmente, nos anos 1960.

81. Local onde o capitão Queiroga, isolado e sem o apoio de outras unidades comprometidas com o golpe, rendeu-se em abril de 1947.

82. Lincoln Secco, "A Sociologia como Previsão: Florestan Fernandes e a Revolução dos Cravos".

eleitas, mas só um partido existia legalmente, a União Nacional. Da Assembleia emergia um Conselho de Ministros, chefiado por Salazar. Havia também um presidente da República com poderes decorativos de chefe de Estado.

A base civil do fascismo lusitano abrangia vários grupos ideológicos de apoio, os quais combinavam muitas vezes funções de propaganda e organização da sociedade em apoio a Salazar com intimidações, perseguições, espionagens, delações, agressões e tudo o que pudesse auxiliar o aparato repressivo; faziam parte desse esquema a Legião Portuguesa (camisas verdes) e a Mocidade Portuguesa; serviam ainda de "correia de transmissão" da ideologia fascista os sindicatos oficiais e as organizações católicas (ainda que neles pudessem surgir eventualmente surtos de pensamento oposicionista). A inexistência de um movimento operário forte e organizado, contrário ao regime, diminuía um pouco a necessidade de ação dessas organizações espontâneas da sociedade civil, mas elas existiram e foram importantes em alguns momentos cruciais. A Igreja Católica difundia a ideologia da ordem, do *status quo*, da noção de dilatação da fé e do império como fatos coligados e indissociáveis; e, num país camponês e economicamente estagnado, o salazarismo recorria frequentemente à sanção religiosa do seu poder.

2. África

Os grupos subalternos estão sempre sujeitos à atividade dos
grupos dirigentes ainda quando se rebelam e se levantam: só a
vitória permanente rompe sua subordinação.

ANTONIO GRAMSCI[1]

JACQUES GODECHOT viu a Revolução Francesa de 1789 como uma
Revolução ocidental, extrapolando os seus marcos cronológicos e espaciais[2]. A França seria o epicentro de um vasto movimento sísmico
que se estendeu da América do Norte aos Países Baixos, à Irlanda, à
Bélgica, à América do SuL. Sintomático que um de seus livros mais
difundidos tenha sido produzido na passagem dos anos 1950 para os
anos 1960, momento da descolonização da Argélia e de quase toda a
África. A primeira edição é de 1963.

Uma Revolução sempre tem, para fins políticos, limites cronológicos e espaciais bem delimitados. Em Portugal, os limites poderiam
se instalar entre o dia 25 de abril de 1974, quando um golpe militar
eclodiu e derrubou o governo estabelecido, e o dia 22 de julho de
1976, quando assumiu um governo constitucional. Uma história que
não se prenda apenas aos marcos políticos não deve ignorar essas datas, mas não precisa ater-se a elas. Da mesma forma, o espaço vital da
Revolução é Portugal continental. Quando muito as ilhas. Ou ainda
mais especificamente a cidade de Lisboa. Ora, a Revolução Portuguesa, embora seja nacional (sem isso se perderiam as peculiaridades
ideológicas que explicam o período que se lhe seguiu, com a integração do país na União Europeia), é, na sua conjuntura e na sua fonte

---

1. *Apud* Marcus Green, "Gramsci no Puede Hablar", p. 104.
2. Jacques Godechot, *Les Révolutions (1770-1799)*, pp. 286-303.

imediata, atlântica. Sem respeitar essa geografia de ideias, pouco se entende do processo todo.

Ninguém duvida que a Revolução, em termos ideológicos, não começa em Lisboa. Mas na África. As ideias que circulavam pela Metrópole e pelas Colônias eram, muitas vezes, as mesmas, ainda que interpretadas diferentemente. A soldadesca colonialista (ou seus oficiais) não pensaria jamais nas colônias como um problema se os rebeldes africanos não houvessem surgido e se insurgido com armas nas mãos e levado o exército colonialista a uma virtual derrota.

Isso nos coloca um problema. A crise do Império colonial, inscrita numa conjuntura mais ou menos curta que, do ponto de vista econômico e social, abrange os anos 1950 e se estende aos dias de hoje, está na linha divisória entre correntes de longa duração (estas sim, especificamente lusas, mas também europeias) e um ciclo conjuntural em que a questão política é Atlântica e africana. Ou seja, Portugal era império colonial e atlântico (principalmente), mas o era cada vez menos em termos de ideias e das economias. Embora fosse um império de larga idade, pretendia cada vez mais ser apenas europeu. Mas foi exatamente o seu elo mais fraco que desencadeou a crise e lhe imprimiu um caráter atlântico uma derradeira vez.

Daí por que a ideia de Godechot precisa ser matizada em relação à Revolução dos Cravos (sempre guardadas as devidas proporções), porque ela é atlântica na conjuntura e na longa duração, embora não nos eventos nervosos que se sucederam em 1974-1975. É atlântica, sim. Porque ampla nas suas consequências ou nas suas origens. Mas serviu para apagar o império e o mar do horizonte histórico do país. Ainda assim, a compreensão da conjuntura crítica que medeia o pós-guerra e a eclosão do 25 de abril seria incompleta sem a análise do Império e sem voltar os olhos à África e à Guerra Colonial. Sem voltar os olhos para aquilo que Portugal perdeu: o Atlântico.

A crise do Império português é metropolitana. E é colonial. Por isso não se pode olvidar o ultramar. Sim, é por essa expressão "anexionista", com pretensões de se eternizar, que o salazarismo designará a África lusófona e os territórios lusos da Ásia. São "províncias de ultramar". Não tentaram os franceses o mesmo com seus fugidios territórios d'além-mar? Mas não foi sempre assim.

"Colônia" é uma palavra antiga derivada do latim *colere* (cultivar a terra). Se a procurarmos no *Littré*, encontraremos *colonisable*, *colonisateur*, *colonisation*, *colonisée*, *coloniser*... *colonie* apresenta-se com seus vários significados no dicionário. O segundo deles é o que mais denuncia a visão eurocêntrica da palavra e, portanto, da missão que ela carrega. Diz o *Littré* que a colônia é uma possessão europeia numa outra parte do mundo. Certo, é do século XIX o *Dictionnaire*. Mas a definição persiste numa edição dos anos 1950[3]. A Società Milanese per L'Esplorazione Commerciale in Africa definia os motivos da colonização em *scambi di merci*[4], enquanto um documento português falava em "promover a colonização europeia, na ideia de avigorar as raças"[5].

"Colonial" é uma palavra datada do século XVIII. Em português seu registro é de 1813 ou anterior. A ideia de um sistema colonial, portanto de sua crítica, só pôde aparecer naqueles círculos que também "denunciaram" o imperialismo (palavra que já existia, mas que só adquiriu o significado de expansão da dominação colonialista em fins do Oitocentos, na língua inglesa). Sabemos, neste caso, que foi entre os socialistas (mesmo fabianos) e, depois, na social-democracia alemã, que o termo assumiu implicações maiores. Com Lenin também. Mas antes dele Hobson. Hilferding. Rosa Luxemburgo. É apenas na virada do século XIX, por isso, que os vocábulos *colonialisme* e *anticolonialisme* fizeram sua aparição na língua francesa.

Se é verdade que o colonialismo é uma realidade de longa duração, a sua crítica social mais consequente só surgiu na conjuntura que os historiadores preferiram chamar de neocolonialista, especialmente depois de 1870. Só que o termo é anacrônico para os contem-

---

3. Paul-Émile Littré, *Dictionnaire de la Langue Française*, ed. 1956.
4. *Boletim da Sociedade de Geografia de Lisboa*, 1880, p. 6.
5. *Boletim da Sociedade de Geografia de Lisboa*, vol. 14, n. 1, 1895.

porâneos de Bismarck, pois eles não o conheciam. De toda maneira, a crítica ao colonialismo apareceu ao mesmo tempo que a realidade que ela denunciava se fortalecia. Porque só a partir daquele ano de 1870 uma gama maior de países entrou na esfera colonial ou na disputa por territórios coloniais. De 1583 até 1800, a Inglaterra ocupou oficialmente quarenta possessões coloniais[6].

Só na primeira metade do século XIX (ou pelo menos até 1869), ocupou outras 41 colônias, mas daí em diante ocupou outras 35 até o fim da Guerra Europeia. A França antes de 1870 tinha sete possessões, conquistando outras catorze até 1904. A Rússia tinha oito colônias antes de 1870 e ganhou outras oito até 1939[7]. Entre 1895 e 1942, o Japão ocupou oito territórios que não lhe pertenciam originalmente. A Alemanha, se considerarmos suas conquistas durante a Segunda Guerra Mundial, adquiriu dezenove territórios entre 1871 (Alsácia-Lorena) e 1941 (grandes extensões da Rússia). Os Estados Unidos, se olvidarmos sua importante expansão anterior, somente a partir de 1867 recebeu sete territórios (até 1944, se considerarmos Okinawa). A Itália, desde 1911, conquistou seis colônias e a Bélgica apenas uma no ano de 1879[8]. Ora, a crítica ao colonialismo só podia emergir com força na virada do século XIX para o século XX.

Já um termo de cores tão esquerdistas como *neocolonialisme* passou a ser usado só em 1955[9]. Mas ele se referia a um *indirect rule*. Vejamos. A definição da língua inglesa diz que o neocolonialismo alude às práticas econômicas e políticas com as quais as grandes potências mantêm ou expandem indiretamente sua influência sobre outras regiões e povos. O pequeno dicionário norte-americano onde se encontrava este tipo de definição não trazia a palavra *neocolonialism* em

---

6. Michael Barrat Brown, *Economia do Imperialismo*, p. 115.
7. Neste caso estou considerando a ocupação da Polônia, Finlândia, Lituânia, Letônia e Estônia, em 1939, como conquistas territoriais não pedidas ou desejadas pelos governos instituídos daqueles territórios. Certamente, não se trataram de colônias no sentido estrito do termo.
8. Michael Barrat Brown, *Economia do Imperialismo*, pp. 202-204.
9. Dauzat *et al.*, *Dictionnaire Larousse Étymologique et Historique*.

sua edição de 1964[10]. Mas a registrou num suplemento de 1970. Foi nesses anos 1960 que a palavra de fato ganhou notoriedade.

Ora, o que deve ser o colonialismo para nós outros? Uma definição pode nos servir. Uma vista d'olhos nos dicionários velhos permite ver a carga simbólica que as denominações das colônias carregavam. O *Dicionário Enciclopédico* de Saint-Laurent (1845) definia *colonies* como o "nome dado hoje em dia aos estabelecimentos de agricultura e de comércio fundados na Índia, África ou Oceania e pertencentes às várias potências europeias"[11]. Bem, ainda não podia se falar de vultosa exportação de capitais ou de industrialismo periférico. O mesmo dicionário, entretanto, ainda se referia a Moçambique e Angola como reinos. O dicionário de Bouillet (1876) moderava a soberania portuguesa sobre as regiões da África[12].

O termo "colônias" tinha longa trajetória em Portugal. Era usado desde o século XVI, quiçá antes. Em 1663 passou-se a usar também o termo "províncias do ultramar", termo que conviveu com a palavra "colônias" até 1926, quando os territórios de além-mar passaram a ser chamados apenas de "colônias"[13]. A partir de 1951 Salazar passou a empregar, oficialmente, a designação de "províncias do ultramar" face às críticas que sofria fora do país[14]. Assim, podia defender-se com a ideia de que as antigas colônias eram parte integrante de Portugal.

A expressão colonial era tímida ainda no oitocentismo. Havia publicações voltadas ao tema, como *Colônias Portuguesas: Revista Ilustrada* (número especial de 1877). Obras várias que compunham as bibliotecas dos homens de erudição, como *Les Colonies Portu-*

---

10. "The economic and political policies by which a great power indirectly maintains or extends its influence over other areas or peoples" (*The New Merriam-Webster Pocket Dictionary*).

11. Charles Saint-Laurent, *Dictionnaire Encyclopédique Usuel*.

12. "La souveraineté du Portugal sur ces contrées est presque vaine: les peuplades qui les habitent sont gouvernées par leurs propes chefs" (Marie-Nicolas Bouillet, *Dictionnaire Universel d'Histoire et de Géographie*).

13. Vide *L'Empire Colonial Portugais*, 1937 (Catálogo da Exposição de Paris).

14. Gerald J. Bender, *Angola: Mito y Realidad de su Colonización*, pp. 13-14.

gaises, Court Exposé de leur Situation Actuelle (1887)[15]. Se voltarmos o olhar para esses bibliófilos que não produziram as grandes obras (e por isso mesmo são mais reveladores do espírito da época, pois persistem na média), veremos um deles ter sua biblioteca em leilão contendo um lote de 58 volumes acerca das colônias portuguesas e outros dois volumes e 32 opúsculos sobre questões ultramarinas[16]. Lembremos que, por ocasião do assassinato do rei D. Carlos, o seu reinado foi exaltado e recordado pelas suas campanhas contra os resistentes das colônias[17]. Sabemos que só no novecentismo português, seguindo a onda neocolonial, irá aprofundar seu controle direto sobre Angola e Moçambique. Porque a República não mudou o estatuto colonial. O *Dicionário* de Brunacci (1915) aludia a Angola e Moçambique como "possessões portuguesas"[18]. Um livro da mesma época (1912) intitulava-se *Le Portugal et ses Colonies*[19].

Em 1933 foi lançado o selo postal do Congresso Internacional do Instituto Colonial e, no ano seguinte, o da Exposição Colonial. Em 1938 saiu, em Guiné e Moçambique, um selo postal com o lema: "Império Colonial Português"[20]. Não se enrubesciam, as elites dirigentes de Portugal, com a expressão colonial. Essa situação modificou-se depois da Segunda Guerra Mundial. O termo tornou-se pejorativo e transitou dos colonizadores para a fala dos colonizados (na forma de denúncia). Fenômeno constatado na produção intelectual. Na historiografia que deixou (ou tentou deixar) de ser eurocêntrica. Nas revistas acadêmicas, a *Revue d'Histoire des Colonies* mudou o nome sugestivamente para *Revue Française d'Histoire*

---

15. *Catálogo da Importante Livraria que Pertenceu aos Falecidos Jornalista Joaquim Martins de Carvalho e General Francisco Augusto de Carvalho etc.*, 1923, p. 53.

16. *Catálogo da Curiosíssima Livraria que Pertenceu ao Inolvidavel Escriptor Dr. Sousa Viterbo que Será Vendida em Leilão etc.*, 1914, pp. 26 e 39.

17. Cf. *Almanaque Brasileiro Garnier*, 1909, p. 424.

18. Augusto Brunacci, *Dizionario Generale di Cultura*, 1915.

19. Angel Marvaud, *Le Portugal et ses Colonies*.

20. *Catálogo de Selos de Portugal Continental, Insular, Ultramarino, Macau e Novos Países de Expressão Portuguesa*, 1985.

d'Outre-Mer[21]. Os estudiosos encontrariam, depois, o termo "Terceiro Mundo" (hoje também em desuso). O abandono do eurocentrismo refletia-se também na composição dos estudiosos da questão colonial. Num congresso de 1948 em Paris, que reuniu 299 orientalistas, havia somente 37 estudiosos originários da Ásia e da África. Em 1960, em Moscou, havia 197 asiáticos e africanos entre 767 participantes. A porcentagem com relação ao total de comunicações feitas subiu de 12% para 26%[22].

Um salto para o nosso período. Em 1962, um simplório *Almanaque Mundial* referia-se às colônias como "províncias de ultramar". Será por esse eufemismo anexionista que Portugal designará seus territórios ocupados de África e Ásia? É verdade, Portugal não era o pequeno ocidente extremado da Europa. Era um Império. Chame-se de outra maneira, era de fato uma realidade imperial com sua sede centralizada em Lisboa.

Ora, Portugal continental não ultrapassava muito (não ultrapassa!) modestos 91 mil quilômetros quadrados. Mas Angola ultrapassava os 1 246 700 quilômetros quadrados. Moçambique tinha (e tem) um tamanho que é ligeiramente superior à metade do território angolano. As demais colônias eram menores do que a parte europeia do Império. Não se podia pensar no Império (e nas ideias que sobre ele se faziam) ouvindo, lendo, observando, só aquela extremidade ocidental da Península Ibérica.

É só no continente negro que se poderá perceber a crítica mais forte ao regime, porque nascida do elo mais fraco. Lá estavam as gentes que suportavam todo o peso do século e das defasagens sociais, culturais e técnicas de Portugal. E lá situavam-se as fortalezas do regime e toda sua força militar garante da lealdade à metrópole. Mas, para Maquiavel, as fortalezas não são os pontos mais vulneráveis do

---

21. Henk Wesseling, "História de Além-Mar", em Peter Burke (org.), *A Escrita da História*, p. 97.
22. Jean Chesneaux, "A Reanimação do Passado Tradicional nas Jovens Nações da Ásia e da África", p. 76.

inimigo? Superá-lo apenas pelas armas: assim imaginaram os partidos que se embrenharam nas matas e formaram guerrilhas. Mas no campo das ideias uma luta árdua se impunha. Conquistar apoio "popular" onde nunca houvera unidade ou "povo". Projetar uma sociedade e uma economia nacionais onde nunca houvera nações. Adotar algum tipo de socialismo fosse como técnica de desenvolvimento ou utopia mobilizadora. Tais os dilemas em África.

Se compartilhavam o mesmo quadro mental dos europeus, as elites políticas e intelectuais africanas não podiam fechar os olhos para as especificidades do seu solo histórico. A ameaça maior residia em dois fatores. Um de matiz político. Outro de natureza estrutural (ou de infraestrutura, se quisermos): *1.* nada garantia que a transição de poder, assinalada pela independência política, geraria estabilidade; *2.* o baixo nível de desenvolvimento das forças produtivas era um ponto de partida insuficiente para viabilizar Estados nacionais prósperos.

Essas estruturas tornavam-se parcialmente "conscientes" em formas ideológicas que, aliadas à vontade de se livrar do jugo colonial, produziam, amiúde, distorções sérias em análises de conjuntura. Naquela altura era factível projetar no horizonte histórico a vitória diplomática e/ou militar sobre o colonialismo. Ele já era questionado mundialmente, mas foi o exemplo prático da Revolução da Argélia que mostrou, pela primeira vez, ao menos aos olhos dos movimentos de libertação nacional, que o colonizado podia derrotar um colonizador muito mais poderoso. A violência, muito mais do que as pregações ou práticas pacíficas dos partidos nacionalistas mais antigos, animava os grupos guerrilheiros mais jovens. Frantz Fanon, o teórico da Guerra da Argélia e de todas as guerras de descolonização, considerava que a violência tinha uma dimensão nacional e de autoconfiança para os colonizados, mesmo quando seu efeito militar era apenas simbólico.

> A violência do colonizado, já o afirmamos, unifica o povo. [...] A violência na sua prática é totalizante, nacional. [...] No nível dos indivíduos, a vio-

lência desintoxica. Ela livra o colonizado de seu complexo de inferioridade, de suas atitudes contemplativas ou desesperadas[23].

Colonialismo era agonizante e, nos países europeus, crescia a crítica interna. As forças africanas procediam a uma radicalização proporcional à resistência europeia, permitindo dois tipos de transição: aquela controlada pela metrópole (ou por interesses estratégicos do capitalismo monopolista), como na Tunísia desde o princípio (também Camarões, Togo e outros francófonos). Marrocos, onde o nacionalismo bastante popular do partido Istqlal e a resistência do sultão Ben Yussef mediram forças com os interesses franceses, foi um caso intermediário talvez.

O outro tipo foi aquele que preservou, inicialmente, algum tipo de crítica à metrópole. Poderíamos voltar os olhos para Madagascar, que se recusou a entrar na Comunidade Francesa (1958) e, a partir dos anos 1970, teve uma "evolução" na direção de políticas inspiradas no terceiro-mundismo radicalizado e no socialismo. Mesmo Gana (antiga Costa do Ouro), livre já em 1957, sob a liderança do Dr. Kwame N'Krumah (1909-1972), assumiu ideias do "socialismo africano", até ser derrubado por um golpe em 1966. Exemplos maiores de uso sistemático da violência contra a metrópole foram o Congo belga antes e depois do assassinato de Patrice Lumumba (1961) e a via "revolucionária" argelina.

Acreditava-se que somente no primeiro caso haveria uma simples eliminação da superposição da exploração colonial sobre a apropriação interna do excedente. Abolir-se-ia o parasitismo tributário da metrópole, de natureza improdutiva, e o controle direto de fatores produtivos internos baseados em dados exógenos ao tipo ideal de sociedade de classes, como aqueles oriundos do poder militar, da justificativa histórica ou "civilizacional" ou da heteronomia racial que persistia sob o estatuto jurídico burguês. Assim, o poder econômico, social e político seria redistribuído a uma burguesia interna. Ver-se-ia,

---

23. Frantz Fanon, *Les Damnés de la Terre*, pp. 50-51.

74   LINCOLN SECCO ❊ A REVOLUÇÃO DOS CRAVOS

depois, que isto tendia a ocorrer mesmo nos países que passaram por revoluções e adotaram a ideologia socialista oficialmente: a Tanzânia (1967), a Tunísia (1969) e o Benin (1974) declararam-se socialistas. O Partido Africano para a Independência de Guiné e Cabo Verde (PAIGC) fez sua opção marxista em 1977. Outros, como o Madagascar (1975), a Líbia (1976) e Moçambique (1977) radicalizaram seu "terceiro-mundismo". E o que dizer da Etiópia, da Somália e de Angola, estreitamente vinculados à União Soviética?

Mas esse socialismo, salvo no PAIGC, nunca orientou uma compreensão profunda das realidades locais, parecendo mais uma cobertura de chocolate no bolo nacionalista. E mesmo Cabo Verde e Guiné-Bissau fracassaram a longo prazo. Olhemos o Máli. Depois de abandonar a federação formada com o Senegal (1961) escolheu o "socialismo científico" e adotou os "planos quinquenais", à maneira soviética:

> A União Soviética tinha um prestígio pouco discutido como modelo: [...] a planificação parecia uma panaceia capaz de tirar um país atrasado do subdesenvolvimento num ritmo acelerado, sem que as direções quisessem levar em conta, nem as condições políticas necessárias, nem as condições objetivas (recursos materiais e humanos, quantitativa e qualitativamente)[24].

O Plano Quinquenal do Máli (1961-1965) previa taxa média anual de crescimento de 8,4%. Só atingiu 1,7%! Uma economia nacional não podia surgir sem os pressupostos humanos, técnicos e os recursos produtivos que permitem a inserção ativa de um Estado nacional no mercado mundial.

Nem a promessa de estabilidade pós-colonial se cumpriu. Guerras civis, assassinatos de chefes de Estado e o que, hoje, a grande imprensa chamaria de "limpeza étnica", foram feitos em maior ou menor escala (por exemplo: Mauritânia, Gabão, Somália, Burundi etc.). Através de um levantamento meramente indicativo, baseado

24. Gérard Chaliand, *Mitos Revolucionários do Terceiro Mundo*, p. 135.

em literatura secundária, calcula-se que, entre 1960 (ano símbolo da independência africana) e 1984, houve 45 golpes de Estado na África (bem ou mal-sucedidos), sendo a maioria (dezessete) na porção ocidental do continente (excluindo as revoluções de independência e os motins populares). Esse número, desde então, cresceu ainda mais.

O segundo fator a ser considerado é o do nível das forças produtivas. Os homens, diria Marx, herdam o subdesenvolvimento, essa outra "permanência" que se inscreve no espaço, mas também na base econômica. Herdam as forças produtivas com as quais podem contar para prosseguir sua marcha. A África tem sido sinônimo de miséria. Se excetuarmos as potencialidades naturais do Níger, Sudão, Gabão (por sua renda *per capita* melhorada em função da pequena população), o Quênia, Camarões, a República Democrática do Congo (antigo Zaire), Nigéria e grande parte da África austral, quase todos os países da África subsaariana apresentaram-se, permanentemente, abaixo de índices suportáveis.

Mas não era assim nos anos 1960! Em 1962 não havia déficit alimentar na África subsaariana, mas em menos de vinte anos a taxa chegou a 15%[25] e a fome grassou! A piora dos termos de intercâmbio no comércio internacional, a dívida externa, uma piora do clima entre outros fatores, foram determinantes para que isso ocorresse. Além disso, houve o custo da Guerra Civil, especialmente no caso da África portuguesa. Ela começou nos anos 1960 e prosseguiu depois da independência. Para Moçambique e Angola, os custos haviam ultrapassado os bilhões de dólares em perda de produto interno bruto e centenas de milhares de mortes. Isso não é uma realidade portuguesa e de ex-colônias lusas[26]. É uma realidade subsaariana! Repete-se, por exemplo, no Chade, no Sudão, na Etiópia/Eritreia e em Uganda.

Ora, parece evidente que para além da expropriação colonial e neocolonial houve crescimento demográfico acima do incremento da renda nacional, rebaixando o produto interno bruto *per capita*.

---

25.   Gérard Chaliand, *A Luta pela África*, p. 31.
26.   Robert Rotberg (ed.), *Africa in the 1990s and Beyond*, p. 39.

Onde aquele aumento podia ocorrer, acompanhou-se de desequilíbrios econômicos, notoriamente na constituição de uma agricultura de exportação, crescimento desordenado das cidades[27], êxodo rural maciço e desarticulação das formas pré-capitalistas de reprodução da vida material. Depois de 1970 a taxa de crescimento demográfico africana foi de 2,9% (contra 2,7% na América Latina e 2,1% na China) e a taxa de crescimento do PIB por habitante foi 0,2% entre 1970 e 1980, enquanto foi de 1,4% na Índia e 2,7% em outros países da Ásia[28].

NAÇÃO?

No século XX, os Estados multiétnicos são a norma e não a exceção[29]. Aquele "ponto crítico" sem o qual uma "nação" não pode aspirar legitimamente a esse título não vale mais para o século XX ou XXI. As colônias africanas poderiam lutar contra seus colonizadores segundo suas numerosas repartições tribais internas. Por que não o fizeram?

Uma resposta teórica poderia ser dada a partir dos atributos de uma nação moderna: *1.* ter um território específico; *2.* tamanho mínimo; *3.* certa integração; *4.* uma consciência de si mesma como nação[30]. Obviamente esses critérios são extremamente frágeis. Apenas o *1* e o *4* são de fato essenciais na constituição, não de uma nação, mas de um Estado nacional. E só o quarto fator é um desafio para a explicação histórica. Esse tipo de Estado nacional é bastante recente em nossa história. Ele é entendido, hoje, como "uma unidade territorial soberana e idealmente homogênea, habitada por cidadãos membros da nação, definidos de várias maneiras convencionais (étnicas, linguísticas, culturais, históricas etc.)"[31].

---

27. *Idem*, p. 33.
28. Catherine Coquery Vidrovitch, *Afrique Noire: Permanences et Ruptures*, p. 63.
29. Eric Hobsbawm, *Nações e Nacionalismo*, p. 204.
30. Horace Davis, *Para uma Teoria Marxista do Nacionalismo*, p. 16.
31. Eric Hobsbawm, *Estratégias para uma Esquerda Racional*, p. 137.

A conquista europeia da África deu-se em dois níveis ao menos. E os líderes africanos de maior porte logo o entenderiam. Um, espetacular, e que desapareceu nos anos 1960, foi o da ocupação militar e da administração direta. Mas o outro foi, como diria Braudel, uma "conquista mais lenta e mais eficaz" que poderia ser desenhada no espaço em dois outros níveis de infraestrutura (ou "subníveis"): o da construção de rotas, estradas, cidades, pontos fortificados, que atendiam à opção (ou necessidade) de ligar as regiões africanas ao comércio mundial controlado por europeus e, depois, norte-americanos[32]. Rotas que levavam das fontes de matérias-primas à operosa indústria de transformação situada no hemisfério setentrional.

Exemplo sempre lembrado é o da usina hidrelétrica de Cabora Bassa, feita no Moçambique colonial para atender interesses sul-africanos. Lembremos que Samora Machel (1933-1986), este enfermeiro que se revoltou, foi o responsável pela transferência da força principal da Frelimo do norte de Moçambique para o Tete, concentrando a luta em torno da usina de Cabora Bassa. Embora distante de suas bases na Tanzânia, a Frelimo operou ali uma luta muito mais direta contra o colonialismo econômico português. Símbolo de luta contra o racismo da África do Sul e contra o colonialismo europeu. Todavia, depois da independência, o governo revolucionário continuou a fornecer energia elétrica ao regime sul-africano, posto que a quantidade de energia produzida não poderia ser consumida por Moçambique "socialista". Apenas pela indústria do país do *apartheid*.

Ora, 80% do movimento portuário e ferroviário de Moçambique estavam orientados para a Rodésia e a África do Sul, na época da independência moçambicana[33]. Em Moçambique as estradas correm de leste para oeste, embora a orientação geral do país seja norte-sul. A rede de estradas foi construída para transportar produtos sul-africanos e da Rodésia através de portos de Lourenço Marques (atual Maputo) e Beira. E não para servir as necessidades da popu-

---

32. Vide Fernand Braudel, *La Méditerranée*, p. 511.
33. Joseph Ki-Zerbo, *História da África Negra*, vol. II, p. 282.

78 LINCOLN SECCO ❖ A REVOLUÇÃO DOS CRAVOS

lação[34]. Como negar essas pesadas heranças? Isto, por outro lado, valia também para os regimes políticos conservadores ou de direita, apoiados pelos Estados Unidos, como o Zaire. O ditador Mobutu restabeleceu relações diplomáticas com Angola em maio de 1976. Por quê? Certo, não se tratava obviamente de simpatia ideológica ou solidariedade continental. Reconhecia-se simplesmente que a ferrovia que liga Benguela ao porto de Lobito, dentro de território angolano, era a única via cômoda de escoamento para o cobre de Shaba[35].

Vejamos o exemplo do Sudão, antes de sua divisão. Não é um caso escolhido aleatoriamente[36]. Era o maior país africano em extensão territorial (2 506 mil quilômetros quadrados ou 8% da superfície africana). Os dados de 1962 nos dizem que os caminhos, as estradas e as ferrovias, construídas durante a colonização e, certamente, seguindo rotas ainda anteriores, destinavam-se a interesses forâneos e não à integração do país. Valia-se o Sudão de suas vantagens naturais. Rios navegáveis: o Nilo histórico. Mas a rede ferroviária de quase quatro mil quilômetros de extensão nascia no sudeste e dividia-se em dois sistemas: um dirigido ao Egito (ao norte), ao qual o país esteve ligado por laços históricos de sujeição[37]. O outro dirigido a Porto Sudão no Mar Vermelho[38]. Corredores de exportação!

Ora, a população concentrava-se ao longo do Vale do Nilo, especialmente na Planície de Gezireh, a montante do encontro do Nilo branco e do Nilo azul. Ora, que é o Sudão atual? Uma população

---

34. VVAA, *Dependency and Underdevelopment: Consequences of Portugal in Africa*, p. 17.
35. Joseph Ki-Zerbo, *História da África Negra*, p. 240.
36. Os regimes independentes pós-coloniais tentaram reconstituir rotas internas de importância regional, algumas delas remontando à Antiguidade, como foi o caso da estrada de ferro do Xinjiang, na China, que retomava o percurso da rota da seda (Jean Chesneaux, "A Reanimação do Passado Tradicional nas Jovens Nações da Ásia e da África", p. 81).
37. Em 1821, o Sudão tornou-se Sudão egípcio, sob a influência do Império Otomano, do qual o Egito era uma província. No fim do século XIX surgiu o Sudão anglo-egípcio, sob a dominação preponderante dos ingleses e dos egípcios.
38. Cf. *Almanaque Mundial 1962*, p. 286.

que persiste ao longo do Vale do Nilo. Onde estão as maiores cidades, as barragens e as obras de irrigação. O Sudão herdou suas rotas e os destinos de suas mercadorias. E recebeu depois os conflitos e as guerras civis e golpes que têm caracterizado sua história recente. Ora, se olharmos para o mapa, não veremos que também Angola herdou seus corredores ferroviários de exportação? E os conflitos estimulados por potências do hemisfério norte?

Mas há outro "subnível" daquela conquista lenta. Que também constituiu aquelas "rugosidades" de que falou Milton Santos. Inércia dinâmica. Pois só a partir dela se poderia retomar (ou principiar) algum desenvolvimento. O tempo incorporado na paisagem. Esse espaço que só existe com e para a sociedade. Que é sempre social, humano, histórico. Espaço-tempo de formas duráveis. Descubramos assim que as próprias fronteiras políticas se incorporaram à paisagem. Porque também interesses poderosos as fixaram. E aquilo que os europeus recortaram e subdividiram tornou-se, por direta responsabilidade do chamado mundo civilizado, fonte de conflitos sem fim. Diga-o a Bélgica. Esse conquistador tardio por vontade de seu rei Leopoldo. Mostre-o Burundi. Ruanda. Ou o Congo.

Os povos africanos "escolheram" buscar sua autonomia baseando-se naquilo que aparentemente os uniam (ao menos essa foi a escolha de suas vanguardas políticas): as próprias estruturas da administração colonialista[39]. Nas palavras de um teórico, tratou-se do "isomorfismo entre o âmbito territorial de cada nacionalismo e o da unidade administrativa anterior"[40], o que fez o nacionalismo colo-

---

39. Havia Estados centralizados antes da dominação colonial, e estrutural e funcionalmente bastante desenvolvidos, como a Etiópia e o Madagascar (vide Joseph Ki-Zerbo, *História da África Negra*, vol. II). Mesmo Angola tivera uma unidade territorial, ainda que diversa da atual, muito antes, mas isso era apenas uma reminiscência histórica depois do século XVII, quando as últimas coligações de reinos da região foram derrotadas. E a partir de fins do século XIX, quando os portugueses fizeram os primeiros contatos com africanos que portavam ainda nessa época algum grau de unidade territorial, pôde logo derrotá-los militarmente. A ocupação do Kubango (1915) selou a sorte dos últimos recalcitrantes. Cf. VVAA, *História de Angola*, p.159.

40. Benedict Anderson, *Nação e Consciência Nacional*, p. 125.

nial recente assemelhar-se aos nacionalismos coloniais mais antigos, como os da América. Considere-se ainda que os anos 1950 assistiram a uma nova divisão de territórios coloniais que conduziria, fatalmente, àquilo que Senghor chamou de "balcanização" da África, ou seja: a pulverização de pequenos Estados sem poder[41]. A tradição de uma submissão (forçada) a um colonizador comum se superpôs às identidades parciais (étnicas, linguísticas e culturais). Parciais porque, como é sabido, diferentes lealdades de natureza pré-moderna (aos olhos de um europeu) conviviam sob as mesmas unidades administrativas coloniais. Nas colônias portuguesas, como também no Congo Belga, acrescia-se a dificuldade de Portugal não ter procurado partilhar sua cultura com a dos colonizados[42]. Comprove-se com o número de "assimilados" nas colônias de Moçambique e Angola.

Os nativos das colônias eram obrigados a realizar trabalhos forçados (depois do ato colonial salazarista de 1933); muitos eram vendidos para trabalhar em minas de ouro da África do Sul. Quanto à tarefa civilizatória do subimperialismo lusitano, um levantamento de 1959 mostrava como era pequena a capacidade de assimilação dos nativos na vida civil, pois também ali, como no ultramar francês, o racismo era uma ideologia e, acima de tudo, uma prática social consciente que impedia a extensão de cidadania a negros e mestiços (seria diferente, hoje, a sorte desses novos negros que trabalham em Lisboa?). E como fazê-lo se os próprios portugueses eram destituídos de tantos direitos? Essa situação talvez dissimulasse a prática de exclusão racial muito mais do que no caso francês, onde um Estado nacional podia ser democrático e livre na metrópole, e exercer a tortura e a pena capital na Argélia.

Entre todos os 5 738 911 moçambicanos, apenas 91 954 eram considerados "aptos para a vida civil"; entre os 4 145 266 angolanos, apenas 135 355 eram "civilizados"; entre os 510 777 guineenses, eram apenas

41. Maria Yedda Linhares, *A Luta Contra a Metrópole*, p. 77. Senghor (líder do Senegal) referia-se aos casos da África Ocidental Francesa e da África Equatorial Francesa, cortadas em vários países.
42. Horace Davis, *Para uma Teoria Marxista do Nacionalismo*, p. 229.

8 320 os "civilizados"; entre os 442 378 timorenses, eram somente 7 471[43]. Portugal via-se incapaz de promover uma absorção molecular dos seus dominados, concedendo-lhes a cidadania portuguesa. Talvez o Arquipélago de Cabo Verde se mostrasse uma exceção, pois desde o século XIX seus habitantes serviam como representantes de um subcolonialismo, mediadores mesmo entre a dominação metropolitana e os guineenses.

Aqueles, de tez mais clara, considerados "civilizados"; estes "indígenas" e, por isso, submetidos a uma dívida desde o nascimento com o Estado: o imposto de palhota, pago na forma de uma renda trabalho que garantia às empresas uma força de trabalho perene, semiescrava[44]. Que se conjuminava a outras formas de exploração. Eram os fulas, por exemplo, que produziam a mancarra (amendoim) para o mercado externo, porém dominados pela Casa Concessionária Gouveia, que lhes impunha os preços mais baixos. O trabalho forçado em Moçambique era chamado "chibalo" e consistia na construção de estradas, ferrovias, agricultura etc. Em 1889 foi instituído o princípio do trabalho obrigatório para os nativos das colônias portuguesas[45].

Por outro lado, a população portuguesa nas colônias era insignificante em relação aos nativos e quase não se misturava a estes: não havia um número grande de brancos, as colônias não atraíam muitos colonos e a burguesia colonial, instalada em África, tinha sólidas raízes metropolitanas, sendo, por isso, incapaz de gerar um movimento próprio de ruptura colonial baseada em interesses econômicos de uma camada dominante nacional. Os índices de brancos em Angola e Moçambique nunca ultrapassaram 4%, e só começaram a crescer lentamente nos anos 1940 (depois de séculos

---

43. Dados reconstituídos a partir de José Paulo Netto, *Portugal: Do Fascismo à Revolução*, p. 27.

44. António Tomás, *O Fazedor de Utopias*, p. 46.

45. Patrícia M. A. Villen, *L'Ideologia Coloniale Portoghese del Secondo Dopoguerra e la Critica de Amílcar Cabral*.

de colonização!)[46]. Apesar disso, as populações locais não tentariam reconstruir (ou construir!) nações senão segundo os modelos das populações de origem europeia.

A África no seu todo padecia de problemas semelhantes, resguardadas as peculiaridades de cada área geográfica. Ainda que Julius Nyerere, presidente da Tanzânia, dissesse em 1963 que as fronteiras herdadas dos europeus eram um "absurdo etnológico e geográfico"[47], elas permaneceram em grande medida. Porque eram as únicas. As separações entre tribos e etnias anteriores à chegada dos europeus eram tão nítidas assim? Poderiam ser, mas não para critérios geopolíticos que predominaram a partir do século XIX na arena internacional. Ademais, toda uma estrutura organizatória e administrativa havia se fixado. Ela seria o foco das lutas anticoloniais e a base dos futuros Estados independentes. Nem sempre acomodariam todos os grupos internos, mas este foi um problema transferido ao período posterior à independência. Um caso notável, fora da África, foi a Índia. O Paquistão dela separou-se para incorporar-se à Organização das Nações Unidas (ONU) em 1947, dois anos depois da própria Índia. Em 1971 surgiu no Paquistão Oriental um outro Estado independente: Bangladesh.

O perigo da fragmentação contínua havia e incomodava as próprias potências colonialistas. E mesmo depois de trocar sua dominação direta por algum tipo de ascendência econômica. Tanto que o Ocidente não hesitou em armar o Marrocos independente (e também a Mauritânia) para combater os separatistas da Frente Polisário. Isso depois que a Espanha se retirou dali (1975), provocando a marcha verde do rei do Marrocos e a anexação daquela parte do Saara, fenômeno semelhante à retirada portuguesa do Timor Leste, que seria invadido pela Indonésia. Mas à medida que esses países "subimperialistas" obedeceram aos interesses econômicos dos Estados Unidos e de alguns países europeus, a anexação foi tolerada, mesmo porque a

46. Rui F. Silva, "Racismo e Colonização Étnica em Angola", p. 27.
47. Horace Davis, *Para uma Teoria Marxista do Nacionalismo*, p. 229.

criação de novos Estados nacionais era (e é) antes um problema que uma solução em muitos casos. Eles eram sessenta às vésperas da Segunda Guerra Mundial. Atingiram a cifra de 108 em 1963![48]

TOMADAS DE CONSCIÊNCIA

Voltemos ao início. Apesar da ideologia oficial declarar as colônias como "províncias de ultramar" nunca houve dúvida sobre o real estatuto político das colônias e dos colonizados. E esta condição determinava muito mais o que dela se pensava à medida que se tornava mais desenvolvida a organização política dos colonizados. Tratava-se de territórios ocupados e mantidos sob a tutela metropolitana predominantemente pelo uso da violência. Tanto é assim que os governadores do Império, que exerciam sua autoridade em Guiné, Cabo Verde, São Tomé e Príncipe, Angola, Moçambique, Diu, Damão, Goa, Timor Oriental e Macau, eram quase sempre militares. Porque era militar a primordial função nas colônias. A colonização era inseparável da vigilância das Forças Armadas. A exploração econômica não seria possível apenas pelas suas virtualidades intrínsecas, pelos lucros que acarretava, pelos empregos que pudesse criar, pelos rendimentos com que pudesse seduzir. Não. Acompanhava-se do trabalho compulsório, da desarticulação de tradições culturais e hábitos de vida sem as compensações reais e ilusórias que o capital ofereceria em circunstâncias em que sua lógica interna se pudesse fazer valer sem se alimentar de modos de produção e formas de trabalho pré existentes.

Toda a compensação restringia-se a um só agente econômico: o colonizador branco. E os administradores desses territórios eram os homens que, na estrutura do Estado, definem como nenhuma outra categoria a sua função básica: o monopólio legitimado do uso da violência. Refiro-me às forças militarizadas. Às três armas e também às forças policiais e paramilitares presentes na colônia. Certamente, os casos mais flagrantes eram aquelas colônias simbólicas. Que não

---

48. Philippe Delmas, *O Belo Futuro da Guerra*, p. 153.

84   LINCOLN SECCO ❀ A REVOLUÇÃO DOS CRAVOS

tinham importância econômica apreciável, como Guiné, São Tomé e Príncipe e as colônias do extremo oriente – as da Índia já haviam sido retiradas dos portugueses no período ao qual refere-se esta investigação (1961-1975). Corroboremos o supradito: entre os quinze últimos governadores do Império ainda vivos, quase vinte anos após a Revolução dos Cravos, somente três eram civis![49]

Por isso a crise das mentalidades, tão aguda nos anos 1960, não pode ser transcrita no espaço nacional português. As ideias circulam num espaço metropolitano tanto quanto nos territórios coloniais. E ambos (continente e ultramar) inserem-se em ondas mundiais. É o fato de passarem de um a outro continente, este submetido a ritmos mais lentos, aquele a ritmos supostamente mais velozes, que pode trazer a impressão de que, ao viajar no território, viaja-se às vezes no tempo. Mas qual o tempo? Republicanismo, socialismo e revolução não estavam, à sua maneira, próximos do século XIX português? Os africanos não poderiam descobrir tais ideias àquela altura, mas o fizeram no século que se seguiu.

Não seria estranho a uma "geografia nova" considerar que também as ideias compõem o espaço. E se assim for, existem horizontalidades e verticalidades especificamente ideológicas que se interpenetram[50]. Ora, um estudo dos discursos e programas dos movimentos de libertação em África revelaria muitas convergências com a metrópole, pois todos se inseriam num mesmo sistema, caracterizado pela circulação de mercadorias e ideias. Dir-se-ia ainda melhor: todos, no continente e no ultramar, estavam sob estruturas muito pesadas legadas pelo passado. Sob circunstâncias que os homens não comandam, como diria Braudel[51]. As reflexões, longe de serem resultantes de grandes

49. Paradela Abreu (org.), *Os Últimos Governadores do Império*.
50. "As relações horizontais nos dão a estrutura interna da sociedade, as relações verticais nos indicam as relações de uma sociedade com outras sociedades" (Milton Santos, *Por uma Geografia Nova*, p. 200). "As verticalidades são formadas por pontos, as horizontalidades por planos" (Milton Santos, "O Tempo Despótico da Língua Universalizante", *Folha de S.Paulo*, 5 nov. 2000).
51. Fernand Braudel, *La Mediterranée*, p. 506.

análises solitárias (ainda que as houvesse um Amílcar Cabral, por exemplo), provêm da "lição das coisas", de uma experiência coletiva alicerçada sobre uma base material comum.

O sistema colonial português (visto da metrópole como um império) estava subordinado à lógica sistêmica das correntes mais poderosas do capital oligopolista internacional. Portanto, ideologias e interesses de europeus, soviéticos, norte-americanos também se inscreviam no espaço geográfico luso-africano. Vivia-se a época do máximo avanço da descolonização. Os soviéticos fundaram uma Sociedade de Amizade Soviético-Africana em 1959 e, no mesmo ano, Kruschev avistou-se com Sékou Touré em Moscou[52]. Os Estados Unidos não se envolviam menos, apoiando regimes de sua confiança, como o que se sucedeu ao assassinato de Patrice Lumumba.

Na África portuguesa, a "evolução" ideológica dos grupos armados na direção de algum tipo de "comunismo nacional" era uma tendência, embora mais forte em Angola que nos demais. Mesmo os programas que fundamentaram os partidos guerrilheiros preferiam mais a velha ideia de nação, do que o socialismo, que se reduzia a uma mera referência no imbróglio ideológico desses tempos[53]. Expliquemos melhor: as fontes ideológicas exógenas precisavam se adaptar ao solo específico da África porque, se é verdade que suas elites políticas buscavam no hemisfério norte sua inspiração, tais verticalidades precisavam ser superpostas, no que tange à mobilização social mais ampla, pelas horizontalidades. Pois é nos lugares que as pessoas se mobilizam e não num, até então, abstrato espaço mundial sobredeterminado por interesses igualmente mundiais[54].

---

52. Walter Kolarz, *Comunismo e Colonialismo*, pp. 92 e 118.

53. O programa escolar de história da Frelimo (1968) inspirava-se num vago socialismo, mas sua marca era a projeção da nação desde os primórdios até a luta armada contra o colonialismo (vide Luisa Passerini, *Colonialismos Portogheses nel Mozambico*, pp. 269-275).

54. "As massas se mobilizam nos lugares, nos espaços de horizontalidade e de emoção, em que produzem a linguagem com a qual elas afrontam o mundo" (Milton Santos, "O Tempo Despótico da Língua Universalizante", *Folha de S.Paulo*, 5 nov. 2000).

Além do nacionalismo, também um tipo de republicanismo era uma fórmula vaga o suficiente para os objetivos programáticos e políticos de partidos africanos.

Vejamos a Constituição da República da Guiné-Bissau, aprovada em 24 de setembro de 1973, antes, portanto, da própria descolonização formal do território de Guiné (e Cabo Verde)[55]. O artigo primeiro dizia:

> A Guiné-Bissau é uma república soberana, democrática, anticolonialista e anti-imperialista que luta pela libertação total, pela unidade da Guiné-Bissau e do Arquipélago de Cabo Verde, assim como pelo progresso social do seu povo[56].

Progresso social, soberania. Aliados ao anti-imperialismo, certo. Poder-se-á objetar que tal é a linguagem de uma constituição. Ou de um acordo. Ou do Direito como ele deve ser escrito. No entanto, como construir a unidade nacional entre o Arquipélago e Guiné-Bissau? Acabariam separados em 1980.

Na África nem mesmo se propunha ir além do quadro liberal democrático temperado pelo nacionalismo e a luta contra o "imperialismo". O programa do Movimento Popular pela Libertação de Angola (MPLA) referia-se à "nação angolana". Os estatutos do PAIGC referiam-se à "independência nacional", e o programa da Frente de Libertação de Moçambique (Frelimo) concedia prioridade à "libertação nacional" e ao "progresso da nação". E o que desejavam além de ser nações? O programa do MPLA não pedia mais do que um "regime republicano, democrático e laico". Os estatutos do PAIGC repetiam a mesma formulação. O "Programa Maior" da Frelimo referia-se à substituição da "cultura colonialista implantada pelos portugueses"

---

55. Essa colônia não tinha importância econômica tanto quanto Angola e Moçambique. Nem tantos investimentos estrangeiros ali invertidos. Ainda assim exigia a presença militar portuguesa numa situação de virtual derrota diante do PAIGC.

56. Cf. Antonio Silva, *A Independência da Guiné-Bissau e a Descolonização Portuguesa*, p. 401 [anexo].

por uma "cultura popular e revolucionária"[57]. O programa de história da Frelimo (1968) lia no passado longínquo e pré-histórico de Moçambique [*sic*], um território, um povo e uma nação. Esta busca da identidade nacional, forjada ou não, assumia contornos curiosos às vezes. Jean Chesneaux observou bem que:

> Sukarno, passando em revista os diferentes Estados independentes que marcaram a história da Indonésia, opunha aqueles que [...] correspondem *grosso modo* à Indonésia dos nossos dias, aos que só ocupavam uma parte do território atual[58].

Mas o programa da Frelimo lia também o futuro: ele seria o de duas vagas ideias, a justiça social e a igualdade. Bem, já naquela data se falava também no fim da exploração do homem pelo homem. De toda maneira, um nacionalismo que não ultrapassou (e poderia?) os marcos simbólicos e ideológicos do século XIX europeu, para não falar que os congressos republicanos portugueses não diriam muito mais do que os estatutos dos partidos africanos. Como se pode observar, as elites políticas africanas compartilhavam da mesma cultura do colonizador (ou de suas frações oposicionistas).

No espaço ideológico metropolitano, colonial e mundial, as ideias circulavam e se interpenetravam, mas a força com que os partidos contaram foram de duas direções: o apoio de superpotências economicamente interessadas e a mobilização popular. No primeiro caso, a adoção do socialismo pareceu ser mais do que uma oportunidade.

Na Metrópole, entretanto, a ação africana "reagia" sobre o substrato ideológico das oposições. Quase todas elas assumiram posturas favoráveis à descolonização. O general Humberto Delgado, figura de proa nesse momento, defendeu-a abertamente[59].

No espaço ideológico metropolitano, colonial e mundial, as ideias circulavam e se interpenetravam, mas a força com que os partidos contaram foram de duas direções: o apoio de superpotências economicamente interessadas e a mobilização popular. No primeiro caso, a adoção do socialismo pareceu ser mais do que uma oportunidade.

---

57. Todos esses documentos estão reproduzidos em Carlos Comitini, *África Arde*. Citaram-se aqui as páginas: 69-70, 80, 84 e 90-92.
58. Jean Chesneaux, "A Reanimação do Passado Tradicional nas Jovens Nações da Ásia e da África", p. 77.
59. Vide Humberto Delgado, *A Tirania Portuguesa*, p. 126.

88   LINCOLN SECCO ❀ A REVOLUÇÃO DOS CRAVOS

Acreditou-se mesmo que ele podia ser uma técnica de desenvolvimento ainda que em realidades "difíceis" de baixo nível de avanço das forças materiais da produção. E o apoio da União Soviética aos movimentos nacionais complementaria os argumentos a favor do "progresso social". No segundo caso, o nacionalismo tentou preencher o vazio deixado por séculos de espoliação colonial, que destruíra antigas lealdades anteriores (tribais, étnicas) ou mesmo de Estados anteriores à ocupação europeia. A nova lealdade a um novo Estado com fronteiras definidas pelos colonizadores também fracassaria. É sabido como a persistência de largas solidariedades étnicas, culturais ou linguísticas entrava a emergência de uma consciência de interesses econômicos comuns ou mesmo de uma identidade de classe[60].

A própria representação do PAIGC sofria as diferenças étnicas e econômicas na hinterlândia guineense e só encontrou apoio mais sólido nos balantas, produtores de arroz para o mercado interno a partir de um sul sempre sujeito à malária e alagadiço e intransitável a partir das chuvas de agosto. Em 1900, a malária matava na África subsaariana 223 pessoas por cem mil ao ano. No resto do mundo eram 192. Número que se reduziu em 1997 a apenas um! Mas na África subsaariana registraram-se 165 mortos por cem mil![61] Longa duração? Nas savanas das regiões guineenses a tsé-tsé junta-se ao impaludismo, à disenteria e à tripanossomíase. Também à oncocercose que provoca a *river blindness* que surge inesperada ao lado de águas limpas e correntes[62].

Não se podia dotar um partido de destreza tática (ou da arte em manobrar no terreno concreto) sem conhecer os diversos povos, sua geografia e articulações econômicas. Coube a Amílcar Cabral, um guineense filho de pai e mãe cabo-verdianos, engenheiro e pesquisador da agricultura de Guiné-Bissau, a luta pela representação de uma nação unificada.

60. Catherine Coquery Vidrovitch, *Afrique Noire: Permanences et Ruptures*, p. 374.
61. Veronica Bercht, "Esperanças Desiguais". Essas e muitas outras informações sobre os espaços ibéricos e africanos em Lincoln Secco, *O Imperialismo Tardio*.
62. Erney Plessmann Camargo, "Doenças Tropicais", pp. 95-110.

UMA GERAÇÃO

Aqui é possível abrir um parêntese para reiterar o papel dessas sobrevivências incômodas, essas *permanences* que moldam tanto a ação política dos homens. Uma vez mais retomemos aquelas rugosidades de que fala Milton Santos. Elas também podem ser vistas na confluência da ocupação do território com fatores étnicos e ideológicos (ou de mobilização para fins políticos). Isso passa pelo filtro individual. Não é possível, nos marcos deste capítulo ou de todo este trabalho, desnudar os dilemas psicológicos e sociais, os dramas humanos e as esperanças e medos que envolveram os intelectuais africanos que se revoltaram contra a colonização.

De fato, compunham uma geração bastante específica. As lideranças dos movimentos africanos eram, em geral, de formados na Europa. Compunham uma geração que nascera nos anos 1920 ou 1930. De homens e mulheres que assistiram, já adultos, a independência da Índia e a evolução do Congresso Nacional Africano, no sul do Continente Negro. Para não fugir ao caso lusófono pensemos em Amílcar Cabral (1924-1973), este que foi o mais eminente teórico da libertação da África Negra. Um engenheiro formado em Portugal. Ou Agostinho Neto (1922-1979), que recebeu uma bolsa da Igreja Metodista para tornar-se médico na Metrópole. Ou Samora Machel (1933-1986), um enfermeiro. Eduardo Mondlane, este doutor em sociologia pela Northwestern University (Illinois) assassinado em 1969.

A partir de fins dos anos 1940 eles estavam na Faculdade de Letras de Lisboa ou nos demais cursos universitários. Eram filhos da pequena-burguesia de funcionários assimilados pelo governo colonial. O exemplo de Mário de Andrade[63] é flagrante. Revela o salto da condição do assimilado ao revoltado. E, depois, ao revolucionário. A revolta expressa-se na poesia. Na pesquisa das culturas africanas. Na reflexão sobre o papel do homem negro no mundo. Nas reuniões em Lisboa para saborear os pratos que não se preparavam em Portugal. E

---

63. Líder revolucionário. Homônimo do poeta paulista.

nas leituras. Especialmente de livros do Brasil. De Jorge Amado. Das Edições Cruzeiro. Da literatura negra norte-americana traduzida no Brasil. De Politzer. De Nicolas Guillén. Mário de Andrade e outros africanos frequentavam as livrarias. Entre elas a alemã Bucholz: importadora. E da importação de livros franceses sobreveio a *Antologia da Poesia Negra e Malgaxe*, de Léopold Senghor. Publicado em 1948, em Paris, este livro circulou pelas mãos de todos os africanos que estudavam na universidade[64].

De volta à África, eles eram intelectuais cosmopolitas urbanos em sociedades agrárias em rápido processo tumultuado de urbanização e crescimento demográfico. Em muitos casos eram *intellectuels déclassés*, dotados de urbanidade e conhecimentos técnicos ou filosóficos, mas não do prestígio que sua condição reclamava. Fenômeno que não é novo. Que foi observado naqueles momentos em que o crescimento econômico e o desenvolvimento institucional e burocrático do Estado foram insuficientes para absorver os quadros qualificados que o próprio sistema gerava. E foi percebendo isso que Amílcar Cabral procurou na pequena-burguesia urbana que trabalhava na administração colonial sua "vanguarda revolucionária". Os intelectuais colonizados, mas capazes de revolta, segundo o modelo de Fanon. Todavia, com chances de virar uma realidade secular pelo avesso?

Isso trazia problemas graves com as heranças do passado. O MPLA, por exemplo, sempre teve dificuldade de apelar para uma base social além dos angolanos urbanizados. O sertão do Bakongo pertenceu exclusivamente à Frente Nacional de Libertação de Angola (FNLA), rival do MPLA. Por motivos étnicos do que políticos. O MPLA colhia seu apoio ao longo da ferrovia de 280 quilômetros entre Luanda e Malange, onde estavam (estão) mais de 1,3 milhão de falantes de kmbundu, um dos quatro grupos linguísticos mais importantes de Angola[65].

---

64. Licínio Azevedo e Maria Rodrigues, *Diário da Libertação*, p. 92.
65. Kenneth Maxwell, *Chocolates, Piratas e Outros Malandros*, p. 291.

Além disso, seu apoio estava em Luanda. Isso porque seu apelo, predominantemente nacional, só podia articular-se à herança paradoxalmente mais moderna do colonizador: a via de transporte essencial e a maior cidade. Cidade que tendia a apagar os traços não nacionais. Daí o erro de se considerar a Unita, liderada por Jonas Savimbi, mais portante socialmente, talvez por "governar" dois milhões de ovimbundos e ter apoio externo relevante[66]. Maioria não é hegemonia. Nas eleições para a Assembleia de Guiné-Bissau, 83 mil eleitores se apresentaram. O censo português apontava quase meio milhão de habitantes, o que excluía muitos refugiados. Um jornal brasileiro estimou seiscentos mil[67]. Pélissier estimava em 31 mil pessoas a base social da guerrilha[68] e Cervellò[69] estimava em 25 mil, abaixo mesmo do número admitido pelo general Spínola (48 mil, ou 10% da população estimada).

Mesmo as cidades eram de significativo crescimento populacional recente. Kinshasa (antigo Zaire, atual República Democrática do Congo), por exemplo, decuplicou sua população entre 1950 e 1975, chegando a dois milhões de habitantes[70]. Sem cidades não há cidadania. Deveremos repetir *ad nauseam* a frase de Magalhães Godinho? Ora, como no retângulo peninsular, as partes colonizadas do Império Português também sofriam a ausência de cidades. De médias cidades. E de grandes.

A África que foi portuguesa nunca desenvolveu sua urbanidade nem o seu urbanismo. No alvorecer do Terceiro Império Lisboa tinha 210 mil almas em 1820 e saltou a 227 674 em 1878. Na época

---

66. Raquel Varela, *A História do PCP na Revolução dos Cravos*, p. 330. Maxwell, em sua visão liberal, oposta à da autora citada, incorre neste mesmo erro e em outros mais (Kenneth Maxwell, *O Império Derrotado: Revolução e Democracia em Portugal*, p. 145).

67. *O Estado de S. Paulo*, 28 jan. 1973.

68. Julião S. Sousa, *Amílcar Cabral (1924-1973)*, p. 374

69. Josep Sanches Cervelló, "La Inviabilidad de una Victoria Portuguesa en la Guerra Colonial: El Caso de Guiné Bissau", pp. 1017 e ss.

70. Catherine Coquery Vidrovitch, *Afrique Noire: Permanences et Ruptures,* p. 372.

de sua Revolução (1820), o Porto tinha cinquenta mil. A cidade de Luanda não passava de dezoito mil, e a sede administrativa de Moçambique estava ao redor de 2,8 mil pessoas. Ora, em 1962 a população de Lourenço Marques (Maputo) chegou a 120 mil habitantes num total de 371 mil para Moçambique inteiro. Desproporção menor em Angola: duzentas mil almas em Luanda para um total de um milhão e meio de habitantes. Ainda assim um mar rural com algumas ilhas de urbanidade. Também aqui a identidade, por mais estranha que possa parecer, por mais inadequada às aparências, entre metrópole e suas possessões.

Os intelectuais que passaram das armas da crítica à crítica das armas, julgaram retirar o colonizador de dentro de si e, pela violência purificadora, engendrar o novo. Mas como poderiam fazê-lo, antes e depois da tomada do poder, se tinham que patinar no ponto zero, sem forças produtivas exceto a vontade humana? Alguns dirigentes adiantaram que a falta de teóricos respondia pela falta de desenvolvimento nacional. Mas como lembrou Florestan Fernandes: "Não surgiram novos teóricos ou a realidade em transformação ainda não absorveu a teoria revolucionária que levou a luta anticolonialista e anti-imperialista à vitória?"[71]

TEORIA

Se operássemos com conceitos sociológicos destituídos de densidade histórica, poderíamos observar na tentativa de criar um "neocolonialismo *avant la lettre*"[72] (como o fez Portugal) a necessidade objetiva de romper com a economia capitalista, abrindo assim a possibilidade de um desenvolvimento independente[73]. Tal não se verificou.

---

71. Florestan Fernandes, "Apresentação", em Licínio Azevedo e Maria Rodrigues, *Diário da Libertação*, p. 6.
72. Elikia M'Bokolo, *L'Afrique au XXᵉ Siècle*, p. 175.
73. Vide Henrique Guerra, *Angola: Estrutura Econômica e Classes Sociais*, p. 12.

As teorias que avançaram nos anos 1950, 1960 e 1970 pretendiam que o subdesenvolvimento estava associado à deterioração dos termos de troca no comércio internacional. Isso contribuiu para derrubar a teoria ultraliberal das vantagens comparativas (de matriz ricardiana). Os países centrais, argumentava-se, por disporem de uma situação de monopólio e devido à mobilização interna de seus agentes econômicos (empresários e assalariados) desfrutavam de transferências do excedente econômico da periferia. De fato, a "exploração internacional" existe. O caso da África é paradigmático. Entre 1965 e 1969, o continente africano teve déficit em sua balança comercial. Excetue-se o norte da África e a porção equatorial do continente. E, talvez, a África ocidental depois de 1967. Mas a África austral e oriental teve déficit comercial em todos os anos[74].

Os marxistas, originalmente aceitando a hipótese de Rosa Luxemburgo, Kautsky, Bukharin, Hilferding e Lenin de que a expansão de mercados e capitais desenvolveria os países colonizados[75], romperam com essa ideia (mesmo porque Marx não estudara profundamente a concorrência e o comércio exterior). Aplicando os modelos de transferência da mais-valia do setor de baixa ao de alta composição orgânica de capital através da transformação dos valores em preços de produção (constantes do volume terceiro de *O Capital*), procuraram reproduzi-los para explicar a "exploração internacional"[76].

Todavia, exageros à parte, é difícil provar o desenvolvimento do chamado Primeiro Mundo somente pelo subdesenvolvimento do Terceiro Mundo. Isso não explicaria o aumento constante da pro-

---

74. Edgard Valles, *África: Colonialismo e Socialismo*, p. 55

75. Um histórico a esse respeito: Fernando Henrique Cardoso, *As Ideias e seu Lugar*, pp. 13-80.

76. Paulo Silveira, "O Problema da Troca Desigual". De fato, ela existe (como hoje o sabemos, ainda que não nas dimensões antes pensadas) em várias formas econômicas e extraeconômicas. Há o endividamento externo, a remessa de lucros e a depreciação dos preços dos produtos agrícolas em relação aos preços dos manufaturados. Há geração de divisas mediante uma exportação baseada no câmbio desvalorizado e na inflação que corrói o preço da força de trabalho.

dutividade do trabalho e o consequente aumento da mais-valia relativa (em termos marxistas) e o desenvolvimento em situações de dependência externa em países que lograram diferenciar seu parque produtivo mesmo na periferia[77]. Aqueles que preferiram derivar o aumento da produtividade da força de trabalho no centro a partir dos preços baixos dos produtos agrícolas da periferia que seriam consumidos pelos operários "centrais", rebaixando o valor de sua força de trabalho, esqueceram que no agregado o barateamento dos produtos que compõem o consumo habitual da classe operária é que reduz o valor da força de trabalho e aumenta a chamada "mais-valia relativa". Para alguns os produtos alimentícios importados não eram decisivos na composição da cesta de consumo básica do trabalhador europeu. O debate persistiu aberto porque em vários ciclos, a taxa de lucro das empresas aumentou ou diminuiu no sentido inverso ao preço das *commodities*.

Essas teorias estavam nos mercados ideológicos dos anos 1960. Mas as forças de libertação africanas, em especial da África lusófona (e mesmo, na Ásia, do Timor Leste), só podiam confiar na hipótese de um desenvolvimento nacional e autônomo, como rezavam os programas do PAIGC, Frelimo e MPLA. A economia planificada era o futuro. E a guerra revolucionária o único caminho para atingi-lo.

Como já se insinuou anteriormente, o marxismo foi adotado porque era uma teoria que no século XX se adaptou muito bem a três variáveis: *1.* o nacionalismo da nação oprimida, definido como intrinsecamente revolucionário por Lenin; *2.* a violência (arte ou teoria da guerra), cujos exemplos imediatos eram Mao e Giap; *3.* técnica de desenvolvimento via planificação socialista. Essas aproximações são a causa e não o resultado do decisivo apoio que a União Soviética forneceu a alguns países da África.

---

77. Isso ficou demonstrado em: Fernando Henrique Cardoso e Enzo Falleto, *Dependência e Desenvolvimento na América Latina*.

NEOCOLONIALISMO REPOSTO E TRANSFIGURADO

Uma ilustração histórica pode ser feita com o caso das relações entre os interesses norte-americanos e o continente negro. Immanuel Wallerstein demonstrou que essas relações foram frágeis durante tanto tempo porque os Estados Unidos não tinham grandes mercados ali para defenderem. Deixavam a primazia para os europeus. Os investimentos maiores eram dirigidos à África do Sul. A maior "ajuda" foi dada, entre 1946 e 1967, aos países onde havia interesses estratégicos da América do Norte (Libéria, por razões históricas, e Líbia e Marrocos, os quais abrigavam bases militares norte-americanas). Esses investimentos eram dirigidos em segundo lugar àqueles países que não podiam ser confiados a antigas metrópoles europeias, mas que tinham importância política (Egito, Etiópia, Somália e Sudão).

Os países que tinham eventualmente problemas de relacionamento com a Europa receberam "ajuda" de acordo com essas oscilações políticas (Argélia, Guiné, Tunísia e Zaire, a partir da ditadura de Mobutu). Talvez isso explique por que a Argélia de Ben Bella recusou reabastecer navios soviéticos durante a crise dos mísseis de Cuba. A África ocidental ex-britânica (Gana, Nigéria e Serra Leoa) também recebeu ajuda financeira, talvez em função da língua inglesa e da proximidade com a Grã-Bretanha. De todos esses países, apenas o Zaire foi alvo de intervenção direta dos militares norte-americanos, certamente porque um regime de inspiração nacionalista revolucionária seria um apoio imediato para outros movimentos esquerdistas, especialmente o de Angola.

Esse envolvimento maior dos Estados Unidos na África (ainda bem menor que o europeu) inseriu-se numa conjuntura. A dos trinta anos gloriosos. Entretanto, esse interesse começou a crescer na medida em que a economia mundial demonstrou sinais de mudança. Desde 1945:

> Houve uma forte inflação dos preços e uma forte expansão da produção mundial. Houve, é claro, um forte crescimento da população. Mas o proble-

ma crucial refere-se ao da relação entre a produção total e a procura efetiva. Eu defendo que o mundo se tem encaminhado para uma crise de procura efetiva que pressagia uma queda da produção total e, consequentemente, uma competição pelos mercados para produtos manufaturados e uma grande preocupação em exportar desemprego[78].

De fato, a economia mundial ingressou, nos meados dos anos 1970, num ciclo recessivo (a fase B de Kondratiev). Na Europa isso pode ser medido pelo ritmo de crescimento econômico do período 1965-1973 em cotejo com o do intervalo 1973-1981. Todos os países da Europa Ocidental, com a exceção da Noruega, tiveram um diferencial negativo na comparação dos dois períodos[79]. A recuperação da economia norte-americana, nos anos 1990, coincidiu com o abandono da África a uma situação calamitosa.

De toda maneira, as relações de uma potência (os Estados Unidos) com um continente não desenvolvido expressam quanto os laços de dependência têm suas especificidades. Na maior parte da África, não foi possível um desenvolvimento interno e uma diferenciação produtiva como a que ocorreu no Sudeste Asiático e, em menor medida, em algumas áreas da América Latina.

78. Immanuel Wallerstein, *A Política dos Estados Unidos em Relação à África*, p. 21.
79. Cf. Stuart Holland (coord.), *Sair da Crise: Um Projeto Europeu*, p. 239.

3. Crise

A mobilização das massas, quando ela se realiza durante a guerra de libertação, introduz em cada consciência a noção de causa comum, de destino nacional, de história coletiva.

FRANTZ FANON[1]

EM CADA ÉPOCA a economia é um "complexo, ou mesmo um conjunto de complexos geograficamente definidos, e é a estrutura de cada complexo que temos que deslindar"[2]. Observemos melhor: estrutura geograficamente definida. Mas também cronologicamente determinada. Se quisermos falar não em "formação econômica e social", mas acrescentar o adjetivo "espacial" à velha noção marxista[3], devemos tratar da crise imersa num espaço. Não num ou mais territórios apenas. Mas numa totalidade dada pela natureza e pelas relações sociais. Essa totalidade é um sistema sincrônico que, em verdade, é uma combinação de diacronias. Quando essas diacronias se afastam e se opõem, e os homens percebem os abismos históricos, sociais, regionais e econômicos que os afastam, instala-se a crise[4]. Daí por que não se poderia, como já se disse no capítulo anterior, tratar da Revolução Portuguesa, sem a África. E a percepção dessas desigualdades entre as diversas partes do império só assumiu feições violentas numa conjuntura: a da guerra colonial. O deslocamento da pesquisa para o continente negro explica-se pela necessidade de dar conta desta conjuntura.

1. Frantz Fanon. *Les Damnés de la Terre*, p. 51.
2. Vitorino Magalhães Godinho, *Os Descobrimentos e a Economia Mundial*, vol. i, p. 50.
3. "A sociedade não se pode tornar objetiva sem as formas geográficas" (Milton Santos, *Por uma Geografia Nova*, p. 199).
4. Cf. Milton Santos, e de acordo com minhas anotações de seu último curso na Universidade de São Paulo.

Como vimos, tanto a economia quanto o universo das ideias não eram elementos de uma mônada isolada em Portugal. A metrópole é também suas colônias. E é ainda o elo destas com outras "metrópoles". Portugal está enredado numa vasta área de movimentos de interesses, ideias e mercadorias que o une, simultaneamente, à África e aos países mais desenvolvidos da Europa e América do Norte. É essa "geografia" que exige ultrapassar os marcos estreitos do retângulo peninsular.

A compreensão dos fatores que levariam ao esboroamento do regime político vigente em Portugal demanda um deslocamento da explicação dos fatores endógenos para as formas de relacionamento com as colônias e o mercado mundial. Não se poderia aqui, entretanto, seguir esse percurso integralmente sem extrapolar nossos limites temáticos e cronológicos, fugindo muito do estudo das "tomadas de consciência". Mas também não se pode ignorar que o colonialismo português era um *sistema*, uma unidade na diversidade, em que as partes não poderiam sobreviver da mesma forma sem as conexões internas recíprocas. A superação do sistema, por isso, também não poderia se dar apenas a partir de dentro. Era preciso uma nova conjuntura internacional que forçasse a rebeldia interna e modificação das formas de pensamento, de ação política do Estado e das classes sociais e de acumulação capitalista.

Portugal era um Império periférico. Oximoro que quer dizer que o país se alimentava das bases coloniais apenas porque outros também se beneficiavam da sua condição de semimetrópole. Algo que se evidenciou com a importância cada vez maior do capital estrangeiro nas colônias africanas nos anos 1960. Capitais forâneos que Portugal não teria condições de substituir. Amílcar Cabral definiu bem:

> Quem quer que conheça a economia de Portugal através da sua história, facilmente constata que a infraestrutura econômica portuguesa nunca atingiu um nível que se possa classificar de imperialista. O próprio Portugal [...] foi e é apenas um intermediário da exploração imperialista dos nossos povos.

CRISE 99

É a polícia para esta exploração, mas não é verdadeiramente a potência imperialista que explora nossos povos[5].

O Império não era exatamente imperialista. Havia antigos interesses escravistas portugueses na costa africana que justificavam um novo Império colonial, mas este não se justificava do ponto de vista econômico para toda a metrópole. Entre 1825 e 1892 o Império se baseava numa ideia de prestígio racial e não num interesse econômico nacional. Já entre 1892 e 1914 e entre 1948 e 1975, ao lado das remessas de emigrados do Brasil[6], as colônias foram fonte importante de divisas estrangeiras[7], sem que isso significasse uma mudança estrutural.

Em 1868 Portugal adotou o *drawback*[8] para a indústria têxtil. Mas continuava sendo mais vantajoso comprar tecidos ingleses e re-exportar para as colônias. Em 1892 houve a adoção de uma pauta protecionista e o comércio colonial cresceu. O papel das colônias deveria ser o de estimular a indústria metropolitana comprando-lhe seus tecidos, pagos com as divisas obtidas pelo setor agrícola colonial[9]. Mas no cômputo geral Portugal não se industrializou em função de suas colônias. Isto não significa que portugueses não tinham interesse nas colônias. No início do XX o Império já era útil para a indústria vinícola e têxtil[10]. Portugal caíra na armadilha territorial: muitas posses para poucas possibilidades, de modo "que os custos administrativos acabariam por absorver os lucros do domínio imperial"[11]. O custo

5. Amílcar Cabral, *A Prática Revolucionária: Unidade e Luta,* vol. II, p. 203.
6. Na década de 1960 as origens das remessas eram diversificadas e contribuíam para a manutenção do valor do escudo e para a importação de manufaturados e bens de capital.
7. Pedro Lains, "Causas do Colonialismo Português em África", p. 466. Os ganhos em dólares das exportações coloniais eram depositados no Banco de Portugal, e este realizava o pagamento e moeda nacional. O controle do câmbio era outro fator de exploração colonial.
8. A importação portuguesa de panos crus que resultasse na produção de tecidos manufaturados para exportação às colônias, podia ter devolução de impostos pagos na importação.
9. Jorge Pedreira, "Imperialismo e Economia", em Francisco Bethencourt e Kirti Chaudhuri, *História da Expansão Portuguesa,* p. 283..
10. René Pélissier, *História de Moçambique,* p. 182.
11. Charles Tilly, *Coerção, Capital e Estados Europeus.* p. 191.

administrativo do Império não ultrapassou 5% das despesas públicas desde 1852, mas durante a Guerra Colonial subiu a 26% do orçamento. O custo da guerra foi de 8% do PIB nos anos 1960 e ocupou-se 6% da força de trabalho nas forças armadas[12].

Por isso não se entende a crise de Portugal nos anos 1960-1970 senão como crise de um sistema pleno de relações internacionais. Isso justificaria os diagnósticos feitos à época pelas elites intelectuais e políticas que se opunham ou queriam modificar o país? Parece que as atenções centrais se dirigiam à guerra.

O problema que mais estrangularia as opções e alternativas do governo português nos anos 1960 não era a guerra colonial. Esta era um capítulo de outra questão maior, e o fato de ter se tornado dominante nas preocupações das elites políticas devia-se àquilo que a fundamentava e que se encontrava subjacente na infraestrutura da sociedade civil: a necessidade de transformar um ultracolonialismo direto num *indirect rule*, conforme já haviam feito outros países. Portugal não adotou essa via indireta, embora sua economia já não fosse tão dependente das relações comerciais com as colônias. A indagação persistente era: por que o regime político, implantado em 1926, sobrevivia tanto a essa rigidez da política colonial direta quanto à alteração de suas bases materiais? Mas uma outra pergunta ainda se impunha: por que a ideia de império persistia como *conditio sine qua non* da manutenção das estruturas do regime?

Havia uma crise. Ela era evidente nos dados estatísticos oficiais. É fato que o II Plano de Fomento (1959-1964) não só fracassara, como demonstrara a ineficácia do planejamento estatal do regime. Todos os saldos de comércio exterior (em verdade déficits) previstos no Plano se mostraram piores do que o esperado (vide tabela 9). Havia uma crise nos Portos da Metrópole[13]. O movimento marítimo era regressivo, e um pequeno aumento nos anos 1963-1964 deveu-se unicamente

---

12. Pedro Lains, "Causas do Colonialismo Português em África".
13. "Relatório da Execução do II Plano de Fomento", *Metrópole, 1959-1964*, CD 25 A, 338, 1 (469).

à navegação estrangeira[14]. Porém a natureza dessa crise não estava em Portugal, mas nas suas tantas relações com Europa, África.

A contradição fundamental que conferia a dinâmica da crise sistêmica do Império Colonial Português, a partir dos anos 1960, residia no afastamento, dilatado e constante, de interesses e laços econômicos entre a metrópole e suas colônias. Ou seja, a sobrevivência do Império, enquanto superestrutura jurídico-política da sociedade metropolitana, tornava-se cada vez mais vital para a manutenção do regime, mas não das suas economias e da sua infraestrutura. Ao contrário, era o desenvolvimento das forças da produção que exigia a mudança política, como pré-condição para adaptar o país aos ritmos da sociedade europeia, à qual os industriais e comerciantes portugueses encontravam-se cada vez mais vinculados.

Além disso a oligopolização infrene por que passava a economia portuguesa exigia do Estado, ao qual os oligopólios ligavam-se umbilicalmente, uma reordenação que levasse em conta os interesses do capital interno e internacional (sobremaneira britânico, norte-americano e europeu em geral). Lembremos que em 1960, Portugal fez-se membro da Associação Europeia de Comércio Livre (EFTA), sob hegemonia dos interesses capitalistas ingleses e, com a entrada da Inglaterra na Comunidade Econômica Europeia (CEE), Portugal também assinou um acordo com a CEE em 1972. Aproximava-se tanto da Europa, quanto mais se afastava da África. Vejamos os fatos.

As porcentagens de importações que Angola e Moçambique faziam, no ano de 1961, da metrópole, eram de 44% e 33%, respectivamente. Em 1973 eram de 26% e 19% apenas. Em 1960, Angola contribuiu com 40% da produção portuguesa de aço e ferro, contra apenas 6% em 1970. Dados semelhantes poderiam ser apresentados no que tange à indústria química e de papel[15]. Portugal era um país dependente da Europa e dos Estados Unidos e sua indústria em de-

---

14. Banco de Portugal, "Relatório do Conselho de Administração. Parecer do Conselho Fiscal", *Gerência de 1965*", CD 25 A, 336-337 (469) (047-3).

15. Clarence Smith, *O Terceiro Império Português*, cap. 7.

senvolvimento sob os oligopólios não sobreviveria sem as importações de meios de produção mais avançados. Portugal precisava de máquinas e aparelhos elétricos, produtos químicos e material de transporte (esses produtos compunham, em 1967, 46,7% de toda a pauta de importações do país, enquanto 58,9% das suas exportações compunham-se de têxteis e matérias primas)[16]. No período 1961-1971 os países da Comunidade Econômica Europeia, juntamente com Grã-Bretanha, contavam 42,2% do total, seguidos pelos Estados Unidos (23,8%)[17].

E já não eram portugueses muitos dos interesses estabelecidos na chamada África Portuguesa. O investimento direto estrangeiro em Portugal era predominante europeu. Já em 1885 o principal parceiro comercial de Moçambique era o Império Britânico. Em 1899 a companhia de navegação operando nas ligações com a Costa ocidental da África obtinha menos lucros do que se levasse passageiros ao Brasil[18]. Uma notícia do fim do século XIX atestava que a navegação do Zambeze não era feita por embarcações portuguesas e sim inglesas e alemãs[19]. Longa duração? O país caíra há muito "na armadilha territorial" de conquistar "tão grande número de possessões, com relação aos seus meios de extração, que os custos administrativos acabariam por absorver os lucros do domínio imperial"[20].

Nos anos 1960 o petróleo angolano estava em mãos da Shell, através da Tanganica Concessions (também concessionária da estrada de ferro de Benguela) e da Standard Oil, por via da The An-

---

16. II Congresso Republicano de Aveiro, *Teses e Documentos*, p. 325. A história é sobejamente conhecida: país que exporta produtos de baixo valor agregado e compra mercadorias com alta composição orgânica de capital sofre, inevitavelmente, a deterioração dos termos de intercâmbio no mercado internacional, vendo partes do seu excedente social passar às mãos de nações mais industrializadas.

17. Martin Kayman, *Revolution and Counter-Revolution in Portugal*, p. 26.

18. O Brasil era o maior mercado para os vinhos portugueses não licorosos (Arnaldo Brazão, *Comércio Internacional de Portugal*, 1916).

19. "Jornal de Viagens e Aventuras de Terra e Mar", *Annaes Geographicos de Portugal*, Porto, 10 maio 1896, p. 69. [Exemplar do autor].

20. Charles Tilly, *Coerção, Capital e Estados Europeus*, p. 191.

gola Coaling Co. O cobre pertencia à belga Commerce Bancaire, à Cooper Co. (Estados Unidos), ao Grupo Pecheney (Inglaterra) e à Thissen (Alemanha). Os diamantes eram explorados pela Anglo-American Company of South Africa, pela Cooper Brothers Co. e pela Diamang[21]. A lista seria interminável. Poderíamos citar o controle da extração de ferro e manganês pela Krupp e por empresas da Dinamarca e dos Estados Unidos, ou o alumínio, a bauxita e a prospecção mineral por outras empresas estrangeiras. Somente no ano de 1969, foram 98,5% dos investimentos efetuados nas colônias com origem em apenas cinco países: Bélgica, Estados Unidos, África do Sul e Alemanha[22].

Este fato (investimentos estrangeiros nas colônias portuguesas) questionava o próprio conceito de colônia. Esta, como se sabe, deveria, em última instância, ser uma economia complementar para o Império. Portugal parecia mais se ajustar a um meio-termo entre o colonialismo *tout court* e o "colonialismo interno"[23], que surgia nos países que se libertavam de suas antigas metrópoles, mas reproduziam internamente relações de exploração entre grupos sociais, culturais, econômicos e regiões. Como não havia mais um exclusivo metropolitano (ou monopólio colonial), o qual havia sido a característica tendencial do Segundo Império Português, também se esvaíam as bases econômicas e conceituais do sistema. Do bloco histórico, essa união de superestrutura e infraestrutura[24]. Vejamos, então, os liames entre a crise das economias com o go-

---

21. Amílcar Alencastre, *O Brasil, a África e o Futuro*, pp. 58-59.
22. Eduardo de Sousa Ferreira, *África Austral: O Passado e o Futuro*, p. 82.
23. Cf. Pablo Gonzáles-Casanova, "Internal Colonialism and National Development", em Irving Louis Horowitz, Josué de Castro e John Gerassi, *Latin American Radicalism*, p. 125.
24. "Complexo, determinado por situação histórica específica, constituído pela unidade orgânica da estrutura e da super-estrutura. Evitando privilegiar um (economia) ou outro (ideologia) elemento, que estão em relação de reciprocidade e interdependência, Gramsci insiste na sua união e no papel dos intelectuais no trabalho ao nível da superestrutura e cumprindo a função específica de tecer as relações orgânicas que unem os dois elementos" (Dominique Grisoni e Robert Maggiori, *Lire Gramsci*, p. 159).

verno, as classes e grupos sociais e, depois, os intelectuais (os que cimentam o bloco histórico).

Obviamente o Estado português não tinha possibilidades de explorar por si só suas colônias e faltavam capitais nativos de vulto para todas as potencialidades coloniais[25]. A oligopolização da economia interna começava a alterar (ou deveria fazê-lo tão logo quanto possível) as superestruturas políticas. Uma solidariedade muito mais orgânica entre o governo e os grandes grupos empresariais estabeleceu-se. Sob o capitalismo monopolista de Estado, as próprias ações oposicionistas ganharam um sentido político muito maior. E muito antes que o livre jogo da concorrência redistribuísse o excedente socialmente produzido, intervinha a ação estatal[26] e, por meio de políticas fiscal, aduaneira, tributária, financeira e de investimento público direto e indireto, favorecia o condomínio de grandes oligopólios[27].

A cena empresarial portuguesa era dominada por alguns grandes oligopólios que fizeram fama. O secular CUF, surgido de uma pequena fábrica de sabão no século XIX, possuía, em 1973, mais de cem empresas interligadas nos ramos químico, têxtil, naval, elétrico, bancário, de seguros etc. Isso sem contar os restaurantes, hotéis e cassinos. Só uma de suas empresas (em verdade a empresa-mãe) contava, em 1971, com 4,4% do capital industrial do país[28]. Além disso, o grupo estava quase que diretamente representado no Estado pelo presidente do Conselho de Ministros, Marcello Caetano, um íntimo

---

25. O exemplo da barragem de Cabora Bassa, à qual ainda voltaremos mais adiante, é revelador. Erguida com capitais estrangeiros para alimentar a indústria da África do Sul (Sônia Corrêa e Eduardo Homem, *Moçambique: Primeiras Machambas*, p. 329. Machamba é um campo de cultivo, roça).

26. Vide Álvaro Cunhal, *A Revolução Portuguesa: Passado e Futuro*.

27. Trata-se de reconhecido mecanismo de transferência de parcelas da mais-valia gerada no setor concorrencial para o setor oligopólico. Isso se dá tanto por meio da ação estatal quanto pelo próprio poderio dos grandes grupos empresariais, que podem impor preços administrados. Não é aqui o lugar e o momento para desenvolver tão questão. Ela foi, no que se refere a Portugal, tangenciada antes (vide Lincoln Secco, "A Sociologia como Previsão").

28. Maria Belmira Martins, *Sociedades e Grupos em Portugal*, p. 22.

amigo da família Melo, dona do grupo CUF. Outros grupos eram igualmente poderosos, como o Espírito Santo, Champalimaud, Borges e Irmão, Grupo Português do Atlântico, Banco Nacional Ultramarino, Fonsecas e Burnay, Grupo Jorge de Brito e Grupo Pinto de Magalhães. Os balancetes dessas empresas, notadamente as financeiras, revelavam lucros crescentes[29].

Os oligopólios, ao contrário do que ocorreu no fascismo clássico, não foram importantes na constituição do regime instaurado em 1926. Somente depois dos anos cinquenta é que adquiriram relevância. Mas qual era o efeito político dessa novidade? A aliança do Estado com o latifúndio, pela primeira vez, teve que incorporar os interesses da grande indústria e do capital financeiro, deixando os ruralistas para segundo plano. Ora, esses interesses todos nem sempre se combinavam. O pequeno industrial, o proprietário de mentalidade de *shopkeeper* (como diria Marx), o comerciante varejista, os pequenos proprietários rurais, mas também os grandes, não se interessavam por políticas econômicas que lhes deixassem como alternativa a falência e a emigração, ainda que protegessem a grande indústria e o grande comércio de importação e exportação.

O que dizer da carestia numa pequena economia tão oligopolizada? Mesmo um setor novo, o turismo, tornou-se fator de crítica ao regime, porque muitos portugueses travaram contato com mentalidades e hábitos de consumo supostamente mais sofisticados que os seus. Nessa área, a presença europeia era marcada e, certamente, trazia com ela os valores, as críticas, as desconfianças, as reações de orgulho ou inferioridade diante de padrões civilizatórios aparentemente distintos. 752 457 europeus visitaram Portugal em 1964. Esse número foi de 1 188 116 no ano seguinte. Um aumento de 156 926 para 201 678 de canadenses e norte-americanos também ocorreu no mesmo período[30].

---

29. Vide, por exemplo: BPA, *Relatório, Balanços, Contas, 1971*. Contém dados de 1961 a 1971.
30. Banco de Portugal, *Relatório do Conselho de Administração. Parecer do Conselho Fiscal*, p. 118.

As vias de exposição das críticas e insatisfações não eram muitas, ao menos dentro da ordem. Um regime fascista nunca possui muitas válvulas de escape para seus insatisfeitos. Só pode conter a oposição enquanto tem a maioria do povo ao seu lado e os seus mecanismos de repressão fiéis ao governo. Se até amplos setores da pequena-burguesia e das classes médias instruídas já não tinham interesses materiais na sobrevivência do regime, como vimos, e se o palavrório de pátria, império e ordem já não tinha função econômica e se as colônias não eram sequer o sorvedouro da emigração contínua, por onde fluiriam os descontentes? Esta pergunta não é de somenos importância, porque da sua compreensão pode advir a explicação do porquê Portugal trilhou um caminho muito mais radical que outros países do sul da Europa na superação de suas ditaduras herdadas do período fascista[31].

As manifestações de descontentamento, na área da cultura e da política, existiram e exerceram seu impacto na opinião pública. Mas era esta crítica, urbana e diminuta e quase sem nenhum poder de pressão. Quando algum intelectual levantava a voz contra o regime era severamente punido[32]. Não é preciso falar das prisões e torturas que estavam reservadas aos opositores (oriundos de agrupamentos políticos clandestinos). Poucas vezes o regime precisava da tomada de posição de algum intelectual que lhe fosse favorável.

É verdade que controlava a universidade e usava o instrumento da censura. Mas esta também tinha seus rompantes de folclore: a lista de autores proscritos, divulgada depois do 25 de abril, mostrou que o governo impedira a publicação de Boccaccio, Casanova, Sade e Henry Miller, talvez por serem contrários à boa moral. Mas também Schopenhauer, talvez por seu ceticismo. E certamente tinha mais

31. Refiro-me à Espanha e à Grécia.
32. Vitorino Magalhães Godinho, que renovava a historiografia lusitana, introduzindo as novidades metodológicas da École des Annales em Portugal, com seu livro sobre a *Economia dos Descobrimentos Portugueses*, o compreendeu pessoalmente, quando foi demitido da Universidade de Lisboa por motivos políticos (1962) (Joaquim Barradas de Carvalho, *O Obscurantismo Salazarista*, p. 53).

motivos para impedir Mao Tse-Tung, Gramsci e Althusser, entre tantos outros. Já quando saiu, no exterior, o livro de Charles Boxer, *Race Relations in the Portuguese Colonial Empire*, que mostrava os aspectos racistas da colonização lusitana, o Sr. Armando Cortesão[33] dirigiu-lhe graves admoestações na imprensa[34]. Não o sabia, mas já era opinião corrente que: "Um grupo social, um país, uma civilização, não podem ser racistas inconscientemente"[35].

Um estudo da história recente do livro em Portugal revelaria mais ainda sobre a fragilidade cultural e também sobre os efeitos deletérios de um regime que se propôs a controlar a produção intelectual. A censura provavelmente limitava o intercâmbio científico, especialmente aquele sujeito a produzir um conhecimento crítico do país. Em 1965, 19,5% dos livros editados em Portugal eram traduzidos (oriundos do exterior). O gênero predominante era a literatura (81%), fato que colocava Portugal à frente de todos os outros países. Em contrapartida, apenas 4% dos livros traduzidos eram das áreas de ciências humanas[36]. Portugal também via filmes estrangeiros. Seu cinema não era nacional e nem formava ou difundia uma autoimagem do país. Norte-americanos, melhor dizendo. Viu 132 no ano de 1966. Contra 62 italianos e 49 franceses. Neste mesmo ano, os portugueses só produziram cinco filmes de longa-metragem[37].

Na oposição, o programa alternativo pouco ultrapassava o tradicional republicanismo. Excetuado um vago linguajar socializante e/ou comunista, todos reconheciam uma agenda bastante limitada para um novo regime. Divergiam, isto sim, quanto aos meios. Houve quem falasse na "vacuidade e inocuidade da concepção de República das hostes do Estado Novo", para propugnar um conceito "renovado, dinâmico e atuante de República" que ultrapassasse o sentido

---

33. Que não se o junte ao historiador Jaime Cortesão.
34. *Diário Popular*, Lisboa, 27 dez. 1963.
35. Franz Fanon, *Por la Revolución Africana*, p. 45.
36. Robert Escarpit, *La Revolution du Livre*, pp. 107-114.
37. Eduardo Geada, *O Imperialismo e o Fascismo no Cinema*, p. 177.

do início do século XX[38]. O professor Rodrigues Lapa, entretanto, disse que a diferença não opunha mais republicanos e monárquicos, e sim democratas e fascistas[39]. Mas será que a transposição de termos (republicanos por democratas) mudava a essência do programa que se chamou liberal primeiro e republicano em seguida já lá no velho oitocentismo?

Mas retomemos o curso dos acontecimentos. Os partidos clandestinos eram reduzidos e insignificantes, excetuado o antigo PCP. A oposição democrática e liberal se reorganizara em 1957, no I Congresso Republicano de Aveiro, mas somente noutro congresso, realizado mais tarde, no ano eleitoral de 1969, houve uma maior convergência dos diversos interesses oposicionistas. Os comunistas tentaram unir toda a oposição no MOD – Movimento de Oposição Democrática. Fracassado o MOD, criou-se com o PCP e parte da oposição moderada o CDE – Comissão Democrática Eleitoral, para concorrer às legislativas de 1969. Havia nessa época até mesmo uma mitigada esperança de alteração interna do regime, pois no verão de 1968 Salazar havia sofrido um derrame cerebral que o obrigou a uma vida vegetativa, falecendo dois anos depois, aos 81 anos de idade, sem perceber o que se passava à sua volta; Marcello Caetano se tornou então o primeiro-ministro de fato já em 1968.

Como bem sustentou o historiador Fernando Rosas, o governo Caetano não despontou no horizonte político como uma mera continuação do salazarismo. Já pela sua trajetória pessoal podia-se esperar o acender de alguma luz de esperança na escuridão do regime. Caetano fora afastado do governo em 1958. Demitindo-se da posição de reitor da Universidade de Lisboa na contestação estudantil de 1962. Era visto como um potencialmente liberal e contava com amplo leque de apoio político inicial. Até setores à esquerda, como

38. Assim o declarou Alvaro Seiça Neves na alocução de abertura do II Congresso Republicano do Aveiro, cujas teses e documentos foram aqui consultados (vide vol. I, p. 13).
39. *Idem*, p. 56.

socialistas e comunistas não negavam na prática uma possível primavera marcellista[40]. A esperança foi logo frustrada.

O equilibrista que este sempre fora entre facções do regime é substituído por um governante ainda mais duro e que se mostra incapaz de perceber os movimentos econômicos que lançavam Portugal na integração europeia. Caetano, que já ascendia sob a desconfiança dos velhos salazaristas, não soube se entender com os novos. Ele não aceitou os valores democráticos e nem as demandas crescentes das classes médias e trabalhadoras, ainda que seu governo introduzisse mudanças na legislação trabalhista. Ele se agarrou à ideia de um império colonial condenado, embora na juventude tivesse defendido uma autonomia relativa das colônias[41].

No caso dos comunistas, apesar da ação pública e legal do PCP, eles nunca aceitaram totalmente as diretivas do XX Congresso do PCUS – Partido Comunista da União Soviética senão por um pequeno período posterior ao seu V Congresso, que declarara a possibilidade de uma via pacífica ao socialismo (algo que diversos PCs europeus passaram a propugnar). No VI Congresso do PCP, em 1965 (realizado no exílio, em Kiev), afirmou-se a via insurrecional como elemento necessário à derrubada de Salazar. No início dos anos 1970, com a cisão castrista denominada Brigadas Revolucionárias (BR) e o surgimento de grupos maoístas no meio estudantil, o PCP resolveu criar a ARA – Ação Revolucionária Armada, chefiada por Augusto Ferreira Lindolfo, logo preso com a mulher e a filha de dois anos pela polícia política.

Ainda assim, o PCP era visto como partido reformista por grupos de extrema esquerda. Em meados dos anos 1960 havia surgido a FAP – Frente de Ação Popular, como braço armado de dissidentes do PCP, depois a sua direção política, CML – Comitê Marxista Leninista. Desmantelada pela PIDE em 1966, a FAP-CML se reorganizou len-

---

40. Fernando Rosas, "O Marcelismo e a Crise Final do Estado Novo", *Portugal e a Transição para a Democracia*, pp. 9-27.

41. Francisco C. P. Martinho, *Marcelo Caetano: Uma Biografia (1906-1980)*.

LINCOLN SECCO ❧ A REVOLUÇÃO DOS CRAVOS

tamente até fundar o PCP-ML. Outros grupos foram: a LUAR – Liga de Unidade e Ação Revolucionária (1966), liderado pelo carismático Palma Inácio; o MRP – Movimento Revolucionário do Proletariado (1969); OCMLP – Organização Comunista Marxista Leninista Portuguesa (1973); CCR-ML – Comitês Comunistas Revolucionários Marxistas-Leninistas (1969); URML – Unidade Revolucionária Marxista Leninista (1972); CARP-ML – Comitê de Apoio para a Reconstrução do Partido Marxista Leninista (1973). A URML, o CARP-ML e o CCR-ML se fundiram em 1974 na UDP – União Democrática Popular, "fachada eleitoral" do PCR (reconstruído).

Todas essas organizações tinham penetração praticamente exclusiva nos meios estudantis. Os meios operários eram hegemonizados pelo PCP, embora contassem também com a presença de outras organizações em Lisboa, principalmente. As ações armadas dos grupos de esquerda tiveram impacto nulo no abalo do regime, reduzindo-se a assaltos a bancos (exemplo: Banco de Portugal, na Figueira da Foz, em maio de 1967, pela LUAR), algumas ações mais ousadas das BR e duas ações mais importantes do PCP: a destruição da Base Aérea de Tancos, que contava com dezesseis helicópteros e onze aviões, e o ataque ao quartel-general da OTAN, em Oeiras. Em 1973, a Ação Socialista Portuguesa, num congresso realizado na Alemanha Ocidental, dá origem ao PSP – Partido Socialista Português, liderado por Mário Soares e Salgado Zenha. No campo da oposição liberal-conservadora, permitida pelo regime, Sá-Carneiro se destacava como crítico de Caetano, mas até que suas ilusões numa evolução para a democracia liberal acabassem. Basicamente, essas eram as forças oposicionistas ao regime salazarista-marcellista.

De toda maneira o PCP era o partido mais organizado e preparado do país. Sua estratégia se fundava numa leitura dialética bastante sofisticada da realidade. Para Álvaro Cunhal Portugal era um país colonialista colonizado. Oximoro? Como vimos, o país era a correia de transmissão do real imperialismo que estava além do seu império formal. Era precisamente a posição como país dependente que permitiu que Portugal mantivesse colônias. A posição de charneira que a geografia lhe dera, a ideia de um povo que vivera sempre além de suas posses, era a explicação daquele oximoro. Do contrário, as verdadeiras potências neocoloniais, capazes de exercer o *indirect rule*, não permitiriam a Portugal o ter colônias[42].

Portugal padecia crônico *déficit* comercial compensado pelo turismo, remessas de emigrados e inversões estrangeiras. Ainda assim, o equilíbrio exigia também a troca desigual com as colônias. Estas sim tinham superavit comercial (parte dele transferido à Metrópole)[43].

Ao contrário do Partido Comunista Brasileiro, o PCP foi uma real alternativa à guerrilha em Portugal. Defendeu a Revolução democrática, nacional e anti monopolista, feita por uma frente antifascista ampla que envolvia até liberais indecisos. A esquerda armada foi chamada de terrorista e aventureira. Até aí seria o discurso comunista típico da era da coexistência pacífica. Mas o PCP também defendeu um levantamento popular juntamente com uma insurreição armada. Para isso propôs a organização de massas e o trabalho no interior das forças armadas e montou uma guerrilha própria (como vimos) para autodefesa e operações especiais de natureza tática. É verdade que Cunhal previa que haveria maior insatisfação entre oficiais milicianos, mais próximos das lutas estudantis. Como veremos, serão os oficiais permanentes os artífices do 25 de Abril. Mas Cunhal deixou claro que a mera ação militar seria uma parte da insurreição e para ser vitoriosa teria que ser enquadrada num movimento insurrecional popular em que as massas ditariam o curso dos acontecimentos[44].

ESTRUTURAS DA GUERRA

Em Portugal foram os próprios militares "colonialistas" que se tornaram um problema para o regime salazarista no início dos anos sessenta. Imbricada com a questão colonial, a problemática da situ-

---

42. Álvaro Cunhal, *Obras Escolhidas*, volume II, p. 289.
43. Álvaro Cunhal, *Obras Escolhidas*, volume III, p. 80.
44. Álvaro Cunhal, *Obras Escolhidas*, volume IV, p. 24.

ação militar assumia duas dimensões: a econômica e a política. Um terço da renda nacional portuguesa, nos anos sessenta, provinha das colônias. O déficit da balança comercial era estrutural e permanente. O agravamento da situação econômica era produzido claramente pelo aumento dos gastos militares. Durante a guerra colonial, a porcentagem do PIB gasta com as Forças Armadas e a defesa nacional se manteve em patamares muito altos, próprios de países em esforço total de guerra (o problema é que essa situação durou quase quinze anos)[45].

A crise do Império Colonial Português começou efetivamente nos anos 1960. Anos que começaram, do ponto de vista da ideologia anticolonialista na Conferência de Bandung (1955). Vivia-se a construção da ideia de um Terceiro Mundo; a Revolução Cubana; a campanha por Djamila Bouhired; os filmes de Pontecorvo (*Batalha de Argel*) e, para nosso caso, especialmente *Queimada*, cujo protagonista, vivido por Marlon Brando, fazia referências ao banco português Espírito Santo e aos métodos de guerra de extermínio estadunidenses no Vietnã...[46]

Diante do agravamento da guerra no ultramar e dos problemas sociais e econômicos, Portugal começou a ser sacudido, internamente, por uma série de agitações golpistas[47]. Sucediam-se fortes críticas ao governo provenientes até mesmo do alto-comando das Forças Armadas. Tentativas de sublevações militares localizadas, protestos de rua que redundavam em verdadeiras batalhas campais e greves ocorreram durante os anos de 1961-1962. Neste momento foi fundada a

---

45. Maria Carrilho, "O Papel Político dos Militares", p. 89.
46. O impacto da revolução anticolonial foi tão profundo que o cinema dos EUA, até então marcado por faroestes em que os índios eram maus, sofreu uma rotação política: os indígenas eram mostrados em sua dor humana ou mesmo como heróis depois que John Ford filmou *Cheyenne Autumn* (*Crepúsculo de uma Nação*, na versão brasileira) em 1964 (Ernst Mandel, *Delícias do Crime*, p. 123).
47. Uma das ações mais ousadas aconteceu em fevereiro de 1961, quando o capitão Henrique Galvão sequestrou em alto-mar o transatlântico Santa Maria e, depois de uma alucinada fuga, terminou sua viagem no Recife.

Frente Patriótica de Libertação Nacional, propositora de uma ação insurrecional, chefiada pelo general Humberto Delgado (mais tarde assassinado pelo regime)[48].

Toda a ação armada esquerdista, como vimos anteriormente, era exógena ao grupo profissional que detinha o monopólio legal das armas. Entretanto, o aparelho repressivo também é atravessado pelas lutas na sociedade civil e não está imune à relação social entre as diversas classes sociais que é o Estado – a Revolução dos Cravos mostrou como um exército, que foi o sustentáculo de quase cinquenta anos de fascismo em Portugal, acabou tendo suas demandas específicas de solução do problema colonial cruzadas com as demandas democráticas.

Uma insurreição armada, que fosse obra de pequenos grupos exógenos ao Estado, em pleno solo europeu, dificilmente teria resultado positivo. A solução adveio da verdadeira *catarse* (Gramsci)[49] que se operou nas forças armadas, ou seja, a forma como reivindicações corporativas (do *esprit de corps*) se tornaram um projeto nacional, democrático e, às vezes, socialista. Para se entender tudo isso é preciso ver a situação objetiva em que as forças armadas portuguesas se encontravam, às voltas com uma encarniçada guerra colonial sem perspectivas de vitória e composta por uma oficialidade jovem que acumulava rancores de ordem socioprofissional.

Nas colônias, a situação militar portuguesa piorava continuamente desde 1960, com o surgimento dos movimentos de libertação nacional e da luta armada (guerra de guerrilhas), que efetivamente teve início em Angola (1961), Guiné-Bissau (1963) e Moçambique (1964). Isso era uma resposta ao bloqueio de qualquer solução negociada para uma independência. Demonstravam-no os fatos. Já o dissera Gandhi: "Visitei

---

48. Esse assassinato foi desvendado com o auxílio de, entre outros, Mário Soares, advogado da família do general (Celso Lafer, "A Clarividência do Líder que Ama a Democracia").

49. "Pode-se empregar o termo catarse para indicar a passagem do momento meramente econômico (ou egoístico-passional) ao momento ético-político" (Antonio Gramsci, *Quaderni del Carcere*, p. 1244).

Moçambique, Delagoa e Inhambana. Não encontrei lá nenhum governo com propósitos filantrópicos". Ali estavam os "não civilizados", os destituídos de tudo, constantemente à beira da miséria e da fome, enquanto os monopólios do comércio metropolitano, assentados numa secular expropriação colonial, engordavam seus lucros.

A capacidade de revolta dos colonizados era grande. Em agosto de 1959, os colonizadores portugueses massacraram cinquenta estudantes em Bissau; no mesmo ano, a revolta do povo maubere, do Timor Leste, foi reprimida. Em 1960, os macondes, do norte de Moçambique, também foram rechaçados. Em Angola, ainda neste ano, Agostinho Neto foi preso e, na sequência (setembro) a população do Catete foi atacada. Um mês depois, os primeiros levantamentos populares, na Baixa de Cassange, foram reprimidos, com um prejuízo de centenas de vidas perdidas. Estava criada a base social e política para o início das ações guerrilheiras contra Salazar e sua política colonizadora.

Portugal enfrentou a guerra de escala mais ampla da história da África. O teatro de operações era muito vasto, e exigia das forças armadas lusitanas um esforço de guerra caro e pouco eficiente. Angola era agitada por dois poderosos movimentos, o MPLA – Movimento Popular de Libertação de Angola e a UNITA – União para a Independência Total de Angola; em Moçambique, a Frelimo – Frente de Libertação de Moçambique era já um inimigo estruturado nos anos 1960; o mais notável de todos era o PAIGC – Partido Africano para a Independência da Guiné e Cabo Verde, liderado pelo mais formidável dos líderes africanos: Amílcar Cabral.

Esses movimentos custaram 8 290 portugueses mortos, num corpo expedicionário que nunca ultrapassou duzentos mil homens por ano. Ao total, foram um milhão e trezentos mil portugueses que serviram às forças armadas nas colônias, o que representava 14,7% da população![50] Em Moçambique, em que pese o sacrifício que so-

---

50. Cf. Josep Sanches Cervelló, *A Revolução Portuguesa e a sua Influência na Transição Espanhola*, p. 132.

friam os guerrilheiros, sua vantagem estratégica só crescia. A Frelimo teve uma média mensal de cento e sessenta baixas em 1967. Um ano depois essa média caiu para cento e vinte e atingiu setenta mortos em 1969. O número total de baixas foi, respectivamente em cada um daqueles anos, de 1 045, 920 e 381[51]. A desmoralização das Forças Armadas já tinha se iniciado quando, depois de insistentes avisos por vários anos, a Índia resolveu invadir o enclave português de Goa e expulsar os portugueses – Salazar foi intransigente e ao final responsabilizou os militares pela perda do território.

O mapa das zonas de conflagração militar na Guiné, em 1970, também demonstrava que a guerrilha já controlava a maior parte daquela colônia (as áreas rurais)[52]. Em Moçambique, a implantação da Frelimo era menos extensiva, restringindo-se ao norte e noroeste, próximos à Tanzânia e à Zâmbia. Portugal mantinha o controle das principais cidades, das ferrovias e da área de construção da grande barragem de Cabora Bassa às margens do rio Zambeze[53]. Também Portugal deixou suas "rugosidades" no espaço africano. Embora sua lenta conquista tenha sido a mais precária e insuficiente.

Apesar do desgaste econômico, psicológico e moral que a guerra no ultramar significava, o primeiro-ministro Marcello Caetano continuava insensível à situação das Forças Armadas, pressionadas pelo repúdio internacional, pela impossibilidade de vencer militarmente os rebeldes e com a perspectiva aterradora de ter de assumir sozinha a culpa de uma possível derrota humilhante. Como o próprio Caetano

---

51. João Alves Neves, *Raízes do Terrorismo em Angola e Moçambique*, p. 21. O fato dessa obra ser favorável ao colonialismo coloca os dados sob suspeita, mas só a admissão da redução das baixas do lado adversário já é um indício da perda progressiva de capacidade bélica das forças portuguesas. Um levantamento das baixas portuguesas pode ser lido em: *Baixas Militares Portuguesas na Guerra Colonial* (CD 25 A, n. 642).

52. VVAA, *Colonialismo e Lutas de Libertação*, pp. 206 e 242.

53. Este rio, cuja montante está nos limites do Zaire, Angola e Zâmbia, tem sua jusante no território de Moçambique, dotado de notável potencial hidrelétrico. Potencial que deveria (e foi) aproveitado pela indústria sul-africana, pois Moçambique não precisou (e sua paupérrima indústria não o exigiria) tanta energia elétrica. O Zambeze deságua no Oceano Índico por um grande delta.

reconhecia, a guerra de guerrilhas feita por um pequeno núcleo, num território grande e pouco povoado, com ações de surpresa, baseadas em zonas de apoio logístico situadas nas áreas libertadas ou em território estrangeiro, exigia a presença maior de um exército colonial de milhares de homens[54]. Para enquadrar tropas tão numerosas na África, Caetano teve que promover o aumento do quadro de oficiais médios, aumentando o efetivo de oficiais permanentes de 3 305, em 1965, para 4 164, em 1973[55].

Essa necessidade advinha da falta de interesse cada vez maior, por parte da juventude, pela academia militar. Em 1961 o número de inscritos na academia passava dos quinhentos e o de aprovados atingia aproximadamente a metade. Em 1973, o número de inscritos era cinco vezes menor e o de aproveitados não chegava a cem aspirantes. Sobretudo a partir de 1967 começou-se a formar mais oficiais a partir do quadro de sargentos. Mas a falta de tenentes, alferes e capitães do quadro permanente diminuía a qualidade dessa formação. Até 1970, os centros de instrução de quadros milicianos (escolas práticas, por exemplo) eram de responsabilidade de oficiais do quadro permanente. Depois, os próprios oficiais milicianos passaram a formar nesses centros, especialmente no primeiro ciclo geral de instrução[56].

Ainda assim, o governo fez aumentar cada vez mais o número de oficiais milicianos, que não pertenciam ao quadro permanente das Forças Armadas. Por outro lado, também era grande o número de africanos recrutados para serviço militar nos teatros de guerra. Em 1973, o número de militares africanos era maior do que o de metropolitanos em serviço em Moçambique (27 572 recrutados no local contra 23 891 portugueses metropolitanos). Maior ainda na Guiné (25 610 africanos nativos e apenas 6 425 metropolitanos). Em Angola eram 37 773 nativos e 27 819 metropolitanos[57]. Tra-

---

54. António A. Batista, *Conversas com Marcello Caetano*, p. 226.
55. Maria Carrilho, "O Papel Político dos Militares", p. 85.
56. David Martelo, *1974: Cessar Fogo em África*, pp. 32-36.
57. *Idem, ibidem.*

tava-se de uma "africanização" da própria guerra colonial, o que trazia consequências graves para o exército colonialista. Tanto a "africanização", quanto a "milicianização" violavam a natureza das Forças Armadas, exteriormente identificadas com a ideologia de um Estado Nacional e interiormente com o princípio da carreira militar e da hierarquia. Africanização que existia desde o século XIX, mas agora vigorava num exército de pretensão moderna.

Além do óbvio descontentamento com o serviço militar em regiões inóspitas, em condições tão diversas da geografia da metrópole, alguns militares, por motivos profissionais, foram obrigados a travar contato com livros sobre as guerrilhas (Mao Tse-Tung, Guevara, Giap, Marighella, Samora Machel etc.), como foi o caso do major Otelo Saraiva de Carvalho, futuro comandante operacional da Revolução Portuguesa (ou pelo menos assim se referia àqueles tempos nas suas memórias). Crescia entre os oficiais a certeza de que uma guerra colonial não poderia ser vencida no plano militar e que se deveria buscar uma solução política negociada.

Enquanto os portugueses tinham o domínio absoluto dos céus e dispunham de unidades especiais helitransportadas, com grande mobilidade e capacidade operacional, a ordem governamental de "resistir até o fim", ainda tinha algum respaldo militar. Embora logo no início da guerra colonial, o PAIGC ocupasse o sul da Guiné-Bissau e o exército português ficasse confinado à faixa leste do território, graças ao apoio de parte da etnia fula. As tentativas mais sérias de revide militar, feitas entre 1964 e 1967, fracassaram[58]. O armamento dos revoltosos era superior ao dos portugueses: os seus lança-granadas foguete eram armas terríveis e de fácil transporte e pontaria, enquanto os lusitanos só tinham a pesada bazuca; a Kalashnikov (inventada por um soldado soviético na Segunda Guerra), de menor dimensão e peso, e com munições leves, era também usada pelos guerrilheiros, por fim, a entrada de mísseis antiaéreos em 1973 na

---

58. Carlos Fabião, "A Descolonização da Guiné-Bissau", pp. 305-311.

luta guerrilheira acabou com a superioridade militar portuguesa. Mas não eram as armas o essencial. Eram superiores porque o Império estava em inferioridade. Os móveis de sua existência desagregavam-se.

Os mísseis tiveram importância crucial na perda da superioridade militar portuguesa porque compensavam outras vulnerabilidades estratégicas. A miniaturização dos mísseis tornou-os mais leves, mais baratos e sem perda de mobilidade da guerrilha (e toda guerrilha depende muito mais da guerra de movimento do que da guerra de posições). Tudo isso aumentou a potência e a precisão dos ataques rebeldes, sem lhes retirar a capacidade de movimento e alcance espacial nas áreas beligerantes. No início do ano de 1974, o número de ações guerrilheiras da Frelimo, por exemplo, já era espantoso (vide gráfico 2).

A ação rebelde cresceu muito entre fevereiro e março, e se estabilizou daí até o final de maio, o que mostra que o 25 de Abril não fez recrudescer a ação guerrilheira, ela apenas se manteve sempre em patamares "normais", ou seja, altos. Além disso, em geral, as tropas portuguesas estavam se fragmentando, com apoios logísticos escassos, politicamente isoladas, tanto internamente quanto internacionalmente. O isolamento da política colonial portuguesa no cenário internacional ficou nítido no dia 24 de setembro de 1973, quando a independência da Guiné foi proclamada e obteve o reconhecimento diplomático de 86 países (mais do que o número de nações que mantinham relações diplomáticas com Portugal!).

Em Portugal, um fascismo longevo, imperialista e colonialista, encontrou sua agonia militar num conjunto de fatores endógenos e exógenos ao regime, onde os primeiros fatores foram os mais importantes. A condenação geral da ONU e dos países democráticos ao colonialismo lusitano, a insatisfação dos militares com os combates na África, a desmoralização progressiva das Forças Armadas, que recebiam a culpa pelos insucessos do regime, a insatisfação popular e as demandas corporativas dos militares se somaram.

CRISE 119

AS ORIGENS

O período 1961 a 1975 foi o ponto de intersecção em que os acontecimentos revolucionários testaram resistências de longa duração. Aquela conjuntura específica explica por que os custos do Império, que em outros tempos também se revelaram, agora se tornavam insuperáveis. Na longa duração Portugal foi "europeu" ainda quando se empenhava na vocação imperial singular. Tratava-se antes de tudo da particularidade concreta de um Império semiperifèrico. Na crise do Império, regime político e infraestruturas geoeconômicas não mais coincidiam, e a integração aos ritmos europeus exigia nova superestrutura, não mais imperial e sim "democrática". A História "é a ferramenta que permite ler tanto o acontecimento quanto a estrutura, em sua forma conjuntural"[59]. Contudo, uma mudança de estrutura precisa, ao fim e ao cabo, acontecer. À História cabe, em última análise, narrar esse acontecer. Em nosso caso, a narrativa começa pelos capitães.

O avanço das forças produtivas já estava a reclamar novas relações de produção que pudessem conter a rebelião do trabalho (na metrópole e nas colônias). Para alguns era preciso findar o colonialismo e a guerra. Os mais radicais pensariam em extirpar os monopólios e engendrar uma nova economia, fosse de cooperativas e empresas de autogestão, de economia mista, planificada ou de mercado. Pouco importa. As soluções é que eram muitas.

Veremos depois que a revolução que avizinhava testaria todas elas porque, nas superestruturas jurídico-políticas, a sorte de todas elas só poderia depender da transformação do próprio Estado, pelo gradualismo da ação política ou pela ruptura. Era o primeiro o caminho de Marcello Caetano: "Há uma coisa que eu lhe quero esclarecer desde já: não sou revolucionário. Acho que os governos têm antes uma função retificadora dos vários elementos que despontam numa sociedade"[60].

---

59. Juan Carlos Portantiero, *Los Usos de Gramsci*, p. 179.
60. António Alçada Baptista, *Conversas com Marcello Caetano*, p. 51.

A situação política portuguesa agravava-se cada vez mais, tanto interna quanto externamente. Em julho de 1973, a imprensa mundial divulgou o massacre de cerca de quatrocentas pessoas numa colônia luso-africana, o que ajudou a desprestigiar ainda mais as tropas portuguesas situadas em África. Um mês antes tinha se realizado, na cidade do Porto, o Congresso dos Combatentes do Ultramar, que reuniu os milicianos (combatentes que não pertenciam ao quadro permanente das forças armadas); eles queriam obter facilidades para se profissionalizarem nas forças armadas. Ao mesmo tempo circulou um abaixo-assinado contra o Congresso, expressando a oposição dos oficiais regulares.

Para satisfazer os milicianos, Caetano editou o Decreto-lei n. 353 de 13 de julho de 1973, abrandado pelo Decreto n. 409 de 20 de agosto do mesmo ano. Esses decretos visavam preencher o escasso quadro de oficiais das Forças Armadas, posto que era grande o número de baixas e até deserções, em virtude da guerra, dos salários baixos e do desprestígio das Forças Armadas. Permitia-se assim que os combatentes do ultramar, milicianos, que não eram soldados de carreira, pudessem depois de quatro anos de combate voltar à metrópole e se tornar oficiais da escala ativa, fazendo um curso acelerado de dois semestres na Academia Militar (ao invés de cursarem os quatro anos regulamentares dos oficiais de carreira). Isso ofendia a hierarquia das Forças Armadas, na medida em que os novos oficiais, ex-milicianos, podiam até ultrapassar o grau hierárquico dos seus ex-comandantes no ultramar.

No dia 18 de agosto, cerca de vinte oficiais se reuniram no clube militar de Bissau e divulgaram uma carta-protesto contra o primeiro decreto. No início, o governo pode ter pensado em punir administrativamente os líderes dessa manifestação de indisciplina perante o alto-comando das Forças Armadas, mas deve ter desistido depois de saber do comprometimento de tantos oficiais. Em 9 de setembro de 1973 ocorreu, sob o pretexto de um simples churrasco, na casa de campo de um primo do capitão Diniz de Almeida, nos arredores de Évora, a primeira reunião de oficiais de baixo e médio escalão, com destaque para os capitães. Esta foi considerada a reunião de fundação do movimento dos capitães. Em 6 de outubro, outra reunião numa residência particular de Lisboa resultou numa circular lançada em 23 de outubro, que colocou Vasco Lourenço, Diniz de Almeida, Otelo Saraiva de Carvalho e Vítor Alves, dentre outros, à frente da coordenação do movimento[61].

Ora, mesmo depois que o governo suspendera os dois decretos em outubro, voltou a ocorrer nova reunião de oficiais no Estoril, durante a qual já apareceram os primeiros pedidos de derrubada, pela força, do governo. Em primeiro de dezembro, em Óbidos, declarou--se a necessidade de substituir o governo de Marcello Caetano, através de um golpe que restituísse às Forças Armadas o seu prestígio. Foi então "institucionalizada" a CCP (Comissão Coordenadora do Programa), responsável pela direção do MFA (Movimento das Forças Armadas).

Em dezembro, a Comissão Coordenadora reuniu-se numa casa de praia, na rua Barros de Castro, na Costa da Caparica, onde apareceu pela primeira vez o coronel Vasco Gonçalves (presença significativa porque integrava o quadro ativo da oficialidade de primeiro escalão). Mandatou-se uma executiva para elaborar um plano de ação, composta por Otelo Saraiva de Carvalho, Vítor Alves e Vasco Lourenço. A 12 de janeiro, a CCP mandou elaborar um mapa político-militar do país, mostrando a predisposição de cada unidade militar para um golpe do MFA[62]. O caminho para a insurreição começava a ficar mais explícito. Mas como preservar as Forças Armadas desafiando sua hierarquia? Este o dilema que acompanharia o movimento dos capitães do início ao fim. E é por isso que, nesse ínterim, houve contatos com altos oficiais que pudessem ser simpáticos ao movimento.

Havia ainda dúvidas, por parte da comissão coordenadora do MFA, sobre a continuidade da elaboração do seu próprio programa

---

61. VVAA, *Portugal: A Hora dos Capitães*, p. 41.
62. José Medeiros Ferreira, "Portugal em Transe", p. 22.

político. Em 5 de março de 1974, ocorreu a reunião de Cascais, na qual se aprovou o documento "As Forças Armadas e a Nação", já de índole nitidamente política. Nesta reunião, aconteceu finalmente a convergência de interesses entre alguns representantes dos milicianos e o movimento dos ex-cadetes. Entretanto, o que, genericamente, se entende por movimento dos capitães é o dos oficiais do quadro permanente, posto que foram seus membros.

Mas o documento de maior significado no período não veio dos capitães. O general Spínola, desejando antecipar-se à iniciativa deles e reaglutiná-los sob uma crítica moderada ao regime, fez antecipar a publicação do seu livro-bomba: *Portugal e o Futuro*, verdadeiro recorde de vendas. Admitindo que a dominação colonial estava num beco sem saída e que a solução não poderia ser de natureza militar, somente política, o general Spínola advogava "o reconhecimento dos povos à autodeterminação" e o "recurso à consulta popular", uma "solução federativa" que contemplasse a independência progressiva das colônias, através da sua integração numa "comunidade lusíada", com eleição democrática dos seus representantes. Os objetivos de Spínola eram moderados e constituíam uma alternativa conservadora, pois se apresentavam como antídoto à "desagregação de Portugal pela via revolucionária"[63]. O livro abalou pessoalmente o primeiro-ministro Marcello Caetano porque, ainda que moderado para as exigências revolucionárias dos capitães, implicava o fim da estrutura de poder fascista, e era escrito por um alto oficial insuspeito, leal ao salazarismo e herói de guerra no ultramar.

As divergências entre Spínola e o MFA eram muitas e cresceram à medida que o novo poder instaurado em 25 de abril de 1974 teve que tomar medidas concretas para terminar a guerra na África. Inicialmente, todas as diretivas do MFA apontaram para a necessidade de construir um Estado democrático de direito e não uma ditadura militar, no que concordavam com as proposições aparentes de Spí-

---

63. António Spínola, *Portugal e o Futuro*, pp. 56, 160, 149 e 133, respectivamente.

nola. Ainda que muitos oficiais tivessem uma simpatia pelo socialismo, tratava-se de uma ideia vaga. Em consequência, também a ideia de Revolução, mantida por tanto tempo nos subterrâneos da história, aparecia de forma igualmente vaga, subsumida à ideia de democracia. Era o instrumento para chegar-se a esta, portanto igualava-se mais a uma técnica militar (o golpe de Estado) com o fito de derrubar a ditadura.

Era a democratização do país que unia as diferentes posições ideológicas do MFA. Contudo, esses objetivos genéricos não implicavam que não houvesse posições divergentes no seio do MFA, pois foi exatamente essa diversidade que impôs o comedimento do programa político. Toda a história posterior mostrou que foi a intervenção das massas populares e dos partidos políticos que impôs uma nova dinâmica ao MFA. E fez com que muitos assumissem posições políticas mais definidas (é verdade que o programa do MFA permitia leituras à esquerda, pois se resumia em democratizar, descolonizar e desenvolver o país numa via antimonopolista e até socialista, como disse Melo Antunes, mas essa é uma leitura feita *a posteriori*[64]).

Foram os grupos políticos civis que levaram as diferentes facções militares a aprofundar suas convicções ideológicas. Isso explica que, na dinâmica revolucionária e contrarrevolucionária posterior ao golpe de 25 de abril, os grupos civis tiveram uma importância inversamente proporcional àquela que tiveram antes do golpe, quando sequer souberam com antecedência dos preparativos técnicos.

Quando o MFA escolheu os generais Costa Gomes e Spínola como líderes de um futuro governo revolucionário, entregou a Spínola o "Programa de Ação Política do Movimento das Forças Armadas", e este o devolveu com modificações assinaladas à mão, constituindo um documento[65] notável para se observar as divergências programáticas entre o general e os capitães. Dentre as principais modificações propostas estão: retirar as expressões "abolição da censura", "projeto

---

64. Ernesto Melo Antunes, "As Forças Armadas e o MFA", p. 48.
65. Otelo Saraiva de Carvalho, *Alvorada em Abril*, pp. 622-625.

político", "juventude fascista", "controle imediato da emissora nacional e da rádio e televisão portuguesa", "ordem democrática".

O general era contrário ainda à exclusão dos grupos e personalidades fascistas do futuro governo e à montagem do governo subordinada ao acordo entre o chefe de governo e a CCP do MFA. Ele assinalava, no tópico sobre a permissão para a formação de associações políticas, a expressão: "a discutir". A adesão de Spínola, o general mais conceituado do exército português, e de Costa Gomes, conferiu ao MFA a imagem de que ele seria capaz de assegurar a continuidade hierárquica da instituição militar durante a ruptura com o regime[66], facilitando o consentimento passivo da maioria dos militares ao golpe.

Mais tarde, numa entrevista ao *Jornal do Brasil*, o major Otelo Saraiva de Carvalho declarou:

> [...] o general travava o movimento, tornava difícil o funcionamento da Revolução. Era preciso afastá-lo. Mas é justo dizer que não era o general que descumpria o programa do MFA. Acontece que antes do 25 de abril os oficiais do movimento acertaram o programa com o general, porque precisavam dele. Então foram feitas muitas concessões, o programa não saiu como queríamos[67].

A adesão de Spínola, entretanto, foi fundamental para conquistar o apoio dos militares indecisos e neutralizar aqueles que porventura quisessem manter o regime. O programa do MFA também era vago o suficiente para agrupar todas as oposições ao governo do professor Marcello Caetano e, com algumas modificações feitas por Spínola, acabou sendo adotado. Faltava apenas operacionalizar o golpe de Estado.

66. Fernando P. Marques, "A Instituição Militar", p. 145.
67. *Jornal do Brasil*, 11 out. 1974.

Parte II
RUPTURAS E PERMANÊNCIAS

4. Revolução

Revolução isto é: descobrimento.

SOPHIA DE MELLO BREYNER ANDRESEN[1]

A TOMADA DE CEUTA iniciou o Império Marítimo Português. E, muito mais, a "descoberta" do Novo Mundo. O fim do Império Colonial Português também trouxe consigo uma descoberta. Ou redescoberta. A de dois continentes. África e Europa. Sabia-se, na surdina, dessas imensas realidades que tragavam vidas e recursos numa guerra sem fim. Olhavam-se os fluxos do turismo e as promessas europeias. A emigração, que agora se dirigia à França e outras paragens mais distantes. Mas a alvorada de 25 abril de 1974 revelou um exército que não mais seria o vetor da colonização forçada na África. Libertou, assim, o país, da carapaça política imperial e permitiu aos partidos e à sociedade civil tratarem das saídas para depois do fim do Império. Veremos Vasco Gonçalves ir à África. Mário Soares retornar da França lembrando da Alemanha de Brandt. Veremos Otelo Saraiva de Carvalho em Cuba. Álvaro Cunhal voltando do Leste Europeu! E Marcello Caetano partir para o Brasil.

Simbolizam mais que destinos pessoais. Simbolizam escolhas ou tentativas delas. Ilusões ou projetos de futuro para um país em ebulição. Poderia ele recriar um espaço próprio, em bases atlânticas, porém não mais imperiais, ou se contentaria em ser cauda política ou portal de entrada, segundo a visão de um crítico ou a de um

---

1.   Shophia de Mello Breyner Andresen, *Obras Poéticas,* III.

apóstolo, de uma "Europa unida?"[2] Porque de todas alternativas, só a do império redivivo, chamando-se federalismo ou qualquer outra coisa, não tinha futuro. Não é por outro motivo que os colonialistas mais exaltados foram rapidamente derrotados ou se transformaram em liberais e socialistas. Ou que os mais realistas se uniram com os adeptos de um federalismo também sem esperança, defendido por Spínola. Embora a Revolução tenha acelerado a história e decidido em menos de dois anos qual tendência, dentre as várias que tinham idades históricas velhas e diferenciadas, seria a vitoriosa, seu início seria ainda mascarado pela liderança de um general colonialista: Spínola.

Mas as divergências ideológicas existiram. Talvez sob a roupagem de divergências operacionais. Toda a preparação técnica e militar do golpe ficou restrita a um número pequeno de oficiais. Com várias manobras de contrainformação, associadas à preocupação da PIDE (agora DGS – Direção Geral de Segurança) com o anúncio das oposições clandestinas de um primeiro de maio "vermelho", os revolucionários lograram apanhar o governo de surpresa no dia 25 de abril. Antes disso, outro fator, aparentemente uma derrota, auxiliou o efeito surpresa: o golpe falhado de 16 de março. Neste dia, uma coluna de soldados e oficiais sublevados saiu do Regimento de Infantaria 5, das Caldas da Rainha, e se dirigiu a Lisboa. Vendo-se isolados e sem apoio de outras unidades do exército, os revoltosos foram obrigados a retornar para serem presos. Liderada por oficiais milicianos e, supostamente, mais próxima do general Spínola, esta revolta apenas preparou o 25 de Abril.

Seguindo o cronograma das ações daquele que é o relato mais detalhado sobre a preparação do levantamento militar, *Alvorada em Abril*, de Otelo Saraiva de Carvalho, pode-se observar que os capitães tinham extrema preocupação com a informação e com o apoio da

---

2.   Barradas de Carvalho, nos velhos anos 1950, escrevia nos jornais paulistas acerca da escolha atlântica que deveria orientar Portugal. Mas a história caminhou em outra direção. Ou melhor, já caminhava há muito tempo.

opinião pública: o controle dos meios de comunicação social (rádio e TV) foi crucial e antecedeu a tomada de outros objetivos estratégicos[3]. Depois do fracasso do precipitado golpe das Caldas da Rainha, a Comissão Coordenadora do Programa do MFA estabeleceu toda a codificação das ações e objetivos de natureza política, tática, psicológica, técnica e militar.

Dentre os principais alvos do MFA estavam: aeroportos, a Casa da Moeda, o Banco de Portugal, a sede da CTT – Correios, Telégrafos e Telefones (na Praça D. Luís), o ataque à sede da PIDE-DGS, a GNR, a Emissora Nacional, os fortes de Caxias, Peniche e da Trafaria (cadeias onde estavam os presos políticos), o QG da RML – Região Militar de Lisboa, a RCP – Rádio Clube Português, garantia de segurança nas residências dos generais Costa Gomes e Spínola e a tomada do QG da Legião Portuguesa (na rua Penha de França).

A ação militar começou às 23 horas do dia 24. Os emissores associados emitiram a senha combinada e o locutor João Diniz anunciou a música *E Depois do Adeus*, cantada por Paulo Carvalho. O pessoal do décimo grupo de comandos, reunido junto ao Parque Eduardo VII, em Lisboa, já estava preparado para tomar de assalto a RCP. À meia-noite e meia, a Rádio Renascença tocou a música de Zeca Afonso *Grândola, Vila Morena*. À uma hora da madrugada, foi ocupada a central telefônica do Batalhão de Caçadores, para o controle dos telefonemas diretos nos gabinetes do comando. À 1h30, o capitão Salgueiro Maia acordou seus subordinados, explicou as razões do movimento, obteve o apoio de todos e organizou a saída da EPC – Escola Prática de Cavalaria, rumo aos ministérios, localizados no centro da capital; às 3 horas, a EPAM – Escola Prática de Administração Militar, tomou a RTP – Rádio e Televisão Portuguesa; logo

---

3. O MFA havia feito uma sondagem informal, junto às Forças Armadas, sobre o apoio a um golpe militar: 50% eram favoráveis ao MFA; 15% participariam da ação golpista e 10% eram hostis. Não eram números precisos, mas contam pelas aproximações e pelas expectativas que animaram o movimento a prosseguir (Pierre Audibert e Daniel Bringnon, *Portugal: Os Novos Centuriões*, p. 115).

depois foi a vez da RCP, na rua Sampaio Pina, e da Emissora Nacional, na rua de São Marçal, caírem nas mãos dos revolucionários.

A análise do conjunto desses objetivos mostra que os capitães davam extrema relevância ao controle da informação, e tinham objetivos de natureza política que visavam criar um ambiente institucional realmente novo em Portugal, com a soltura dos presos políticos e a extinção da polícia política da ditadura. As medidas econômicas, para evitar uma eventual fuga de capitais, se representavam no controle da Casa da Moeda e do Banco de Portugal.

Antes do amanhecer, o MFA já detinha as principais fontes de informação audiovisual e fez o primeiro comunicado público. Seguiram-se vários outros por toda a manhã, pedindo que a população permanecesse em casa, que as forças paramilitares não resistissem e que só os funcionários dos hospitais fossem trabalhar, para socorrer os feridos de uma eventual luta militar. Uma vez controlada a informação, faltava o aspecto simbólico da renúncia formal de Marcello Caetano. E coube ao capitão Salgueiro Maia protagonizar este evento, para o qual se preparava desde que recebera instruções de Otelo Saraiva de Carvalho, no dia 23 de abril[4]. O que deve impressionar o historiador não são apenas os fatos ruidosos e excitantes do dia 25 de abril. Mas a facilidade com que o governo caiu. A impossibilidade do contra-ataque. A recusa, mesmo dos indecisos e recalcitrantes, em disparar contra os revoltosos.

---

4. *Manchete*, n. 1152, Rio de Janeiro, 18 maio 1974 (entrevista do capitão Salgueiro Maia). Os militares da EPC saíram de madrugada, em direção ao terreiro do paço, lugar dos ministérios. Os blindados iam a uma velocidade de 60 km/h; ao serem avistados por uma patrulha da GNR, essa se limitou a informar o serviço central de Lisboa, que retrucou: "Não se inquietem, são exercícios". Quando o Sol nasceu, ainda tímido numa manhã nevoenta, as ruas desertas começaram a despertar, enquanto meticulosamente tudo passava para o controle das tropas de Maia, incluindo o Banco de Portugal. Depois, seguindo informações fornecidas pelo posto de comando das operações revolucionárias, situado na Pontinha, onde os majores Otelo Saraiva de Carvalho, José Eduardo Sanches Osório e outros oficiais estavam a interceptar as conversas telefônicas do governo e a orientar os revoltosos de todas as regiões, o capitão Maia seguiu para o Quartel do Carmo, onde se escondia Marcello Caetano.

Um exemplo: no "caminho da revolução" surgiu a primeira coluna de soldados fiéis ao governo e fortemente armados, mas eles se recusaram a obedecer ao comando e se confraternizaram com os revoltosos. Outro exemplo: na Praça do Comércio, o perigo residia na fragata F473, Gago Coutinho, que cruzava o rio Tejo a todo momento. O posto de comando posicionou a artilharia contra a fragata, mas não foi preciso atirar. Houve um motim a bordo.

Mas retornemos às ideias. Porque eram ideias novas que os capitães poderiam divulgar, uma vez conhecedores da vitória. Somente no fim da tarde houve um comunicado oficial do MFA, detalhando os objetivos políticos do levante militar. À cautela dos comunicados matinais talvez tenha correspondido o receio de que o movimento fracassasse e seus articuladores ficassem mais ainda comprometidos; só com a situação militar definida foi que se divulgou o programa que, embora nitidamente democrático e antifascista, era vago o suficiente para suscitar todas as expectativas possíveis.

A intervenção popular também suscitava dúvidas. Não haveria mais um exército disposto a atirar em civis. Os últimos a fazê-lo foram os policiais da DGS, na rua António Maria Cardoso.

25 DE ABRIL E DEPOIS

Portugal conseguiu, inicialmente, livrar-se de todos os males de uma revolução, sem perder a "energia revolucionária". Assistiu-se a um golpe de Estado sem grandes violências, mas que alterou radicalmente as estruturas políticas e econômicas, embora não contasse com lideranças carismáticas ou mesmo simplesmente conhecidas pela população. Por isso, logo após o 25 de Abril criou-se um vácuo de carisma: a revolução militar estava à procura dos seus líderes civis. Apesar disso foram militares os chefes dos governos provisórios que se seguiram.

O primeiro líder político civil a se avistar com a Junta de Salvação Nacional (JSN) foi o socialista Mário Soares, convidado para representar o novo governo junto à comunidade internacional. Em seguida foi a vez do secretário-geral do Partido Comunista Português, Álvaro Cunhal, ser recebido no aeroporto pelos militares do MFA e transportado num blindado! Na sua alocução de chegada ao aeroporto, Cunhal expôs as cinco demandas do PCP: consolidar as "conquistas democráticas" de 25 de abril: legalizar os partidos políticos; pôr fim à guerra colonial; satisfazer as reivindicações imediatas dos trabalhadores; e assegurar a realização de eleições livres para uma Assembleia Constituinte. Essas demandas estavam subordinadas a uma estreita aliança entre o "movimento popular" (leia-se: suas vanguardas, aquelas que seriam formadas pelos grupos partidários) e os capitães, como acentuou Cunhal no comício do primeiro de maio:

> O fascismo procurou cavar o divórcio e uma barreira de ódio entre o povo e os militares. Que se estreite a fraternidade entre as massas trabalhadoras e os oficiais do Movimento das Forças Armadas, entre as massas trabalhadoras e os soldados e marinheiros[5].

Essa atitude, esses pensamentos, eram modelos de uma postura perante a Revolução. Perscrutemos as atitudes, as tomadas de consciência possíveis naquele momento. Através das resoluções dos partidos, dos discursos dos líderes, das falas da Assembleia Constituinte...

ATITUDES DOS PARTIDOS POLÍTICOS

Serão o Partido Socialista (PS) e o Partido Comunista Português (PCP) as forças principais da consolidação do processo revolucionário português. Por quê? Em primeiro lugar, foram os que tinham (ou passaram a ter) maior nível de organização e influência social no campo da esquerda. Ora, as forças de esquerda pareciam representar o futuro de um país liberto da extrema direita. E haviam sido quase monopolizadoras da oposição ao Antigo Regime. Em segundo lugar, apoiaram logo no início a sublevação do MFA. Para a nova junta gover-

5. Álvaro Cunhal, *A Revolução Portuguesa*, p. 191.

nista pareceu necessário institucionalizar o regime com os partidos políticos existentes, dada a onda de protestos e ações ilegais surgidas numa sociedade civil cujas demandas estavam represadas há vários decênios: casas ocupadas em Lisboa, ocupação de terras e fábricas, assembleias de moradores, professores, estudantes, caça aos colaboradores do regime anterior ... A própria Comissão Coordenadora do MFA perceberia, por seu turno, que sua existência já representava uma grave ruptura hierárquica no interior das Forças Armadas[6].

Um forte movimento urbano também se instalou em Lisboa[7]. As Comissões de Moradores foram mais ou menos radicais não devido à eventual participação de grupos de extrema esquerda, mas em função das conjunturas da Revolução e dos problemas objetivos que enfrentavam[8]. Estes eram locais e podiam ou não os situar numa feroz oposição à autoridade constituída.

A maneira encontrada para brecar as movimentações espontâneas foi uma aliança informal com a chamada esquerda: primeiro os comunistas e no final do processo, os socialistas. Inicialmente, o PS não era um partido estruturado no país, e dependia em grande parte da própria mobilização popular espontânea para aparecer à testa de manifestações públicas e se afirmar como força política significativa. Detinha o apoio externo da social-democracia europeia, mas era uma qualidade que só poderia render frutos a médio prazo, enquanto o MFA precisava ordenar um processo revolucionário e institucionalizá-lo a curtíssimo prazo.

A esquerda de cores mais radicais, além de ser muito fragmentada e com escassa inserção social, era na sua maioria oposta ao MFA ou oportunamente não tomava nenhuma posição, esperando uma definição do regime – só mais tarde uma parcela se destacará pela ligação

---

6. Isto ficou patente já no dia 25 de abril no diálogo entre o capitão Maia e o professor Caetano. Em suas memórias, Maia demonstra constrangimento ao dizer ao primeiro--ministro que havia generais no comando das operações, pois na verdade não havia.

7. Uma cisão dos Comitês Comunistas Revolucionários (CCRs) editou o jornal *O Combate*, repleto de informações sobre o tema.

8. Charles Downs, *Revolution at the Grassroots*, p. 117.

LINCOLN SECCO ✹ A REVOLUÇÃO DOS CRAVOS

com o setor militar liderado pelo major Otelo Saraiva de Carvalho. Vejamos suas ideias. Suas posições. Suas palavras de ordem. A Frente Popular de Libertação Nacional apoiou o 25 de Abril, mas o Partido Revolucionário do Proletariado declarou que "quem continua no poder é a burguesia". O MRPP – Movimento Reorganizativo do Partido do Proletariado definiu o 25 de abril como "golpe de Estado conduzido por um setor da oficialagem do exército colonial-fascista", chamando os capitães de abril de "abutres", "hienas" e "chacais"![9] As Comissões de Base Socialistas insinuaram que o novo governo era uma frente popular (como a chilena) que não rompia seu compromisso com o capitalismo, e a Liga Comunista Internacionalista considerou o golpe uma ação ainda tímida e lançou desde o início palavras de ordem para radicalizar as medidas revolucionárias, sem se comprometer com o novo governo[10].

Os grupos conservadores, postados à direita, talvez tivessem a seu lado toda uma história silenciosa e oculta de estruturas mentais e ideológicas que já caminhavam a seu favor. Veremos mais tarde. Por isso saudaram o novo regime, e assim o fizeram todos os movimentos monárquicos e até os políticos que futuramente integrariam o "ultradireitista" CDS – Centro Democrático Social. Os militantes da oposição liberal ao salazarismo reorganizaram-se no PPD – Partido Popular Democrático[11]. O PPD, contudo, por se aproximar do general Spínola, não conseguiu se legitimar perante os capitães.

Enquanto a ultraesquerda se apoiava numa linha ideológica de "poder popular" autogestionário de inspiração luxemburguista, trotskista, maoísta ou conselhista, o PCP apareceu como a garantia da nova ordem, o verdadeiro freio (quando "necessário") do movimento

9. *25 de Abril: Documento*, 1974, pp. 177-182.
10. *A Revolução das Flores (Documentos)*, pp. 251-258.
11. Hoje PSD (Partido Social-Democrata), era liderado por Sá-Carneiro – trata-se de um agrupamento de difícil definição, mais próximo do centro-direita, porém definindo-se pelo socialismo democrático; mas, *nota bene*, a Revolução impulsionou toda a política para uma viragem à esquerda, e até setores de direita passaram a defender, de forma oportunista, algum tipo de "socialismo".

operário e popular. Vejamos um documento. O seu Comitê Central declarou imediatamente após o 25 de Abril:

> O Comitê Central sublinha a necessidade de, em estreita cooperação com as Forças Armadas, aumentar a vigilância das forças democráticas e das massas populares. São igualmente perigosos o oportunismo de direita, que se manifesta na tendência para abdicar de objetivos fundamentais do movimento democrático e o esquerdismo que se expressa sobretudo na impaciência que não tem em conta a correlação de forças[12].

O próprio Cunhal, mais tarde, e como teremos oportunidade de ver, passaria a criticar os "excessos" praticados por alguns sindicatos, cujas reivindicações "exageradas" poderiam levar o país a uma espiral inflacionária, com repasse dos aumentos salariais aos preços. Além disso, como demonstrara a greve dos CCT (Correios e Telégrafos), o movimento sindical podia facilmente ser conduzido ao isolamento político (conforme dissera Cunhal no seu discurso de 22 de junho, no Porto)[13].

Assim como os capitães precisavam de um braço popular-civil enraizado na estrutura sindical, os comunistas ansiavam por um braço militar-revolucionário que os conduzisse ao poder, afinal, desde seu VI Congresso, em 1965 (conforme já o vimos), o partido definira a insurreição como caminho para a superação do salazarismo e rejeitara a política pacifista de outros comunistas europeus. Não é contraditório (nem paradoxal) que, uma vez ocorrida a Revolução, o partido se tornasse moderado o suficiente para atrair um setor importante dos capitães. Em seu VII Congresso (extraordinário), realizado em outubro de 1974, abrandou suas críticas à participação de Portugal na OTAN e suprimiu a expressão "ditadura do proletariado" do seu

---

12. *25 de Abril*, p. 176.
13. Este e outros discursos encontram-se na coletânea: Álvaro Cunhal, *A Revolução Portuguesa*, publicado no ano seguinte. Não se pode confundi-la com outra obra quase homônima de Cunhal (*A Revolução Portuguesa: Passado e Futuro*). Esta outra é o relatório que o líder comunista escreveu depois para o congresso do PCP.

programa[14]: o Partido comprometia-se, ao menos em seu discurso, com a democratização formal do país.

Isto mostra que a aliança entre comunistas e socialistas, celebrada em 1973, estava fadada ao fracasso, particularmente se entendermos os dois partidos (mais particularmente o PCP) numa evolução temporal lentamente ritmada, onde podemos discernir os traços de continuidade na sua dogmática ideológica. Os motivos eram evidentes: Portugal possuía o Partido Comunista mais ortodoxo, em termos doutrinários, da Europa Ocidental, adepto de um modelo de tomada do poder que partidos comunistas como o italiano, o espanhol e o francês tinham abandonado há muito tempo. Depois, era o único partido fortalecido no movimento operário, o que gerou na imprensa estrangeira, que cobria a Revolução, muitas especulações sobre sua real força política. Em menor medida, mas não para seus militantes, o Partido carregava a mística dos "santos" e "mártires" tombados na luta contra a ditadura. Nenhum grupo político sofreu tantas perdas quanto o PCP. Recorrer a essa "história" foi prática permanente dos comunistas, especialmente nos debates da Assembleia Constituinte, conforme se pode constatar nos seus anais[15].

Simultaneamente, Portugal possuía, na época, um Partido Socialista que, apesar da fraseologia revolucionária, estava muito mais propenso a uma política que o restante dos grupos de esquerda consideravam mais moderada do que a dos socialistas franceses ou suecos, por exemplo, e confessadamente inspirado no programa da Social--Democracia Alemã, aprovado nos anos 1950, em Bad Godesberg, quando este partido abandonou o marxismo e participou do jogo "democrático" de um país que proibia constitucionalmente a existência legal do Partido Comunista Alemão. O tempo da evolução ideológica dos dois partidos não era o mesmo dos acontecimentos

---

14. Eusebio Mujal-León, "The PCP and the Portuguese Revolution", *Problems of Communism*, n. 26, jan.-feb. 1977.

15. Refiro-me aos *Diários da Assembleia Constituinte*, os quais serão referidos mais adiante.

explosivos gerados pelo 25 de Abril. A história política caminhava mais rápido do que a ideológica. E teria que, em algum momento, ser brecada por outra história, mais profunda e menos espetacular. Além disso, o fato de se situarem na esquerda do espectro político não significava que socialistas e comunistas fossem substantivamente similares[16]. Ocupavam um espaço comum. Era só.

Não era essa a regra. Os partidos comunistas de diversos países adotaram, depois do XX Congresso do Partido Comunista Soviético, uma postura cada vez mais reformista aos olhos de seus críticos e inserida na ordem, a qual ficou conhecida como "eurocomunismo" e extrapolou seu contexto geográfico inicial para orientar o *aggiornamento* de comunistas de vários lugares. A postura política do Partido Socialista (amálgama de tradições socialistas somado à influência do SPD alemão) fez com que as duas forças políticas fossem obrigadas a se encontrar em dois tempos diferentes: um enganador por excelência, o do 25 de Abril, o do primeiro de maio, onde os partidos apresentaram-se unidos; o outro, o da longa noite salazarista, da guerra fria, do stalinismo, da Alemanha dividida, das dissensões históricas. Um encontro mais assemelhado a um desencontro. A convivência só era possível na oposição ao antigo regime. Naquilo que se esperava que fosse o novo regime, só havia um elemento que propiciava a colaboração: as Forças Armadas. Mais especificamente o MFA.

Apesar da crônica de uma divisão anunciada entre PCP e PS, eles compartilharam a tribuna do dia primeiro de maio, e foram seus líderes que se tornaram o objeto de análise biográfica dos principais jornais estrangeiros: Cunhal e Soares eram as personagens civis da Revolução e integraram o primeiro governo provisório nomeado pela Junta de Salvação Nacional. Era a confraternização geral.

---

16. "Os dois conceitos direita e esquerda não são conceitos absolutos. São conceitos relativos. Não são conceitos substantivos ou ontológicos. Não são qualidades intrínsecas do universo político. São lugares do espaço político. Representam uma determinada topologia política, que não tem nada a ver com a ontologia política" (Norberto Bobbio, *Destra e Sinistra*, p. 94).

Como já se disse, os partidos civis em geral, e os de esquerda em particular, eram essenciais para garantir a estabilidade política do novo governo. O 25 de Abril suscitou uma vaga de pedidos e exigências provenientes de baixo, o que as classes dominantes portuguesas consideraram perigoso. Aqueles que eram homens de bem e "de bens" na época salazarista viram-se à mercê de massas que lhes pareceram enfurecidas e que ocupavam as fábricas, as propriedades rurais e urbanas. A princípio, o governo apoiou as "massas populares" e reconheceu legalmente várias das suas ações, como foi o caso dos ocupantes de apartamentos no bairro de Chelas, depois de gigantesca manifestação em frente ao Palácio de Belém em 8 de maio. Mas a 11 de maio a Junta informou que não mais permitiria "ocupações abusivas de casas"[17]. Diante dessa situação, os comunistas não podiam, de nenhuma maneira, ficar fora do governo provisório. Eram necessários a todos, num momento em que a Revolução deixava de ser substantivo para tornar-se adjetivo. A Revolução tornava-se, nos discursos dominantes, ordem revolucionária, processo revolucionário em curso, situação revolucionária etc.

A Revolução adjetivava tudo e a todos. Mas ela não podia, por não ser de fato um substantivo sobre o qual houvesse uma definição consensual, esconder as discórdias. O governo, ainda que formado por vários partidos, era fortemente influenciado pelo general Spínola. O primeiro-ministro Adelino da Palma Carlos era um jurista conservador que logo se chocou com os capitães. Ciente das travas políticas e militares que cerceavam o presidente, Palma Carlos propôs a alteração da lei constitucional provisória emitida pela Junta, em acordo com o programa do MFA, que estabelecia prazos dilatados para a celebração de eleições de uma Assembleia Constituinte e só depois de presidente da república. O intuito era clarividente: submeter a referendo um projeto de constituição provisória elaborado pelo governo e eleger simultaneamente o presidente da República.

17. José M. Ferreira, "25 de Abril: Uma Revolução Imperfeita", *Revista de História das Ideias*, vol. 7, 1985.

O Conselho de Estado, nomeado sob influência do MFA, rejeitou a proposta. Um ponto de discórdia residia na velocidade da descolonização (os capitães exigiam rapidez enquanto o presidente desejava realizar plebiscitos nas colônias).

Outro elemento de divergência era a legitimidade do presidente, colocada em pauta pela proposta de antecipação das eleições. Esse ponto permite que nos aproximemos das ideias, esperanças e ilusões que se tinham a respeito da Revolução. Mas também da força (a curto prazo) que representava o movimento dos capitães diante de grupos socialmente dominantes, mas militarmente paralisados. Vejamos um exemplo. Um "fato". Houve uma certa reunião dos capitães. O coronel Vasco Gonçalves fez uma moção de crítica ao governo, e o capitão Vasco Lourenço, ao ocupar a tribuna, causou celeuma. Dois depoimentos "interessados" são esclarecedores porque as diferentes narrativas (e representações) de um mesmo "fato" foram feitas por duas personagens de tendências opostas. Um oficial "spinolista" do MFA, o major Sanches Osório contou que:

> O capitão Vasco Lourenço pediu então a palavra, começou por declarar: "reafirmamos todo o nosso apoio e confiança no general Spínola, mas ..." Neste momento o plenário irrompeu numa salva de palmas e nunca mais se conseguiu saber qual era o "mas" do capitão Vasco Lourenço[18].

Já outro oficial que se pretendia mais à esquerda, Diniz de Almeida, declarou:

> Vasco Lourenço a dada altura levanta-se e expõe com serenidade uma vez mais que "a confiança que depositávamos em Spínola não estava em causa, mas ...". Aqui o setor spinolista irrompe com uma salva de palmas que abafa as últimas palavras de Vasco Lourenço: "mas enquanto Spínola exprimisse o espírito do 25 de Abril, representado pelas várias tendências que formavam o MFA"[19].

18. José Eduardo Sanches Osório, *O Equívoco do 25 de Abril*, p. 63.
19. Diniz de Almeida, *Ascensão, Apogeu e Queda do MFA*, p. 114.

MUDANÇAS DE ESTRUTURAS?

A marcha dos acontecimentos, fugaz e vibrante, parecia cada vez mais aumentar sua velocidade para que a história pudesse usar e substituir os homens que realizariam seus desígnios. Líderes foram alçados à condição máxima, para depois serem devorados pela Revolução. Spínola era um desses. Sabia que poderia contar com o Portugal profundo, das águas silenciosas. Mas não era ele, aos olhos do povo, um revolucionário? Não tinha, aos olhos dos conservadores, se rendido aos rebeldes africanos? Não era um conservador travestido de revolucionário, na visão da esquerda? Onde poderia se apoiar? A resposta: no povo, essa "maioria silenciosa que não queria Portugal nas mãos dos comunistas". Spínola, homem forte do antigo regime, presidindo o "novo", não queria continuar como um monarca constitucional, presidente a dividir poderes com um primeiro--ministro que considerava radical em demasia.

A descolonização ganhou impulso poderoso sob o governo do primeiro-ministro Vasco Gonçalves. Ainda em julho de 1974 foi publicada a lei que estabeleceu o direito das colônias à independência[20]. Ali se declarava, em consonância com o programa do MFA, que a solução para o problema do ultramar era política e não militar. Mas entre a lei e a realidade ainda havia uma distância a cumprir. As resistências do presidente eram fortes. Ele teria de ensaiar sua noite de Varennes[21].

---

20. Lei 7/74 de 27 de julho, promulgada no dia anterior. Arquivo do Centro de Documentação 25 de Abril da Universidade de Coimbra.
21. No dia 2 de agosto Spínola visitou a base aérea de Tancos, comandada pelo seu amigo Rafael Durão, a quem "confessou-se" preocupado com a agressividade ideológica

A marcha descolonizadora prosseguiu[22]. O reconhecimento oficial da independência da Guiné-Bissau (26 de agosto) deve ter contrariado ainda mais aqueles que se opunham, na presidência, ao fim do colonialismo. O presidente passou a discursar à "maioria silenciosa", a qual não aceitaria, segundo os conservadores, "um governo comunista em Lisboa". Uma vez mais opunha-se Lisboa ao resto do país[23]. Mas o intuito dos que advogavam soluções federalistas, plebiscitárias, adiamentos ou quaisquer formas de descolonização diferentes daquela definida pelo MFA, não obteve sucesso: o poder acabaria sendo entregue aos movimentos guerrilheiros de esquerda que eram hegemônicos nas guerras de libertação em África. E em Portugal, Spínola cairia. O Movimento das Forças Armadas detinha, de fato, o poder político-militar do país e a renúncia do presidente fora apenas um acontecimento que corroborava isso.

AS "LUTAS DE CLASSES"

Se por um lado, o MFA considerava-se o braço armado da Revolução, por outro era o mais interessado na garantia da ordem. Semelhante ao tempo breve da República (1910-1926) os termos revolução e ordem misturam-se a todo instante nos discursos, entrevistas e análises políticas, particularmente depois da queda de Spínola. Afinal, a

de setores do MFA. Oito dias depois, o general chegou de helicóptero a um luxuoso hotel, situado nas montanhas de Bussaco, sobre o vale do rio Mondego, ao norte de Coimbra, onde talvez quisesse semear a dúvida com sua ausência inexplicável. Aqui estamos no campo das especulações; muitos alardearam posteriormente a existência da tentativa de um novo golpe, o de Bussaco: quinze dias depois circulou um documento contra a chamada "esquerda do MFA" assinado por muitos oficiais.

22. A extensão da citada Lei 7/74 às províncias ultramarinas foi feita em 8 de agosto (cf. Portaria 79/74, de 8 de agosto. Retificação publicada em: *Diário do Governo*, n. 179, ago. 1974).

23. Os partidários de Spínola marcaram para 28 de setembro uma marcha sobre Lisboa em apoio ao presidente, e que se dizia pacífica; naquele mesmo dia, militantes de esquerda ergueram barricadas que impediram o acesso da população do interior à capital. Mais de duzentas personalidades "suspeitas" foram presas e armas confiscadas (*Manchete*, n. 1173, Rio de Janeiro, 12 out. 1974).

ameaça militar passava a ser a da contrarrevolução. Assim, no discurso de Otelo Saraiva de Carvalho, referindo-se à necessidade de não se instaurar uma perseguição generalizada aos ex-integrantes da PIDE, o objetivo da Revolução passava a ser a "reconciliação nacional". Para isto tornava-se preciso defender a Ordem! E até combater greves!

Certo, as greves se multiplicaram depois de abril. Mas não eram uma especial novidade. De outubro de 1973 a abril de 1974 mais de cem mil trabalhadores fizeram greve. Entre o 25 de abril e o 28 de setembro (queda de Spínola) foram 734 greves no país. Mas o maior número ocorreu entre a terceira (87 greves) e a quarta semana (97) e, depois, na sexta semana (61 greves). Posteriormente, o número semanal de greves oscilou entre dez e 43. Na última semana de setembro ocorreram apenas quinze[24]. Essa diminuição foi assim explicada naquele momento por Álvaro Cunhal:

> Se não fosse a compreensão, pelos trabalhadores, de que a estabilidade econômica e a ordem democrática são elementos essenciais para fazer frente à reação e consolidar e fazer progredir o processo democrático, teríamos incomparavelmente maior número de greves. Muitas não têm lugar apenas por essa razão. Por isso é justo explicar em larga medida o abrandamento das greves, pela elevada consciência política da classe operária e das massas trabalhadoras[25].

Opunham-se, portanto, na visão dos comunistas, as tarefas políticas da classe operária aos seus interesses materiais imediatos. Mas em favor de quais outros interesses materiais imediatos? Vê-se que neste contexto, marcado por greves, mas não por uma ascensão incontrolável de movimentos paredistas, como à época se pensava, que os comunistas incorporaram com mais afinco o discurso da ordem. Até mesmo onde intervinham como membros de comitês de greves, não faltava este apelo à tranquilidade. Olhemos o caso da Lisnave (indústria naval). Foi o mais espetacular. Um documento da célula

24. Organizei tais números a partir de dados dispersos coletados por: Orlando Neves (dir.), *Diário de uma Revolução*, pp. 193-238.

25. *A Capital*, 28 dez. 1974, em Álvaro Cunhal, *A Revolução Portuguesa*, pp. 393-394.

do Partido Comunista Português na Lisnave falava (como sempre) em vigilância e unidade[26].

É verdade que o período do III Governo Provisório, iniciado em outubro, foi marcado pela ascensão das lutas populares. "Populares" diziam seus líderes. As comissões de trabalhadores iniciaram experiências autogestionárias em algumas empresas e várias greves foram convocadas, novas ocupações de casas em Lisboa, a exigência da reforma agrária... no fim de 1975 eram 25% da superfície arável de Portugal geridos por unidades cooperativas de produção: em tão pouco tempo era um fenômeno sem paralelo na Europa ocidental[27]. Aprovou-se ainda a lei da unicidade sindical a 13 de janeiro de 1975, propugnada pelo PCP, e que reconhecia na Intersindical, dominada pelos comunistas, a única central de trabalhadores legítima – o MFA buscava no PCP (que entre junho e setembro havia dobrado de tamanho e agora contava cem mil filiados) o instrumento de manutenção da ordem no efervescente "mundo do trabalho", tão propício a reivindicações salariais reprimidas.

Uma vez mais voltemos às alocuções. Às frases ditas por um comunista tão ortodoxo quanto o secretário-geral Álvaro Cunhal. Suas frases eram sintomáticas da adaptação que as exigências de "estabilidade" impunham à "revolução". Já em outubro de 1974, Cunhal declarara que algumas greves serviam muito mais à reação contra o governo provisório, do que aos trabalhadores[28]. Durante o VII Congresso do PCP (extraordinário), Cunhal disse que os trabalhadores deveriam evitar "reivindicações irrealistas". Para os trabalhadores, como repetiria Cunhal em dezembro de 1974, eram mais importantes a estabilidade econômica e a ordem democrática, mesmo que ao preço do "abrandamento das greves"[29]. No discurso de encerramento

26. Maria de Lourdes Santos, Marinús Lima e Vítor Matias Ferreira, *O 25 de Abril e as Lutas Sociais nas Empresas*, p. 124.

27. Michael Baum, "Autogestão e Cultura Política: O Impacto da Reforma Agrária no Alentejo 20 Anos Depois".

28. *Diário de Notícias*, Lisboa, 12 out. 1974.

29. *A Capital*, 28 dez. 1974.

na I Conferência Nacional Unitária de Trabalhadores, ocorrido no dia 2 de fevereiro de 1975, Cunhal foi mais explícito: "Pensam alguns que ser revolucionário é dizer palavras e fazer barulho. Mas nós vemos que ser-se revolucionário, neste caso, é defender os interesses das empresas, impedir que elas caiam"[30].

Apesar de toda essa contenção das direções sindicais comunistas, o ano de 1975 foi o acelerador da Revolução no campo econômico e social e das conquistas salariais, muitas vezes com o apoio dos comunistas, já que o PCP não podia, nem queria, frear toda e qualquer reivindicação trabalhista[31]. Mas sua prática e papel social de sustentáculo político do governo o levaria a tomar decisões de manutenção da ordem, como vimos. As mesmas palavras que Cunhal e outros dirigentes repetiam em fins de 1974 e início do ano seguinte persistiram meses depois na atuação constituinte do partido. Daí que a ideia de ordem estivesse, por esses tortuosos caminhos que as ideias às vezes percorrem, nas mãos dos ... comunistas! Eles seriam, mais tarde, na Assembleia Constituinte, contra a "liberdade de greve" e a favor do "direito de greve". A diferença bizantina escondia o interesse em restringir e regulamentar este "direito"[32].

A participação salarial no rendimento nacional saltou de 34,2% no ano imediatamente anterior à revolução para 68,7% ao seu final. Obviamente, as empresas reagiram, primeiro com a criação já em 1974 da CIP – Confederação da Indústria Portuguesa, hegemonizada pelo grande capital monopolista que em Portugal se reduzia a algumas famílias. São esses Champalimaud e alguns outros. Depois com a descapitalização das empresas. Além do crônico déficit comercial, o país passou a conviver com uma crise gerada por um déficit na balan-

---

30. *Avante*, 6 fev. 1976.

31. Lembremos que o PCP cresceu de 14 593 membros em abril de 1974, passando a 29 140 no 28 de setembro, para cem mil quando do golpe de 11 de março. Em fins de 1976 tinha 115 mil, o que revela que no período entre setembro de 1974 e março de 1975, interregno de aceleração do processo revolucionário, o partido conheceu o maior crescimento de toda a sua história (Álvaro Cunhal, *O Partido com Paredes de Vidro*, p. 175).

32. *Diário da Assembleia Constituinte*, 24 set. 1975.

ça de pagamentos, particularmente durante o IV e o V Governos Provisórios, no segundo semestre de 1975 – isso não costumava ocorrer antes porque a remessa de recursos dos emigrados para suas famílias compensava o permanente prejuízo da balança comercial. Aguentariam calados os empresários vendo de perto uma parcela maior da poupança social ser retida por aqueles que deveriam apenas trabalhar e auferir salários baixos?

Se internamente prevalecia a ideia de ordem, ainda que associada ao adjetivo ("revolucionária"), externamente as representações podiam ser outras. Os tempos eram distintos. Aqui, a Revolução com amplo apoio político; lá, as desconfianças dos governos ocidentais. Aqui, o inimigo era a sombra ameaçadora do passado salazarista; lá, era o comunismo sempre presente num Terceiro Mundo em disputa entre EUA e URSS, durante a segunda Guerra Fria. Internamente, o salazarismo era uma estrutura arcaica, mas externamente não fora sempre funcional para o capitalismo oligopolista internacional? A dúvida era: poderia um governo "democrático" continuar a ser funcional para o capital oligopolista nacional e internacional? Se a resposta era afirmativa, deveria haver uma segunda indagação: qual dos projetos localizados no interior da correlação de forças políticas interna deveria ganhar o respaldo dos Estados Unidos e da OTAN? Não desejamos (nem podemos) devassar as ações diplomáticas, confessáveis ou não, dos representantes dos interesses europeus e norte-americanos. Elas apaixonaram os discursos da época. E ainda apaixonam aquela história contemporânea investigadora, de detetives, muitas vezes aliada ao jornalismo. Deixemos estas representações para depois.

O que parecia é que Portugal evidenciava para o mundo que o caráter da sua Revolução poderia ser socialista. A imprensa internacional se alarmou com o que denominava "a bolchevização de Portugal", o "surgimento de um satélite de Moscou no extremo Ocidente da Europa" etc. Enquanto as pressões (ou apreensões?) internacionais se desenrolavam, um acontecimento acelerou ainda mais a política de suposta inspiração esquerdista do governo português: a

LINCOLN SECCO ❧ A REVOLUÇÃO DOS CRAVOS

tentativa de golpe militar, feita pela oficialidade spinolista, em 11 de março[33]. Começaria o verão quente.

VERÃO QUENTE

Em março de 1975 o MFA suprimiu a JSN e o Conselho de Estado colocando em seu lugar o CR – Conselho da Revolução, eleito e assistido pela AMFA – Assembleia do Movimento das Forças Armadas. Em abril foi assinado o primeiro pacto MFA-Partidos, e assumiu o IV Governo Provisório, o que aumentou as tensões político-institucionais do país por quatro motivos principais: sua composição representou uma viragem ainda maior à esquerda; separaram-se pela primeira vez a dinâmica revolucionária e a dinâmica eleitoral; radicalizaram-se as medidas econômicas de teor nacionalista; houve a divisão irreconciliável do MFA.

O estudo do que pensavam (ou diziam pensar) os agentes dessa grande história, dessas vicissitudes políticas tão enganosas é sempre revelador. A superposição de ordem e revolução continuava. Para o capitão Vasco Lourenço, o problema fulcral residia em como "continuar o processo revolucionário após a entrada em vigor da constituição política"[34]. Exibia lucidez política. O regime constitucional ainda não vigorava, mas as eleições diretas aconteceram. As primei-

---

33. Sob o pretexto inverossímil de que a esquerda preparava a "matança da páscoa" (onde executaria centenas de spinolistas e direitistas) um batalhão de paraquedistas, um grupo de oficiais da Guarda Republicana e alguns pilotos se sublevaram, sendo no mesmo dia detidos, e Spínola fugiu para Madrid e depois para o Brasil. Alguns jornalistas e memorialistas contestam a existência de uma tentativa frustrada de golpe, considerando "armação" da esquerda, mas hoje já parece comprovado que se tratava mesmo de um intentona precipitada contra o governo de Vasco Gonçalves, e que não fosse a rápida ação da V Divisão, que pôs em alerta os meios de comunicação e todos os centros militares do país, a manobra golpista poderia ter confundido muitos militares e até poderia ter triunfado. Um jornalista russo acusou a imprensa internacional, notadamente a inglesa, a norte-americana e a brasileira, de adiantar-se com a notícia do golpe, prevendo ou desejando a sua vitória (Vladimir Ermakov e V. Poliakóvski, *Encruzilhadas da Revolução Portuguesa*, p. 97).
34. Vasco Lourenço, em *MFA: Rosto do Povo* (entrevista a Vasco Lourenço), p. 31.

ras eleições livres para a ANC – Assembleia Nacional Constituinte ocorreram em abril de 1975. Os resultados surpreenderam o MFA e deram ao bloco civil-militar dos socialistas moderados um grande prestígio numa eleição em que votaram quase 92% dos eleitores com voto facultativo (vide tabela 8).

A estrutura do eleitorado português não condizia com opções revolucionárias, pois incorporava contingentes que não eram em si mesmos avessos às transformações sociais, mas pela circunstância histórica de submissão à ideologia salazarista por quase cinquenta anos, ao poder local, à estrutura familiar conservadora, às tradições rurais etc., optaram por valores como segurança e tranquilidade, em meio às incertezas da Revolução: entre os eleitores, predominavam os mais velhos (60% com mais de cinquenta anos), as mulheres (54%) e a população rural (38% da população eram analfabetos!)[35]. Ninguém mais desejava a "desordem". O próprio Vasco Gonçalves, ardoroso defensor da Revolução, saudou "a ordem e o civismo" que guiaram as eleições[36].

De qualquer forma, o fracasso do PCP revelou para muitos sua fragilidade até então desconhecida, por mais que o partido afirmasse ter sido vítima de uma situação em que os eleitores não estavam "preparados para votar" (mas quando estariam?). Instaurou-se o embrião de uma estrutura potencialmente dual, entre um poder real (o governo provisório apoiado pelo MFA, pelo PCP e pela Intersindical) e a Assembleia, onde as posições da burguesia e da pequena-burguesia estavam bem melhor representadas. Esta realidade não está nas interpretações posteriores nem na bibliografia. Encontramo-la na própria documentação da Assembleia Constituinte. Ouçamo-la!

Dissera um representante socialista, o Sr. Lopes Cardoso, naquela chamada "seção antes da ordem do dia", que antecedia os trabalhos dos constituintes e lhes permitia discursar com mais liberdade: "É contra a dialética marxista dissociar as realidades, dizendo-se: na

35. Beatrice D'Arthuis *et al.*, *As Mulheres Portuguesas e o 25 de Abril*, p. 19.
36. Vasco Gonçalves, *Discursos, Conferências, Entrevistas*, p. 358.

Assembleia elaboramos a constituição, lá fora o povo luta pelo socialismo". Notemos a linguagem "marxista". Pois até os que depois a esqueceriam precisavam legitimar-se com ela. Façamos o contraste com um deputado comunista. Preferiria elaborar uma constituição de acordo com a defesa do processo revolucionário em curso. Assim expressava-se o Sr. Otávio Pato, alto representante dos comunistas[37]. Aqueles que preferiam ver as decisões nas mãos dos militares atacavam a ideia de fazer a Assembleia "extravasar das suas funções, constituindo um instrumento de pressão política sobre o MFA" (deputado José Tengarrinha)[38].

Intenção esta que podia ser detectada nas palavras de Medeiros Ferreira, um socialista: "existem aqueles que por concepções elitistas ou até secretistas, preferem que as decisões sejam tomadas sem que o povo português delas possa ter conhecimento"[39]. Daí por que um deputado comunista ter acusado alguns de tentarem fazer da Assembleia Constituinte uma assembleia parlamentar![40] A disputa de ideias era sobre a dualidade de poderes. Sobre quem se sobrepõe a quem. Qual o poder legitimado. Tanto que outro deputado se insurgirá contra a paralisação e institucionalização da revolução promovida pela Assembleia[41].

Em verdade, não houve dualidade de poderes, naquele sentido que Lenin certamente daria ao termo. Houve aquilo que se chamou "Estado Dual"[42], onde o MFA de um lado e o governo de Spínola de outro representaram duas alternativas de transformação diante de uma máquina burocrática paralisada. O MFA promoveu o saneamen-

37. *Diário da Assembleia Constituinte*, 17 jun. 1975.
38. *Diário da Assembleia Constituinte*, 20 jun. 1975.
39. *Idem.*
40. *Diário da Assembleia Constituinte*, 11 jul. 1975.
41. *Diário da Assembleia Constituinte*, 16 jul. 1975.
42. Um analista afeto à ultraesquerda falou em dualidade de poderes nesse período, mas transpondo a situação da Rússia entre fevereiro e outubro de 1917 para Portugal, acreditando num duplo poder entre o governo e um poder popular "conselhista" formado por comissões de trabalhadores e de moradores, os quais encontravam alguma simpatia em membros do Copcon (Amadeu L. Sabino, *Portugal é Demasiado Pequeno*, pp. 23 e 137).

to de pessoas e não de processos burocráticos[43], de modo que o Estado assumiu novas funções na distribuição do excedente social tributado, no controle indireto da taxa de acumulação do capital social e até como administrador direto de empresas nacionalizadas, além de incorporar novos órgãos responsáveis por atender novas demandas da sociedade, mas no geral, sua estrutura fundamental permaneceu intocada, não sofrendo as propaladas transformações revolucionárias.

A chamada extrema esquerda, tanto militar quanto civil, respondeu à dinâmica eleitoral com a defesa da "legitimidade das armas" e o aprofundamento das medidas nacionalistas. E como se poderá ver, nem eles conseguiam ir além do nacionalismo. "Revolução" era sinônimo de defesa de interesses nacionais. O coronel Vasco Gonçalves decretou a nacionalização dos setores financeiro, de seguros, eletricidade, petróleo, transportes, siderurgia e cimento, expropriou latifúndios no Alentejo... a "nacionalização da banca" (estatização dos bancos) foi impulsionada, em primeiro lugar, pelos próprios trabalhadores bancários, que foram tomando paulatinamente o controle das instituições para impedir fraudes que pareciam chegar ao paroxismo[44]. Mas um deputado socialista, o Sr. Miller Guerra dizia, talvez sem o saber, que "[...] alguns falam em avançar a Revolução, mas em palavras, porque nos atos, eles procuram é fazer com que ela ande para trás"[45].

Divisões anunciavam-se. Não eram só conjunturais. Eram a consequência dos atos daqueles que desejavam mais do que a Revolução podia dar, diriam os socialistas mais moderados. No dia primeiro de maio, os comunistas impediram Mário Soares de falar no comício dos trabalhadores em Lisboa. No Movimento das Forças Armadas as tendências mais afeitas ao primeiro-ministro Vasco Gonçalves e

---

43. Boaventura de Sousa Santos, *O Estado e a Sociedade em Portugal (1974-1988)*, p. 34.

44. O sr. Champalimaud, por exemplo, constituiu um banco, em 1973, com 1,2 milhão de contos; os 37 milhões de contos que obteve na forma de depósitos, investia prioritariamente nas suas próprias empresas, negando a função principal do sistema financeiro numa economia saudável, que é a de financiar e dar crédito aos investidores produtivos (vide Josué Guimarães, *Lisboa: Urgente*, p. 82).

45. *Diário da Assembleia Constituinte*, 17 jun. 1975.

baseada no Serviço de Detecção e Coordenação de Informações e do serviço de extinção da PIDE-DGS) e aquela cuja maior parte integrava o Copcon começaram a se separar da ala que chamavam de "moderada". No mesmo mês de maio, o jornal *República* (nome sugestivo) foi ocupado pelos tipógrafos, e seu diretor socialista foi expulso. Em julho o *República* foi reaberto com um novo diretor nomeado pelo Conselho da Revolução. Com esse episódio o PS (seguido pelo PPD) abandonou o governo em protesto e utilizando do seu prestígio eleitoral organizou duas grandes manifestações populares no Porto e em Lisboa, em 18 e 19 de julho, respectivamente. É o início do que foi chamado "verão quente" da Revolução Portuguesa.

Pouco antes, diria o Sr. Miller Guerra, na Assembleia, que "a liberdade foi subjugada". A ideia de liberdade, contraposta aos que defendiam a continuidade do governo das Forças Armadas, tornava-se monopólio dos socialistas e liberais. Porque os outros precisavam adjetivá-la. Explicá-la. O deputado Sousa Pereira terá que dizer: "A liberdade tem de viver-se no concreto, isto é, a liberdade tem de ser claramente posta ao serviço da luta pela construção de uma sociedade justa"[46].

"Liberdade", mas sob certas condições. Vejamos o que pensavam os comunistas sobre a "liberdade de greve" que eles diferenciavam do "direito de greve". A ideia de liberdade, uma vez mais, era adjetivada, substituída ou mesmo negada pelos comunistas porque eles não podiam imaginar a liberdade de se atentar contra um "governo revolucionário". O partido deveria sempre, nas palavras de um constituinte comunista, "dizer à classe operária quando lhe parece que uma determinada greve é prejudicial aos interesses da classe"[47].

Ora, mas quando precisam incorporar uma ideia que foi monopolizada pelos adversários, os políticos perdem a iniciativa. Precisam adaptá-la. Mas nos discursos de socialistas e liberais a liberdade não é uma explicação. É, diria Gramsci, uma "ideia-força".

---

46. *Diário da Assembleia Constituinte,* 19 jun. 1975.
47. *Diário da Assembleia Constituinte,* 24 set. 1975.

Entretanto, o verão quente foi pintado como se fosse o terror jacobino. Nada mais falso. Problema maior persistia sendo aquilo que os agentes dessa grande história não podiam perceber. A não ser na forma explícita da "dualidade de poderes". Refiro-me à pluralidade de tempos. Que pode ser detectada nas ideias. Recorrentes. Cansativas. Nacionalismo. República. Revolução. Ordem. Liberdade. Europa. Império. Comunidade. Socialismo. Palavras que escondiam realidades persistentes. Semelhantes. A ação humana parecia impotente, às vezes. Vanguardas tomavam consciência do problema. Ao menos parcialmente.

Os oficiais que mais apoiavam o governo percorreram o país profundo e espalharam-se. Deram aulas sobre os partidos. Sobre política. Sobre o "novo" Portugal. Sabiam que o tempo da Revolução estava distante do interior. Um constituinte exaltou-se na crítica da "intenção da v Divisão de candidatar-se a vanguarda política"[48]. Mas a Assembleia Constituinte representava, para a esquerda mais radical, um retrato invertido do país. Nela, os interesses materiais da minoria da população tinham representação majoritária e os da maioria tinham apoio minoritário. Mas as eleições, por vias tortuosas são, como reconheceria Gramsci, um teste de hegemonia. E esta pertencia aos que preparavam mudanças formais. Não substantivas. As que vieram foram pela pressão das Forças Armadas.

Em consequência, os comunistas declaravam que as eleições nada tinham a ver com a Revolução, que Portugal não seria uma "democracia burguesa ocidental", com "liberdades democráticas e monopólios", e que "os comunistas não aceitam o jogo das eleições", nas palavras de Álvaro Cunhal. Dois dias antes da grande manifestação socialista supracitada, a esquerda restante participou nas manifestações das comissões de trabalhadores, sob a palavra de ordem: "Dissolução da Assembleia Constituinte Já!"; ainda que essa

---

48. *Diário da Assembleia Constituinte*, 14 ago. 1975. Fala do deputado Costa Andrade (PPD).

não fosse a posição oficial dos comunistas[49]. O PCP estava longe de ser aquele partido radical, que se preparava para a tomada do poder e a instalação de uma ditadura do proletariado no verão de 1975. Tratava-se de um partido em transição, ideologicamente circunscrito ao bolchevismo, forjado na militância clandestina, e politicamente modificado pela irrupção das massas de proletários rurais do Alentejo na sua estrutura organizativa. Os resultados eleitorais lhe deixaram explícito que, sem uma aliança do proletariado com setores médios da sociedade portuguesa (classes médias e pequena-burguesia), a revolução sofreria uma "viragem à direita".

O MFA, refletindo essa disputa na sociedade civil, também cindiu-se. O governo caiu no isolamento; o poder que se autodenominava revolucionário, que havia tomado medidas que pretendia considerar radicais, mas sem transformar o país num sentido socialista, permitiu que fosse possível uma recomposição político-militar de setores representativos dos empresários, do capital internacional e das camadas médias. Como sintetizou Vasco Gonçalves mais tarde: em todo o processo político português daquele período, não houve um poder revolucionário, mas sim revolucionários no poder!

Essa recomposição do passado começou a ganhar força com a emergência da corrente socialista moderada do MFA. Em resposta ao documento governista "Aliança Povo-MFA", os chamados moderados lançaram o "Documento dos Nove", baseado implicitamente na noção gramsciana de bloco histórico[50], e propugnando uma via "pluralista" e de lenta construção do socialismo – o

---

49. Josep Sanches Cervelló, *A Revolução Portuguesa e a sua Influência na Transição Espanhola*, p. 235.

50. Na terminologia gramsciana, bloco histórico é a unidade entre superestrutura e infraestrutura. Os grupos sociais precisam, para que haja um bloco histórico, mover-se dentro dos limites estruturais que lhe são impostos. Não podem ir além. Da mesma maneira, as alianças de classes e frações de classes para se compor um bloco histórico, bem como seu programa político, devem ser formulados em relação com os interesses materiais em dado momento histórico. Esse conceito foi usado para atacar aqueles que pretenderiam fazer alianças sem levar em conta o período em que se vivia ou que não desejavam aliança alguma.

próprio Melo Antunes[51] (um dos signatários) reivindicou publicamente essa "inspiração gramsciana"[52]. O mesmo conceito de "bloco histórico" foi reivindicado pelo deputado José Nunes[53]. A terminologia gramsciana, que na época começava a ser lida com as lentes mais moderadas do eurocomunismo, era uma alternativa àqueles que não queriam as palavras de ordem dos comunistas, mas também não pretendiam parecer contrarrevolucionários ou representantes da direita. Tanto no movimento dos capitães quanto na Assembleia Constituinte.

Mas aqui importam estes fatos pelo que eles trouxeram de significativo em termos de exposição de ideias. De manifestação de conflitos. O Copcon publicou um documento defendendo as nacionalizações, atacando os "nove" mas criticando também os comunistas e retirando o apoio ao governo – aliás, o próprio Otelo chegou a escrever, em agosto de 1975, um documento síntese das posições do Copcon e dos Nove, juntamente com Melo Antunes, aceitando a ideia da transmissão do poder aos civis, mas os oficiais copconistas rejeitaram esse acordo[54].

A intenção do governo, já arrostando o isolamento, pareceu ser a de ir até um ponto em que a descolonização e as "conquistas" do processo revolucionário se tornassem irreversíveis, mesmo que se seguisse (como de fato aconteceu) um governo "moderado"[55]. Na política de descolonização, o governo cumpriu o esperado. O inevitável, diriam outros: Moçambique, Cabo Verde e São Tomé e Príncipe se torna-

---

51. Melo Antunes fora um dos principais autores do Programa do MFA, escrito antes do 25 de Abril.

52. Ronaldo Fonseca, *A Questão do Estado na Revolução Portuguesa*, p. 212.

53. *Diário da Assembleia Constituinte*, 17 jul. 1975.

54. Este documento não foi divulgado, só se conhecendo um pobre resumo publicado num jornal da época (vide Jean Pierre Faye, *O Portugal de Otelo: A Revolução no Labirinto;* neste livro também estão os documentos antes referidos: "Aliança Povo-MFA", "Documento dos Nove" e "Documento do Copcon". Importantíssimos para a análise "discursiva" da Revolução).

55. Esta é a leitura de Ronaldo Fonseca, *A Questão do Estado na Revolução Portuguesa*, p. 206.

ram "independentes". Angola só depois: em novembro[56]. Timor Leste, onde Portugal procurou adiar a solução de independência, acabou sendo invadido e anexado pelo regime indonésio. No geral, Gonçalves tentou aprofundar a "via para o socialismo", propugnando sempre o compromisso efetivo do MFA com as representações políticas e sindicais. Era o que declarava. E também os seus críticos[57]. Não contrariava a hipótese de alianças dos trabalhadores com a pequena e a média burguesia[58], antes considerava-as parte de um bloco político, mas sob hegemonia dos que estavam em baixo.

O PCP não concordava com essa linha política de "radicalização" da Revolução num governo isolado, ainda que publicamente tivesse mantido seu apoio ao governo. Muitos "acusaram" o PCP de "oportunismo" e afirmaram ser o próprio Gonçalves um estafeta do PCP. Porém, a documentação que veio a lume posteriormente atesta divergências significativas entre o agrupamento político chefiado pelo coronel Vasco Gonçalves e os comunistas. Na reunião do Comitê Central do PCP em agosto, Álvaro Cunhal declarou que não apoiaria o governo se não houvesse sustentação político-militar suficiente para o seu funcionamento[59]. Enquanto o governo buscava o confronto, tido por inevitável, e tentava "acelerar o ritmo da Revolução", o PCP buscava o compromisso[60]. Outra fonte em que se pode lastrear a interpretação supradita é uma entrevista concedida pelo

---

56. Neste caso a independência se deu contra a vontade de Portugal, já sob o VI Governo Provisório entre o MPLA no poder e a Unita, apoiada pelos EUA, e pela intervenção sul-africana a partir já de 23 de outubro (o governo português reconheceu Angola em fevereiro de 1976).

57. Vide a crítica à celeridade da descolonização feita depois por um constituinte: *Diário da Assembleia Constituinte*, 3 set. 1975.

58. Vasco Gonçalves, "Discurso na Tomada de Posse do V Governo Provisório (8 ago. 1975)", *Discursos, Conferências, Entrevistas*, p. 358.

59. Álvaro Cunhal, *A Crise Político-Militar: Discursos Políticos-15*, p. 137. Para Maxwell, isso significou a ruptura do PCP com Vasco Gonçalves (Kenneth Maxwell, *O Império Derrotado*, p. 252).

60. Francisco Louçã, "A Vertigem Insurrecional: Teoria e Política do PCP na Viragem de Agosto de 1975", *Revista Crítica de Ciências Sociais*, n. 15-17, p. 158.

primeiro-ministro Vasco Gonçalves ao semanário belga *Hebdo 75* em outubro, logo depois da queda do seu governo. Perguntado sobre o PCP, Vasco Gonçalves disse:

> A situação atual do PCP é extremamente complicada e difícil. Participando de uma maneira ou de outra no governo, o PC entendeu que o inimigo principal não era a social-democracia, mas sim o fascismo. Esta ideia está na base da sua política. Mas uma questão que se põe e que se punha já no seio do V Governo é a de saber se devemos lutar pela realização dos objectivos socialistas ou se estamos numa fase na qual deve lutar-se prioritariamente contra o fascismo e a reação. Pessoalmente, penso que estas duas hipóteses quase se confundem. Neste momento é muito difícil distinguir entre os sociais-democratas e os reacionários de direita e os próprios fascistas, de tal modo se confundem. É esta a minha opinião em face das práticas dos diferentes grupos políticos[61].

ANÁLISES DE INTERESSES EXTERNOS: CRISE

As relações próximas de Portugal com a comunidade de países que tinham interesses (investimentos) a defender nunca cessou. Mas elas podem ser melhor avaliadas com a retirada das aparências representadas pela "radicalização" do governo depois de março de 1975. A queda de Vasco Gonçalves liberou aquelas relações da fraseologia revolucionária. Mas a conjuntura econômica também se fez valer. E em largo tempo, as próprias "economias", aqueles conjuntos geográficos e econômicos aos quais Portugal estava há muito vinculado, mesmo que, politicamente, não mais o quisesse. E para além das disputas programáticas no seio do MFA. É preciso lembrar que, no ano de 1975, as reservas cambiais estavam baixando perigosamente, tornando o país mais suscetível às decisões dos países ricos acerca de empréstimos para Portugal.

Aqui voltamos ao problema nuclear dessa história. Talvez de toda história, como diria Braudel. É possível mudar a sociedade pela vontade política? É permitido superar aquelas estruturas herdadas, aquelas rugosidades (para empregar uma expressão do geógrafo Mil-

---

61. Vasco Gonçalves, *Discursos, Conferências, Entrevistas*, p. 395.

ton Santos) que o espaço, primeiro, e as economias, depois, impuseram? Um dos "fracassos" do MFA foi não ter conseguido impulsionar uma política econômica de substituição de importações e diversificação das exportações, com o objetivo de diminuir a dependência que Portugal tinha frente aos EUA, Alemanha Ocidental, Grã-Bretanha e outros países da Comunidade Econômica Europeia[62]. Vontade houve de aumentar o intercâmbio com os países socialistas.

Vejamos o caso espetacular da greve da Lisnave. O estaleiro passou por um "saneamento" e teve em seus quadros de trabalhadores militantes de várias organizações de esquerda. Mas a greve, a ocupação e a retomada da produção enfrentaram aqueles problemas inevitáveis: como enfrentar o possível boicote de seus compradores? Como enfrentar a crise de demanda? Que pode a vontade política? Um relatório de abril de 1975 feito por uma comissão econômica da empresa citou a necessidade de procurar novos mercados nos países socialistas e no Terceiro Mundo. Mas quando se tratou de procurar suprimentos de carvão mineral (coque) voltavam-se os olhos para ... "acordos a firmar com Angola e Moçambique os quais são suficientemente ricos nestes materiais"[63]. Sim, as colônias, exportadoras de matérias-primas.

Vejamos também o caso do governo que se queria revolucionário. "Radicalizado" aos olhos de muitos e no mais sombrio isolamento internacional, o governo de Vasco Gonçalves tinha diante de si uma crise inevitável, pois teria que solucionar um célebre problema estratégico definido por Adam Przeworski: "[...] chegar à democracia sem morrer nas mãos dos que detêm as armas ou passar fome nas mãos dos proprietários dos recursos produtivos"[64]. Um constituinte perguntou: "Isolamento de uma vanguarda que avança a passo acelerado no caminho da Revolução?"[65].

---

62. Vide Rainer Eisfeld, "Sobre o Murchar dos Cravos", *Revista Crítica de Ciências Sociais*, n. 15-17, p. 132.

63. VVAA, *O 25 de Abril e as Lutas Sociais nas Empresas*, pp. 150-153.

64. Adam Przeworski, *Democracia e Mercado*, p. 77.

65. *Diário da Assembleia Constituinte*, 13 ago. 1975.

Se Gonçalves perdia a hegemonia no seio das Forças Armadas, também não contava com nenhuma simpatia do empresariado. A situação econômica e financeira de Portugal se agravava e corroía ainda mais as bases de apoio do governo, por mais que acreditasse que suas reformas de estrutura pudessem demonstrar bons resultados a médio e longo prazo[66]. O aumento dos custos de produção e a baixa dos preços de venda irava ainda mais a população do campo, particularmente os pequenos proprietários do Norte[67]. O déficit estrutural da economia portuguesa parecia irremediável depois da perda abrupta das colônias. A desvalorização da moeda nacional, o escudo, para estimular as exportações, não podia ser feita em grande escala numa economia que importava um quarto do seu produto nacional bruto, pois significaria gerar uma inflação monstruosa e encarecer as importações sem um correspondente aumento da produção interna.

No novo governo do almirante Pinheiro de Azevedo, a desvalorização cambial foi maior do que antes[68], e tinha por objetivo baratear a mão de obra (encarecida pelas conquistas salariais de 1975) e estimular investimentos estrangeiros, promovendo a recuperação capitalista em muitas empresas nacionalizadas[69]. Na Conferência para Segurança e Cooperação Europeias de Helsinque (ocorrida a primeiro de agosto), o presidente Ford, dos EUA, e Wilson, primeiro-ministro inglês, haviam condicionado qualquer ajuda financeira à

---

66. Em julho, as sementes de rações, adubos e pesticidas estavam 100% mais caros e os novos encargos da previdência rural sobre os pequenos proprietários agrícolas atingiam de 17% a 23%. O preço do leite, do gado, do trigo e dos cereais não compensava os gastos dos camponeses (vide *25 de Abril: Textos Cristãos*, p. 382, documentos).

67. Vide Claude Collin, "Révolution et Contre-Révolution dans les Campanges Portugaises", *Les Temps Modernes*, pp. 381 e ss.

68. Refiro-me aos dois governos anteriores (o IV e o V Governos Provisórios ainda sob a chefia de Vasco Gonçalves).

69. Até o V Governo Provisório, o escudo tinha se desvalorizado 7,4% em relação ao dólar; durante o efêmero V Governo desvalorizara-se 0,7%, e no VI Governo Provisório, desvalorizou-se 16%.

mudança interna da política portuguesa[70]. O governo cumpriu esses requisitos, de tal forma que o governo norte-americano e a Comunidade Econômica Europeia deram a Portugal uma ajuda de emergência[71], à qual se seguiram outros empréstimos[72].

COMO SE ACABA UMA REVOLUÇÃO

Mas a economia exige a força. No plano militar, o governo logo se preparou do ponto de vista operacional para enfrentar os desalojados do governo anterior e aqueles que ainda desfrutavam de posições importantes nas Forças Armadas e não o apoiavam, criando a 25 de setembro o AMI – Agrupamento Misto de Intervenção (paraquedistas, fuzileiros, comandos[73] e duas companhias de cada força, rotativamente), extinto oficialmente em 20 de novembro mas não de fato, passando a atuar por algum tempo ainda na sede dos comandos na Amadora.

A oposição atacou-o violentamente: em setembro grandes manifestações da Associação dos Deficientes das Forças Armadas, greve da construção civil... A informação permanecia nas mãos da chamada esquerda militar. Um deputado, Freitas do Amaral (CDS) falou em "crise de autoridade"[74]. O governo declarou-se em "greve", impotente para governar do ponto de vista militar, e pediu providências para o exercício da sua autoridade legal. Um grupo de oficiais das Forças Armadas lançava o "Manifesto dos 18", pedindo a substituição da Assembleia Constituinte por uma "assembleia popular nacional", baseada no "poder popular armado".

---

70. Rainer Eisfeld, "25 de Abril e a Política Externa", *Revista Crítica de Ciências Sociais*, n. 11, p. 112, maio 1983.

71. Kenneth Maxwell, *O Império Derrotado*, p. 189.

72. As pressões internacionais sobre Portugal eram compreensíveis: após 29 de maio de 1972, quando Nixon e Brejnev assinaram uma declaração de princípios, o clima pacífico não durou muito, iniciando-se uma nova etapa de conflitos tópicos entre as duas superpotências, a partir da Guerra do Yom Kipur, em 1973, onde as revoluções dos anos 1970 integraram a segunda Guerra Fria (vide Eric Hobsbawm, *Era dos Extremos*, p. 439).

73. Os comandos são forças de combate leves, não blindadas, destinadas à ofensiva tática.

74. *Diário da Assembleia Constituinte*, 30 set. 1975.

A autoridade sobre o exército era o que mais preocupava o governo. Tinha razão. O Copcon, como já vimos, era quase independente da vontade política do primeiro-ministro e do presidente. Poderia continuar a sê-lo indefinidamente, superando toda uma mentalidade existente há muito no exército? O governo estava sem autoridade militar completa no país, o que levou alguém a arriscar a hipótese de que a burguesia estava virtualmente sem exército[75]. Estava mesmo? Poderia um governo aceitar perder sua razão de existir, ou seja, o monopólio legitimado da violência?

Na madrugada de 24 de novembro de 1975 houve uma sublevação militar. Felizmente interessam-nos aqui as versões. Os relatos. O relatório feito posteriormente pelo governo declarou que Otelo Saraiva de Carvalho ordenou a rebelião. Os militares profissionais e aqueles de matiz mais moderado organizaram-se para rechaçar a revolta antes mesmo dela ser efetuada, reunindo-se no quartel de regimentos da Amadora, posto de comando central da chamada Operação Vermelho 8. Lá não estavam membros importantes do MFA: a ação contrainsurgente que se preparava não era comandada operacionalmente pelo chamado Grupo dos Nove[76]. Depois, tanto Vasco Lourenço quanto o presidente Costa Gomes viram-se contrariados[77] e assistiram passivamente à passagem do comando militar e político da situação ao conservador Ramalho Eanes.

O que foi a sublevação? Os acontecimentos foram tão poucos. As implicações foram vastas. Na manhã do dia 25 de novembro, as unidades de paraquedistas de Tancos, depois de suportarem semanas de provocações e ameaça de extinção, ocuparam quatro bases aéreas. Em seguida tropas da Escola Prática de Administração Militar tomaram os estúdios de TV (sempre a disputa pelos meios de comunicação!). Os "paras" de Tancos eram reconhecidos pelo profissionalismo. Preparados para serem transportadas e lançadas de avião, as

---

75. José Luís Saldanha Sanches, *O MRPP: Instrumento da Contra-Revolução*, p. 137.

76. Jean Pierre Faye, *O Portugal de Otelo: A Revolução no Labirinto*, p. 292.

77. Paulo Moura, *Otelo*, pp. 327-330.

tropas de paraquedistas também podiam se comportar como tropas que combatem em terra como infantaria de assalto.

O Ralis (Regimento de Artilharia de Lisboa), onde havia oficiais afetos ao PCP, era chefiado pelo capitão Diniz de Almeida. Este ocupou a autoestrada do Norte e o aeroporto de Lisboa. Às 14 horas os sublevados foram intimados à rendição[78]. Movimentações de oficiais próximos ao Partido na EPAM e a inquietação na PM apenas se associaram à recusa dos dirigentes comunistas em permitir a saída dos fuzileiros dirigidos pelo Partido e a entrega de armas pedidas pelos seus militantes[79]. Eis tudo! Mas a reação foi maior do que a ação. Estado de emergência em Lisboa. Estado de sítio no país. Suposta espera da entrada dos fuzileiros navais na contenda para desequilibrá-la a favor dos supostos revoltosos[80].

Pouco a pouco, porém, as forças oficiais foram retomando as posições rebeldes, além de terem se preocupado, desde o início, com o domínio dos meios de comunicação social (como no 25 de Abril), elemento estratégico indispensável para o seu sucesso. Com o controle da informação audiovisual, o governo retomou a ofensiva e se legitimou perante a população como a força representante da legalidade instituída[81]. A legalidade, entretanto, era a revolucionária. A "verdadeira". Os outros eram os "sediciosos", "golpistas". Disputava-se ainda a ideia de "revolução"... Dizia um deputado socialista na Assembleia: "Apoiar as forças das autoridades revolucionárias e dos chefes militares não sediciosos, no sentido de jugularem a revolta, empregando para tanto os meios necessários"[82].

---

78. *Apud* Avelino Rodrigues, Cesario Borga e Mario Cardoso, *Portugal Depois de Abril*, p. 281.

79. Raquel Varela, *A História do PCP na Revolução dos Cravos*, p. 343.

80. Max Wery, *E Assim Murcharam os Cravos*, p. 180.

81. O artífice da contenção do golpe foi o até então desconhecido tenente-coronel Ramalho Eanes (expressão da ala *profissional* das Forças Armadas, mais conservadora), que se tornaria em breve general e presidente da República.

82. *Diário da Assembleia Constituinte*, 26 nov. 1975.

O controle da informação foi crucial. E serviria mais tarde para se criar uma narrativa dos fatos. Uma versão dominante. Conforme Perrone:

> O que é importante notar é que, enquanto em Cuba, Chile e em outros países o jogo político teve como centro a disputa do controle da infraestrutura econômica, açúcar ali, cobre aqui, reforma agrária ali, bancos aqui, em Portugal a luta pelo controle dos *mass-media* chegou a deixar em posição secundária os problemas econômicos[83].

Como afirmou Vasco Gonçalves, o dia 25 de novembro coroou longo processo de mudança da correlação de forças militar e assumiu os contornos de uma provocação e de um golpe contrarrevolucionário.

ESTRUTURAS E PERMANÊNCIAS

Portugal não revolucionou as estruturas profundas de sua organização socioeconômica. As profundidades de uma crise bissecular pediram o paroxismo da Revolução, mas não permitiram que um novo padrão de acumulação e de desenvolvimento (socialista ou outro) se impusesse. A democracia liberal, que Portugal nunca havia conhecido de fato, esta sim se instalou, e o liberalismo e o republicanismo do século XIX precisaram, paradoxalmente, da retórica socialista para se implantarem.

Também estava, certamente, ajustado às ondas que levavam os países do sul da Europa a superar os resquícios de regimes fascistas em direção à democracia parlamentar. Grécia e Espanha caracterizaram-se por formas relativamente pacíficas e negociadas de transição. Nessa unidade geográfica e quase política do sul europeu, a Itália, menos por suas tímidas e tardias pretensões imperiais e mais por sua derrota na Segunda Guerra, associada a uma resistência interna, abandonou o regime fascista uns trinta anos antes. Portugal fez-se singular nessa nova onda de abandono dos remanescentes regimes

---

83. Fernando Leite Perrone, *A Luta pelo Controle da Comunicação Social em Portugal*, p. 15.

dos anos vinte e trinta. E aqui mais do que nunca a "tripartição" do tempo se faz valer.

Em termos de longa duração, foi sua natureza imperial e metropolitana que o singularizou frente a Grécia e Espanha (esta havia deixado há muito seu sonho imperial depois dos golpes sofridos em 1898, na mesma época em que Portugal conseguia manter e organizar seu império africano apesar da corrida neocolonialista que envolvia países mais poderosos como Alemanha, Inglaterra e França). Já vimos anteriormente em que condições Portugal manteve suas colônias. Em termos conjunturais (média duração), mas devido a sua natureza imperial, Portugal viu-se envolvido numa guerra. A impossibilidade de vencê-la só lhe dava a perspectiva de uma solução política (negociada) com as guerrilhas. Mas a solução negociada externa só era possível com a solução de ruptura interna, posto que os interesses que se opunham ao fim do colonialismo eram dominantes no aparelho de Estado.

Por isso, na curta duração dos acontecimentos aqui apresentados, só uma revolução de cores radicais e socialistas (as cores da época) poderia realizar a tarefa "liberal" e "democrática" que nos outros países se concretizou sem os disfarces da linguagem e sem as esperanças dos revolucionários. A articulação do fator exógeno (guerra colonial) com o endógeno (Estado corporativo) mostrou que o externo não se impunha senão através de contradições internas. Portugal era um império periférico envolto por interesses e relações internacionais que não controlava. Mas essas relações nunca poderiam conduzi-lo sem aqueles elementos de longa duração inscritos em sua história. Sem a forma ideológica que acompanhava o país desde o século XIX. Para lembrar Marx diríamos que a Revolução Portuguesa precisaria ter tirado sua poesia do futuro e não do passado...

A institucionalização do "regime democrático" exigiu um verdadeiro trabalho detalhado dos militares que não aceitavam um retorno a um regime político parecido ao anterior. Cabe lembrar que o 25 de novembro provocou o "Portugal profundo", e uma vaga contrarrevolucionária e anticomunista impressionante tentou erguer-se, a tal ponto que o próprio governo teve que resistir, no dia 25 de novembro, ao recrudescimento da reação militar contra a esquerda por parte daqueles que lhe exigiam mais rigor. O suposto comprometimento comunista na insurreição levou o Centro Democrático Social – CDS – a pedir a saída dos comunistas do VI Governo Provisório e reivindicar seu direito de entrar no lugar do PCP. O PCP (ML) pediu "prisão para Cunhal e seus lacaios", outros falavam em jogar os comunistas ao mar, em colocá-los na ilegalidade. Foi simbólico o momento em que Melo Antunes foi à televisão para afirmar que a democracia exigia que os comunistas nela tivessem seu papel...

Apareceram posteriormente acusações infundadas de que o PCP teria amanhecido no dia 25 de novembro com a saudade da Revolução perdida e que teria mobilizado militantes armados, só à noite recolhidos[84]. Teria sido um recuo do Partido em troca da manutenção de sua legalidade. É difícil acreditar em tamanho amadorismo.

Para muitos analistas estrangeiros o PCP fora apenas correia de transmissão da política exterior soviética, que estava interessada mais na África do que em Portugal. Parcela de razão talvez a tenham. O império esfacelado era maior que o retângulo continental, e interesses das superpotências dirigiam-se muito à África lusófona, já o vimos. Uma vez obtida a independência de Angola, a 11 de novembro, a atitude dos comunistas teria se tornado mais moderada? Bem, não se deve reduzir as oscilações do comunismo português apenas a decisões exteriores ao partido. O PCP era decididamente pró-soviético, mas não se alinhava inteiramente à linha pacifista adotada no XX Congresso do PCUS.

Tudo isso mostra tanto a interferência das razões de Estado da antiga União Soviética na política interna portuguesa através dos comunistas. Fatores endógenos e exógenos foram determinantes na política desse Partido. Se há um equívoco sério cometido pelos co-

---

84. Maria I. Rezola, *25 de Abril: Mitos de uma Revolução*, p. 260.

munistas portugueses, como já se disse aqui, foi confiar inteiramente na força das armas e na capacidade revolucionária imanente das massas, negligenciando a real distribuição de forças políticas do país[85].

Depois da queda de Vasco Gonçalves e, principalmente, posteriormente ao 25 de novembro de 1975, a correlação de forças militar já não era favorável ao comunismo. Oficiais e soldados considerados radicais foram licenciados, expulsos, transferidos, emigrados, presos, passados à reserva e perderam também seus representantes no Conselho da Revolução. Unidades tidas como garantes da Revolução foram suprimidas ou saneadas. A extrema direita incendiava os ânimos da população rural do Norte de Portugal. Muitas sedes do PCP em todo o país foram incendiadas ou destruídas (lembre-se que a Revolução Portuguesa foi um fenômeno urbano num país camponês, de modo que muita gente propunha a separação de suas regiões do país caso triunfasse um governo comunista em Lisboa, como foi o caso dos separatistas dos Açores!)[86].

Mas os comunistas, tivessem ou não sido adeptos de uma visão leninista e de um calendário mais demorado para o fim do governo militar-revolucionário, aceitaram a entrada rápida do país na "normalidade constitucional". Dir-se-ia "republicana". Ou liberal se se preferir. Nada que não se tivesse projetado nas mentes radicais do século XIX. O 25 de novembro preparou a eliminação da componente militar da Revolução, a partir daí a democracia política começou a ser implantada gradualmente. A 26 de fevereiro de 1976, com a assinatura do segundo pacto MFA-partidos, reafirmaram-se as garantias de autonomia da assembleia constituinte e um sistema pluralista e formalmente democrático.

---

85. Eric Hobsbawm, *Estratégias para uma Esquerda Racional*, p. 134.
86. A importância militar dos Açores residia no fato de que a sua base aérea fora vital como ponte da aviação americana com destino a Israel. Recentemente havia acontecido a Guerra do Kippur.

5. As Armas

Em circunstâncias revolucionárias, muito mais do que em circunstâncias normais, os destinos dos exércitos refletem a verdadeira natureza do poder civil.

KARL MARX[1]

OS EXÉRCITOS NÃO ESTÃO FORA da sociedade civil. Ao menos fora de suas correntes sociais e ideológicas. Seu meio de recrutamento é essa própria sociedade civil. Entretanto, eles obedecem aos seus Estados, à sociedade política *stricto sensu*. Não são institutos privados de hegemonia. São partes do aparelho repressivo. Além disso, os avanços da ciência militar e das tecnologias aplicadas à guerra especializam cada vez mais o militar profissional, alimentando uma autoimagem de um grupo profissional específico separado da sociedade ou das classes sociais. O aprendizado desses avanços da ciência militar tocava, naturalmente, a situação dos oficiais de carreira. Não só a instrução militar se tornou mais complexa. Mas também a administração de contingentes humanos e recursos materiais em quantidades crescentes. Na França, foi a Escola Superior de Guerra, fundada em 1875, que deu aos oficiais a formação necessária para o comando de grandes unidades[2]. Não é preciso notar a data. A fundação dessa escola foi uma reação a Sedan. Uma resposta à derrota na Guerra Franco-Prussiana.

Esse fator de complexidade das tarefas profissionais dos militares deve ser mitigado para o caso português em virtude do menor nível técnico de suas forças armadas ao longo do século XX. Mas

1. Karl Marx, *Revolução Espanhola*.
2. Vincent Monteil, *Les Officiers*, p. 33.

ainda assim não deve ser ignorado, na medida em que os militares portugueses se submetiam às diretivas da OTAN (Organização do Tratado do Atlântico Norte) e aos seus pretendidos propósitos de modernização.

De toda maneira, a especialização alterou os fundamentos da autoridade e da hierarquia militares. Também aqui, a persuasão e a qualificação se fizeram valer no seio das organizações militares. Esse é o primeiro fator de incidência da evolução geral da sociedade sobre o meio militar. Em Portugal, o Movimento dos Capitães surgiu como uma iniciativa da oficialidade média que exigia a incorporação dessa persuasão à autoridade militar de cariz tradicional. Veremos como depois do 25 de Abril o Movimento das Forças Armadas reivindicará uma autoridade baseada em princípios mais modernos de administração e gestão, sem abdicar do espírito de corpo, ainda que a linguagem fosse a da política: "As relações entre os quadros dirigentes e as tropas, entre superiores e inferiores, entre esta e aquela parte do exército, são relações de solidariedade entre camaradas, que se baseiam na igualdade política e na fraternidade"[3].

Outro fator de incidência da evolução geral da sociedade sobre as Forças Armadas é a mudança do meio social de recrutamento. Gaetano Mosca advertiu que "a ampliação da base social da oficialidade só serviria, em sua opinião, para ativar na instituição militar aqueles conflitos que atuavam na sociedade em geral"[4]. Aqui é preciso responder a duas questões: *1*. Houve essa mudança na base de recrutamento em Portugal? *2*. Essa mudança teve expressões políticas?

Em Portugal, essa alteração foi nítida na segunda metade do século XX, como atestam as análises sociológicas do movimento dos capitães e as citadas memórias de Otelo Saraiva de Carvalho, que narram uma mudança de perfil e de sentimento de pertença de classe nos oficiais. Um levantamento estatístico revelou que os membros

3. *Movimento: Boletim Informativo das Forças Armadas*, n. 25, 14 ago. 1975.
4. Morris Janowitz, *O Soldado Profissional*, p. 251.

do movimento dos capitães eram, do ponto de vista sociológico, filhos da pequena-burguesia e das classes médias de um modo geral (alguns da classe operária). Nascidos nos anos 1940 (portanto jovens na faixa dos trinta anos) e com mais de duas comissões militares na África (no caso dos majores).

Uma maioria relativa (39,4%) provinha de famílias de servidores públicos, e um outro conjunto significativo pertencia às camadas menos favorecidas: proletários rurais, operários, empregados do setor terciário, artesãos etc. (20,5%). No início de 1974, havia 4165 oficiais permanentes no exército; desse total, 703 participaram do golpe (16,9%). Dos participantes, 73,82% pertenciam à infantaria e artilharia e 80,8% eram capitães e majores[5]. Dos 4165 oficiais do MFA, 51% eram de origem rural. Mas se usarmos a dicotomia cidade/ província, esta fornece 70,5% dos oficiais. Isso porque muitas cidades não diferem de seu meio rural circundante, deixando de lado a região de Lisboa e as cidades de Porto e Coimbra[6].

Esse fenômeno de eliminação do monopólio aristocrático do quadro de oficiais teve seus paralelos na Europa: "Na Europa Ocidental, à medida que a qualificação tornou-se a base para recrutamento e promoção, o monopólio aristocrático da oficialidade diminuiu"[7].

A segunda questão, já amplamente discutida anteriormente, merece novas ilações. As estruturas não se tornam superestruturas sem mediações. No campo das ideologias, os militares adquiriram consciência de seus dilemas, mas nem por isso essas ideologias eram a pura expressão daquilo que queriam. Daí por que foi tão fácil, para alguns, usar e abandonar uma linguagem socialista. E condenar à derrota aqueles que preferiram ser partidários mais da Revolução do que da instituição. A própria honra militar (ou o sentimento dela) é fator inibidor de ligações políticas.

---

5. Aniceto Afonso e Braz Costa, "O Movimento dos Capitães", *Revista Crítica de Ciências Sociais*, n. 15-17, pp. 104 e 109-110.
6. Avelino Rodrigues *et al.*, *O Movimento dos Capitães e o 25 de Abril*, p. 297.
7. Morris Janowitz, *O Soldado Profissional*, p. 18.

O general Spínola, em carta a Marcello Caetano, lembrou-lhe que lhe competia "defender a integridade da nação", mas não deixou de acrescentar: "salvaguardar o prestígio das Forças Armadas"[8]. No primeiro caso ele falou como mandatário político, nomeado pelo poder civil. No segundo, falou como chefe militar corporativo. Conhecemos a evolução do Movimento dos Capitães, já anteriormente discutida. Desde o primeiro encontro em 1973, nos arredores de Évora, até o seu fim, depois do 25 de novembro de 1975. O Movimento não era de todos os oficiais, mas daqueles de carreira. Não era de conscritos. Aos olhos daqueles, estes degradavam seu ofício profissional, a sua autoestima[9]. Uma vez mais é o problema do profissionalismo, da dignidade profissional o motivo básico.

Como já se discutiu anteriormente, houve um fenômeno de transmutação de interesses corporativos em questão político-ideológica. Mas como explicar essa catarse? Forças sociais são capazes de mover assim os indivíduos sem que eles as compreendam no exato momento em que estão atuando? Oficiais acostumados a obedecer faziam um movimento alheio à alta oficialidade. Quase todos capitães e tenentes. Poucos majores. Nenhum general. Pouco adiantaria acompanhar trajetórias pessoais. Elas seriam reveladoras.

Comecemos pelas exceções. Elas confirmam uma regra. O coronel, depois general Vasco Gonçalves já era um quase comunista antes de abril? Um jornalista, Carlos Coutinho, num rápido passar de olhos na residência do general logo depois da queda do seu governo, inventariou sua curiosa biblioteca:

> Não fiz um inventário de títulos, mas julgo que não engano o leitor se lhe disser que a História era o gênero mais substancialmente representado e logo seguido pela economia, pela filosofia e pelo ensaísmo político. Reparei em edições francesas e inglesas de Marx e Engels sublinhadas e anotadas há muitos anos. Constatei o mesmo noutras obras e apontei desordenadamen-

---

8. Marcello Caetano, *O 25 de Abril e o Ultramar: Três Entrevistas e Alguns Documentos*, p. 107.
9. Samuel Edward Finer, *The Man on Horseback*, p. 227.

te nomes como Kant, Leibniz, Comte, Descartes, Lukács, Gramsci, Lenin, Althusser (em francês), Plékhanov, Armando Castro, Hegel, Fernão Lopes, Basílio Teles, José Tengarrinha, Herculano, Oliveira Martins, Rebelo da Silva, Jaime Cortesão, António Sérgio, António José Saraiva, Garaudy, Álvaro Cunhal e Henri Lefebvre. Também havia livros de Mário Soares publicados e lidos antes do 25 de abril de 1974. Senti inveja por pesadas coleções de revistas especializadas de filosofia, história e economia. Retive os títulos de *la Pensée*; *Sciences Sociales e Economie Politique*. A *Vértice* e a *Seara Nova* também lá estavam comprimidas por cima e pelos lados por calhamaços amarelecidos com o tempo e de lombadas esbeiçadas pelo manuseamento. No que respeita à literatura propriamente dita, vi uma seara imensa de romance, novela, conto, poesia e tomos vários de teoria e ensaio. À medida que passava os olhos pela desordem das prateleiras, fui descobrindo Cervantes, Eça de Queiroz, Aquilino Ribeiro, Antônio Vieira, Shakespeare (em inglês), Gil Vicente, Diogo do Couto, Cavaleiro de Oliveira, Faure da Rosa, Tolstói, Steinbeck, Brecht, Mario Sacramento, Aragon, Redol, Carlos Oliveira, Manuel da Fonseca, Balzac, Dostoievsky, Faulkner, Roland Barthes e muitos outros autores nacionais e estrangeiros que seria ocioso enumerar[10].

A biblioteca de Vasco Gonçalves é eclética. Ele lê do conto à teoria. Mas revela duas vertentes: o conhecimento do marxismo e de análises concretas da realidade portuguesa. Otelo Saraiva de Carvalho também revelou em sua autobiografia as leituras dos revolucionários africanos e de teóricos da guerrilha, como Mao e Guevara, que ele fazia. Até mesmo em função de suas tarefas no teatro de guerra africano. O capitão Maia, protagonista do 25 de Abril, não era um militar comum, dirão muitos. Era, talvez, mais "politizado" do que devia, estudante que era de ciências sociais. Mas eram exceções. E essas leituras não foram as determinantes na evolução política dos capitães depois do 25 de Abril.

O major Otelo Saraiva de Carvalho, principal organizador do golpe de Estado quisera ser um ator... assim também se diz que Barnave tornou-se revolucionário na França depois que sua mãe foi expulsa do lugar destinado à aristocracia num teatro... Mathieu, o

---

10. VVAA, *Companheiro Vasco*, P. 23.

historiador da grande Revolução Francesa, saberia integrar este fato numa narrativa dotada de sentido. Mas não são estas trajetórias que nos importam aqui. O que estava em jogo não eram somente carreiras individuais, mas a sobrevivência institucional das Forças Armadas. O singular é que só a média oficialidade pôde arriscar tudo para preservar o corpo militar. Porque só ela chegou à conclusão que precisava recuperar legitimidade social.

Vejamos pelos resultados. Se é verdade que toda a vertente revolucionária do Movimento das Forças Armadas foi afastada ou expulsa das Forças Armadas depois do 25 de novembro (e outros passados à reserva), os próprios líderes ditos moderados do MFA também não assumiram o controle das operações do 25 de novembro (como se pode ver no capítulo 4) e muito menos os postos militares mais importantes do país posteriormente.

O típico intelectual militar que foi Melo Antunes serviu para dotar o socialismo mais moderado de um discurso político-militar. Mas foi Ramalho Eanes o presidente da República escolhido pelos portugueses. O intelectual militar (e uma parte ponderável dos capitães o eram ou aspiravam a sê-lo), assim como os militares bastante "politizados" vinculam-se atividades especificamente intelectuais ou políticas. Seus contatos sociais são maiores nos meios civis (universitários no primeiro caso e políticos no segundo). O intelectual militar, para citar Janowitz, "é geralmente rejeitado, ou não recebe preparação para os postos máximos de comando, como seria o caso na sociedade civil. Sua posição é essencialmente consultiva, mas, no meio militar, a posição consultiva está institucionalizada e aceita"[11]. Também poderíamos ver na biografia pessoal do capitão Salgueiro Maia (o protagonista da rendição de Marcello Caetano no Quartel do Carmo), estudante de ciências sociais, depois voltado à museologia, um típico aspirante à condição de intelectual militar.

---

11. Morris Janowitz, *O Soldado Profissional*, p. 412.

DINÂMICA REVOLUCIONÁRIA E ESTRUTURA MILITAR

Eram intelectuais ou engajados os militares mais atuantes do MFA. E a eles nem sempre foi perdoada a audácia de passar das ideias (ou dos sentimentos) à ação revolucionária.

A Revolução era em si e por si mesma uma quebra de hierarquia. Sua justificativa para tanto era a "reconquista do prestígio das Forças Armadas". Portanto, a defesa da própria instituição. É como se a hierarquia estabelecida fosse acusada, em seu tope, de ser incapaz de manter a instituição. Daí se justificava a ação política:

> Na defesa do cumprimento do Programa do MFA e do Governo Provisório, não permitiremos que se confunda a necessária isenção partidária das Forças Armadas coma chamada isenção política na medida em que a esta expressão se pretenda dar o significado de apoliticismo, da ausência de uma opção política, por parte das Forças Armadas da Nação[12].

Mas o MFA tinha que lidar com dificuldades permanentes que provinham da imobilidade da estrutura militar portuguesa. Tinha que enfrentar as heranças recebidas. As estruturas que mesmo as revoluções têm respeitado. Deveria saber que a estrutura militar só consentira que uma vanguarda se destacasse para derrubar o governo porque fora exatamente esse governo que começara a interferir no funcionamento normal das Forças Armadas, tornando-as disfuncionais para a reprodução sistêmica. A Revolução só tinha sido possível, na visão de muitos militares, para restaurar as condições institucionais e sociais que permitiriam a "harmonia" do corpo militar. Esse o pensamento difuso da maioria dos oficiais, cujos resquícios apareciam mesmo no discurso articulado dos líderes mais exaltados. Mas para restaurar a ordem, foi preciso revolucioná-la. Até que ponto? Isso caberia aos capitães explicar ao conjunto dos homens de armas. Conseguiriam? Como vanguarda, absorviam o discurso oscilante entre o terceiro-mundismo e o socialismo, em conformidade com o

---

12. *Movimento: Boletim Informativo das Forças Armadas*, n. 1, 9 set. 1974.

tempo dos acontecimentos e da conjuntura crítica dos anos 1960 e 1970. Mas e o restante da tropa?

Como sabemos, o MFA não tinha um espaço institucional na estrutura militar, nem mesmo era um aparato legal do Estado, embora ninguém contestasse sua legitimidade, enquanto interlocutor do governo e seu sustentáculo armado. O MFA era um grupo reduzido de oficiais de médio escalão diretamente envolvido em atividades políticas e militares antes e depois do 25 de Abril. Inicialmente, não mais do que três mil oficiais do quadro permanente estavam envolvidos no movimento[13].

A reduzida participação percentual do MFA no conjunto das Forças Armadas era compensada pelo alto grau de unidade política e de organização, e pelo controle de unidades militares-chave através das quais seus oficiais tinham capacidade de se impor diante do resto das tropas. Se aceitarmos as informações de Poulantzas, veremos que nos dois primeiros meses depois do golpe, cerca de 25 generais do exército e quatrocentos oficiais superiores comprometidos com a ditadura foram reformados. Na marinha, foram 82 almirantes e contra-almirantes afastados. Meses depois, foram afastados mais cinco altos oficiais, sendo três da aviação[14]. Este saneamento (depuração) no seio das Forças Armadas foi, contudo, insuficiente para os objetivos do MFA, como teremos oportunidade de verificar, pois só atingiu aqueles que foram explicitamente contrários ao golpe de 25 de abril ou que estavam por demais comprometidos com o regime salazarista.

O Movimento continuou representando uma minoria de oficiais bem organizada, em meio a amplas massas de soldados e oficiais indiferentes à atividade política ou ligados difusamente ao antigo regime. Além disso, o MFA praticamente não dispunha de oficiais de alto escalão. Aliás, foi o próprio coronel Vasco Gonçalves (único oficial de alta patente desde o início identificado com o Movimento) quem

13. José Medeiros Ferreira, "Os Militares e a Evolução Política", em Fernando Rosas (coord.), *Portugal e a Transição para a Democracia*, p. 265.

14. Nicos Poulantzas, *A Crise das Ditaduras*, p. 78.

depois reconheceu a força potencial de uma possível (inevitável?) contrarrevolução militar indireta e lenta:

> Pelo próprio caráter da posição assumida pelo MFA em relação às Forças Armadas, desde logo se verificaram fortes contradições entre o MFA e o que restava da hierarquia anterior das Forças Armadas (salvo raras exceções) que, por oportunismo e razões de sobrevivência, não se opôs de maneira frontal ao MFA e, sobretudo, ao seu programa. Procedendo assim, mantiveram posições importantes no aparelho militar, das quais vieram a desenvolver um trabalho divisionista e contrarrevolucionário dentro das forças armadas[15].

O MFA avançou sobre as estruturas do Estado depois da queda do primeiro governo provisório. Na ausência de um "partido revolucionário", o próprio movimento cumpriu este papel. Sua institucionalização baseou-se na legitimidade das armas e dos acontecimentos do 25 de abril, sendo feita através da transformação do Centro Coordenador de Operações, situado na Pontinha (o posto de comando clandestino dos revoltosos em 25 de Abril), em Copcon – Comando Operacional do Continente, com cinco mil homens[16]. Ao Copcon se submeteram todas as forças militares do país, inclusive as policiais. Embora oficialmente subordinado à CEMGFA – Chefia do Estado Maior General das Forças Armadas, exercida pelo general Costa Gomes, o Copcon agiu com autonomia durante todo o processo revolucionário. Assumiu sua liderança, além do controle da RML – Região Militar de Lisboa, o ex-major, agora brigadeiro, Otelo Saraiva de Carvalho[17].

Este novo comando mudou a estrutura de poder militar do país. Uma estrutura estranha foi superposta àquela anterior. É como se um dique artificial fosse colocado para barrar o avanço multissecu-

15. Vasco Gonçalves, "MFA e Projetos Políticos", *Revista Crítica de Ciências Sociais*, n. 15-17, p. 58.
16. Cf. Walter Opello Jr., "The Transition to Democracy and the Constitutional Settlement as Causes of Political Instability in Post-Authoritarian Portugal", *Luso-Brazilian Review*, vol. 27, n. 2, p. 81, winter 1990.
17. Decreto-lei n. 310/74 de 8 de julho.

lar das águas profundas do mar. Era o esforço humano para ganhar terreno perante a reprodução contínua do passado. Descrevamos, ainda que de forma cansativa, a nova estrutura. Oficialmente, todas as armas obedeciam ao EMGFA – Estado Maior General das Forças Armadas[18], e este se subordinava ao presidente da República. Ao QG da defesa se submetiam diretamente apenas o QG do Exército, o da Marinha e o da Força Aérea. Ao QG do exército se subordinavam as cinco regiões militares em que se dividia a administração militar de Portugal: Porto, Évora, Tomar, Coimbra e Lisboa.

O Copcon foi criado exatamente na capital, absorvendo a autoridade da RML. A alteração essencial foi o fato de que o Copcon não se subordinaria ao qg do exército e sim diretamente ao EMGFA. Mas os capitães foram além: colocaram sob as ordens do Copcon não apenas a rml, mas também duas companhias dos fuzileiros navais, o Ralis I – Regimento de Artilharia de Lisboa, situado em quartéis próximos ao aeroporto, a PM – Polícia Militar, a II Cavalaria e a Escola Prática de Tancos, localizada na região militar de Tomar. Formalmente, o Copcon ainda coordenava as ações de todas as Forças Armadas do continente. Os capitães colocaram à frente do novo comando operacional um elemento de extrema identificação com o MFA, o próprio major Otelo Saraiva de Carvalho, nada menos do que o articulador principal do golpe bem-sucedido de 25 de abril.

Esta manobra de grande impacto político deu ao MFA o poder militar real do país. Isso foi feito porque os chefes das regiões militares e das três forças eram todos homens estranhos ao MFA, posto que o movimento era formado por oficiais de patente média e baixa. Os capitães não podiam impor-se à hierarquia tradicional respeitando todas as formalidades e sem quebrar a disciplina, a não ser que adquirissem um comando de tropas importante que lhes desse capacidade operacional. A criação do Copcon e a elevação de patente de Otelo (de major a brigadeiro) cumpriram os objetivos principais do

---

18. O QG da defesa localizado na Cova da Moura, em Lisboa.

movimento. Mas sua persistência iria revolucionar de tal forma a estrutura militar do país que o corpo permanente das Forças Armadas não podia aceitá-lo (e só o fez enquanto a tradição nada podia contra a marcha dos acontecimentos). De fato, o comando só durou no período revolucionário, sendo extinto depois do 25 de novembro de 1975.

O MFA se debateu, durante toda sua existência, com aquela realidade de longa duração que é a hierarquia militar. Tema tão debatido. Um *Boletim do MFA* trazia o título "Disciplina e Hierarquia"[19]. Tema que tem sua justificativa técnica. E moral. Como se vê no gráfico 2, a ampliação das ações de guerrilha em Moçambique, por exemplo, aumentou significativamente às vésperas de abril de 1974. Logo depois da Revolução, o exército enfrentou um movimento de indisciplina no teatro africano de operações:

> Para a maioria dos militares aí presentes, o fato de o programa do MFA declarar que a solução para a guerra no ultramar era de natureza política e não militar foi interpretado erradamente, como justificativo da cessação imediata das operações. Embora não fosse esse o entendimento da maioria dos militares com responsabilidades de comando, o mau enquadramento das unidades operacionais iria facilitar a ocorrência de atos de indisciplina em número significativo. Em algumas unidades as tropas negaram-se a efetuar operações ofensivas, apenas saindo dos seus aquartelamentos para assegurarem os reabastecimentos de víveres, combustíveis e o transporte do correio[20].

No interior do país também a indisciplina e a quebra de hierarquia eram realidades latentes, para usar a expressão de Otelo Saraiva de Carvalho:

> Convicto de que, de forma isenta e imparcial face às lutas interpartidárias, atuava em defesa da Revolução, extravasei largamente a missão que enquanto comandante adjunto do Comando Operacional do Continente me tinha sido cometida para, imbuído do espírito de um MFA que eu acreditava ser revolucionário, tomar decisões que outros deveriam ter tomado mas que

19. *Movimento: Boletim Informativo das Forças Armadas*, n. 9, 25 out. 1974.
20. David Martelo, *As Forças Armadas após a Revolução de 25 de Abril de 1974*, p. 4.

se haviam demitido. Fiel ao princípio que desde logo enunciei de que "em princípio, os trabalhadores têm sempre razão", fiz uso da parcela de poder político e militar que me havia sido conferida para apoiar, clara e decididamente, lutas de trabalhadores e estratos da população mais desfavorecidos socialmente. Mantive-me, ao longo do PREC, em estado de insubordinação latente contra o poder político representado por Vasco Gonçalves e, mais tarde, por Pinheiro de Azevedo[21].

Na verdade, o MFA trouxe à baila "métodos de trabalho a que as Forças Armadas não estavam habituadas"[22]. Tinham consciência disso os oficiais do Movimento. Eram assembleias, discussões, decisões por consenso ou maioria, votações, eleições, negociações.

LIBERDADE E DISCIPLINA

Salgueiro Maia foi aquele que não quis o poder. Simbolizou a generosidade de uma Revolução e, nas palavras da poeta, foi o que na hora da vitória, respeitou o vencido. Na hora da cobiça, perdeu o apetite. Esse mesmo capitão, por estar afastado de posições políticas de mando, não deixou de participar ou olhar criticamente os rumos de seu movimento militar. Num manuscrito por ele deixado há as frases: "Na realidade não há MFA, pois não há coordenação, info. E ação". "Consequências. Cisão interna. Mov. Armas. Forças. Facções, boatos, panfletos, descrédito do movimento". "Urgente buscar o que nos *une*, esquecer o que nos desune"[23]. Pouco importa se são dele ou se anotou o que ouvia em reuniões. Os rabiscos revelam um espírito a notar o problema da disciplina.

O 25 de Abril trouxe uma vaga de ideias que se destinavam a ir muito além daquilo que podia (ou queria) a Junta de Salvação Nacional. De vegetarianos de bom humor ("libertemos as sardinhas em

---

21. Otelo Saraiva de Carvalho, "A Revolução, o Poder Político e as Forças Armadas", em Fernando Rosas (coord.), *Portugal e a Transição para a Democracia*, p. 273.
22. Estado-Maior General das Forças Armadas. 5ª. Divisão. Gabinete coordenador do secretariado da assembleia do MFA. Lisboa, 8 jun. 1975. Datilografado. M. Duran Clemente, cap. do SAM, CD 25 A, doc. 31, Espólio Salgueiro Maia.
23. Manuscrito de Salgueiro Maia, CD 25 A, DOC. 35.

lata") a maoístas, de homossexuais a ecologistas, de feministas a trot-skistas, todos puderam (ou acreditaram poder) praticar suas esperanças. O MRPP, maoísta, imitava os dazibaos chineses com grandes jornais murais. Os próprios muros de Lisboa e alhures se encheram de grandes pinturas como se os militantes estivessem em plena Revolução Cultural chinesa. E as fotografias desses murais revelam que eram feitos por vários grupos políticos, incluindo o PCP.

As editoras começaram a lançar os livros proibidos ou que haviam sido recolhidos, as traduções prontas mas censuradas e uma vaga de títulos esquerdistas, de Mao a Guevara e Marx, ensaios de sociologia, política, guerra do ultramar, fazendo o movimento de vendas subir, repentinamente, 60%. Exemplo notável foi o *boom* das *Novas Cartas Portuguesas*, livro que estava proibido por apontar três caminhos para a mulher portuguesa: casamento, convento e suicídio[24]. Desde a crise do Terceiro Império Colonial Português até os vinte anos que se seguiram ao 25 de Abril de 1974, inúmeras organizações de base surgiram na sociedade civil. A maioria delas no entorno do processo revolucionário.

A bibliografia de Ronald Chilcote anotou 580[25]. Entre elas pelo menos treze eram órgãos políticos compostos por membros das Forças Armadas, desde associações de ex-combatentes do ultramar, a parentes de militares ou de soldados ou oficiais na ativa ou passados à reserva. Órgãos oficiais como o próprio Movimento das Forças Armadas, o Comando Operacional do Continente e outros eram de fato instituições políticas das forças armadas. O 1 Regimento de Artilharia 1, por exemplo, ficou conhecido como "regimento vermelho" pelo suporte que dava às ações de Otelo Saraiva de Carvalho.

Não só o pluralismo organizacional, mas também o das ideias (especialmente aquelas de extrema esquerda) adentrou os quartéis. Assim, chamava-se o Regimento de Disciplina Militar de "fascista".

---

24. *Visão*, 13 maio 1974.
25. Ronald Chilcote, *The Portuguese Revolution of 25 April 1974: Annotated Bibliography on the Antecedents and Aftermath*, pp. 193-268.

Generalizou-se o uso de restaurante único para oficiais e praças. In-distintamente. Esse fato pitoresco, menor, nonada, também revelou um espírito que não podia subsistir sem agredir àquela mentalidade que garantia a disciplina militar.

Era a ideologia de "um exército democrático". Com esse título o jornal do Movimento das Forças Armadas pretendeu institucionali-zar uma nova compreensão da hierarquia. Era a institucionalização do próprio MFA[26], que se definia como a "vanguarda política das For-ças Armadas"[27], e que agora contava com suas Assembleias de Delega-dos de Unidade (ADU). Órgãos de conselho e de apoio do comando. O comandante era, por sua natureza de superioridade hierárquica, o chefe da ADU. Assistido também pelos delegados da AMFA – Assem-bleia do Movimento das Forças Armadas. Mas quem comanda? "Im-porta salientar que a ADU de modo algum põe em causa a autoridade e a responsabilidade de decisão do comando". Entretanto,

> [...] os comandantes, por seu turno, deverão ser os primeiros militantes do MFA, tendo sempre presente que se não pretende restaurar uma instituição militar ultrapassada, mas sim criar uma nova, no sentido de se caminhar para um exército competente, democrático e revolucionário, posto a serviço do povo e capaz de corresponder à sociedade socialista que se quer construir[28].

Essa ambiguidade persistente entre o corporativismo e a lideran-ça política, entre a democracia interna e a disciplina, entre a tradição e a revolução aparecia nas expressões, nas palavras, nas criativas com-binações: "disciplina consciente e hierarquia dinâmica", "disciplina consentida", "persuasão anterior à ordem"[29], "vontade e disciplina revolucionárias"[30]. Vejamos ainda dois objetivos daquela "Diretiva" supracitada. O MFA queria tornar-se a garantia de um novo espíri-

26. *Institucionalização do MFA*, CD 25 A, DOC. 3.
27. "Diretiva para a Estruturação Democrática do MFA nas Unidades e Estabelecimentos Militares", *Movimento: Boletim Informativo das Forças Armadas*, n. 11, 25 fev. 1975.
28. *Idem*, 11 jul. 1975.
29. *Idem*, n. 7, 24 dez. 1974.
30. *Idem*, n. 14, 8 abr. 1975.

to de corpo. Vejamos: Diretiva *3*. Missão; A. ADU; *1*. No âmbito da dinamização interna: *a*. Formação cultural e política dos militares, apartidária, mas informada pelo espírito da Revolução; *c*. O reforço da coesão e espírito de corpo de todos os militares entre si e em torno do MFA[31].

O que se discutia era a "total integração das Forças Armadas no espírito do MFA", que se daria pelo "esclarecimento e politização das Forças Armadas". Ao mesmo tempo, este documento falava, paradoxalmente, de "elevado nível de disciplina, coesão e eficácia"[32]. Definir o MFA na estrutura das Forças Armadas era só mais uma das tarefas impossíveis da Revolução. Isso só seria possível, pensava-se à época, quando o MFA se pudesse diluir no conjunto das Forças Armadas e houvesse uma coincidência de posições políticas. Ou seja, "a médio prazo!"[33]

Um intelectual, ideólogo do chamado Grupo dos Nove, o major Melo Antunes, questionava essa ambiguidade da qual ele próprio fora vítima e agente: "A atual situação de anarquia militar foi, em certa medida, fruto dos nossos erros, ou, mais precisamente, das nossas ilusões; nós acreditámos que se podia instalar no Exército uma estrutura política democrática"[34].

Melo Antunes dizia isto às vésperas do 25 de novembro. Do Termidor. E ressaltemos o acento em "acreditámos", que os portugueses escrevem e pronunciam para indicar que se está a referir-se à terceira pessoa do plural do pretérito perfeito e não ao presente do indicativo. Era um lamento e uma desilusão. Os dias áureos da Revolução acabavam.

Antes, porém, havia um esforço. E uma busca. De algo inteiramente novo. Como os revolucionários alimentavam-se também

---

31. *Idem*, 11 jul. 1975.
32. Estado-Maior do Exército. Gabinete de dinamização do Exército. 19 maio (1975?), CD 25 A, DOC. 19, MS. 80, com anotações de Salgueiro Maia.
33. *Institucionalização do MFA*, CD 25 A, doc. 2, out. 1974.
34. *Jornal Novo*, 24 nov. 1975. Transcrito de *Nouvel Observateur*.

de uma poesia tirada do passado, pregando alguma ordem, alguma hierarquia e alguma disciplina, para não romper com aquilo que as Forças Armadas eram e não poderiam deixar de ser, eles procuraram ansiosamente modelos, como o do Peru de Velasco Alvarado. Liam-se matérias jornalísticas sobre o golpe militar no Peru e o governo supostamente nacionalista e popular que se sucedeu. No catálogo da editora Prelo, encontrava-se o livro *Peru: Dois Mil Dias de Revolução*. Paradigmas de revoluções feitas por militares. E também modelos negativos, como *Chile: Uma Revolução Militar Trágica*. Para o MFA, os militares ali cometiam crimes contra o seu próprio povo. Contrapunham-se aos militares peruanos, que fizeram "uma revolução militar original"[35].

Outro modelo foi a revolução na Argélia[36]. É certo que esses modelos refletiam mais o espírito da V Divisão, onde abrigavam-se os oficiais mais próximos do primeiro-ministro, o então coronel Vasco Gonçalves. O que explica esses modelos de terceiro mundismo. Mas também Cuba foi discutida. E sabemos como a visita de Otelo Saraiva de Carvalho, fotografado num passeio de carro militar com Fidel Castro, provocou celeuma. O *Boletim* publicou uma manchete: "O MFA em Cuba"[37]. Em maio de 1974 surgiram em várias empresas industriais de Lisboa os Comitês de Defesa da Revolução (à semelhança de seus congêneres cubanos). Eles resgatavam o mesmo nome e os mesmos princípios e eram vinculados ao Partido Comunista Português.

A "NORMALIZAÇÃO"

Os ideólogos conservadores costumam achar "normal" tudo aquilo que se parece com o *status quo*. Assim, para os "profissionais" de Ramalho Eanes, era preciso depurar as Forças Armadas daqueles

---

35. *Movimento: Boletim Informativo das Forças Armadas*, n. 2, 3 out. 1974. Vide também o n. 4, 12 nov. 1974.
36. *Idem*, n. 6, 10 dez. 1974; n. 10, 11 fev. 1975. Dois artigos favoráveis à Argélia.
37. *Idem*, n. 21, 17 jun. 1975.

"desvios" do período revolucionário. O Decreto-lei 142/77 aprovou um novo Regimento de Disciplina Militar que previa "a interdição prática de atividades políticas aos elementos das Forças Armadas na efetividade do serviço". Procedeu-se a uma marginalização de todos os militares suspeitos de ligação com o "espírito do MFA"[38].

A era dos capitães cedia lugar à dos coronéis. Os revolucionários eram substituídos pelos "profissionais". Tanto é assim que os militares do exército "saneado" depois do *putsch* de 11 de março, promovido pela direita militar, eram na sua maioria coronéis ou tenentes-coronéis (na marinha eram capitães-de-mar-e-guerra / capitães-de-fragata). Os militares de esquerda presos depois do 25 de novembro eram principalmente com os postos de major, capitão e tenente[39].

A "normalização" tinha sua ideologia. Afinal, aqueles Otelo Saraiva de Carvalho, almirante Rosa Coutinho, capitão Diniz de Almeida e tantos outros, eram acusados de querer subverter a ordem militar. Um documento de militares do Copcon foi muito citado a esse respeito:

> Mas o poder popular nunca será verdadeiramente poder se não for armado. Os trabalhadores só serão capazes de conquistar o poder e de o aguentarem nas mãos se estiverem armados, se tiverem a força organizada do seu lado. E é da conjugação dos trabalhadores armados com os soldados que estão nos quartéis que nascerá o largo movimento e a vanguarda que pode fazer frente à burguesia e ao imperialismo. Só o armamento dos trabalhadores e a sua organização com os soldados, formando um exército revolucionário, pode impedir a organização da burguesia e o perigo da intervenção estrangeira [Manifesto dos Dezoito].

Esses e outros militares foram responsabilizados pela entrega de armas aos civis. Certo. Fizeram-no. Estavam imbuídos daquela revolução dentro da revolução que consideravam necessário ainda fazer. Aquelas Jornadas de Agosto da Revolução Francesa. Aquele

38. David Martelo, *As Forças Armadas Portuguesas Após a Revolução de 25 de Abril de 1974*, p. 41.
39. *Idem*, p. 37.

outubro depois de fevereiro na Rússia. Mas não nos deixemos levar pelas ilusões ou autorrepresentações. Sabemos como o discurso da ordem foi assim concebido ou lido porque foi o discurso do vencedor. Soube-se depois, e o Estado-Maior do Exército o confirmou, que os "profissionais", os coronéis da ordem, também entregaram armas a "civis democratas" para, na hipótese de uma guerra civil, defenderem a democracia contra a "ameaça totalitária que uma parte das Forças Armadas queria impor à nação". Para David Martelo isso: "constitui um dos exemplos mais flagrantes de como o mesmo acto, cometido por indivíduos de ideologias diferentes, pode, num caso, ser considerado como crime, e, noutro caso, como ato de patriotismo e amor à democracia"[40].

UMA VEZ MAIS O 25 DE NOVEMBRO

Mas o que de fato aconteceu em 25 de novembro de 1975 em Portugal? Já narramos tais fatos no capítulo anterior e voltaremos ao debate estritamente historiográfico no capítulo 6. Aqui, é preciso tocar no papel do 25 de novembro na reformulação da instituição militar. Da manutenção ou mudança de seu ideário e funções. Que se leiam, a este respeito, as versões que indicavam o quadro ideológico dos envolvidos. Os adeptos do governo contaram a sua história, expressa num relatório oficial, terminado em 12 de janeiro e divulgado oito dias depois[41]. Os vitoriosos de 25 de novembro afirmaram que a ausência de coordenação da esquerda militar não implicava que a Rebelião de Tancos fosse um ato isolado, e sim um golpe falhado pelo receio da descoberta prematura da conjuração e pela necessidade de não comprometer diretamente muitos comandantes, o que acarretou desorganização e defecções à última hora. A ação de debelar o golpe esquerdista, teria apenas preservado a legalidade contra aqueles que pretenderam rompê-la. O PCP limitou-se a negar

40. *Idem*, p. 39.
41. Avelino Rodrigues *et al.*, *O Movimento dos Capitães e o 25 de Abril*, p. 282.

qualquer envolvimento da sua direção nos acontecimentos de 25 de novembro, embora admitindo a eventual participação individual de militantes comunistas[42]. O deputado Vital Moreira discursou contra o "golpe de Estado"[43].

A versão de ultraesquerda, naturalmente, foi outra. Para a esquerda não socialista, o 25 de novembro foi um golpe de direita, que se aproveitou de um motivo fútil, ou de uma provocação. Foi o Termidor. Otelo Saraiva de Carvalho declarou: "A operação por eles desencadeada não tinha comando: não era evidentemente um golpe de Estado. E as forças da direita tiraram proveito disso: assim, em Évora, todos os oficiais de esquerda foram substituídos, embora não tivessem nada a ver com o caso"[44].

O VI Governo e as forças que o apoiavam já se preparavam meticulosamente para um confronto militar e a maior parte dos oficiais e soldados radicais já havia sido licenciada. Tudo se colocava contra as esperanças de um aprofundamento da Revolução. É verdade que a esquerda militar tinha (ou dizia ter) uma correlação de forças muito favorável na capital. Essa cidade desproporcional. Essa Lisboa onde tudo se resolve de imediato. E nada permanece contra o restante do país. Mas o espaço é atravessado sempre por relações sociais e marcado pelo encontro de verticalidades (interesses forâneos) e horizontalidades, como diria Milton Santos. Os interesses externos se valem de dados internos.

Lisboa não estava só. Ela estava (e está) num país e num continente. Num mundo, se preferimos. À sua frente, os interesses e solidariedades britânicos, alemães. Os interesses norte-americanos. Mas também os surdos reclamos de um país rural a viver outro tempo histórico. Tempo este, em alguma medida, articulado ao tempo veloz da cidade e das relações com a Europa e os Estados Unidos. Articulação feita pela política. Por Mário Soares, pelos socialistas, pelas elites

42. *Avante*, 22 jan. 1976.
43. *Diário da Assembleia Constituinte*, 26 nov. 1975.
44. Jean Pierre Faye, *O Portugal de Otelo: A Revolução no Labirinto*, p. 32.

das classes dominantes, pelos seus representantes civis e militares. O bloco histórico conservador, devido às idiossincrasias de uma Revolução que legitimava o poder estabelecido, só poderia ser dirigido por... socialistas.

E se Otelo tivesse chefiado um golpe não enfrentaria todo o resto de Portugal? Não arrostaria o isolamento internacional, além do isolamento da própria Lisboa, a capital? Ora, Mário Soares já não havia se entrevistado na Grã-Bretanha com Callaghan, que enviara um oficial do serviço britânico de espionagem e prometera apoio logístico em caso de guerra civil aberta?[45] Os "profissionais" termidorianos já não entregavam armas a civis supostamente "democratas"? Acreditava Soares na possibilidade de instauração de uma Comuna em Lisboa e no início de uma guerra civil em Portugal[46].

Se a correlação de forças militares permitia um confronto militar equilibrado havia, no plano especificamente político, condições para uma saída à esquerda para a manutenção e aprofundamento do "pluralismo socialista" da Revolução Portuguesa?

> Só restava a hipótese teórica do entendimento entre as forças de esquerda, incluindo os agitadores anti-PC da extrema, e, bem entendido, uma atitude progressista por parte dos dirigentes do PS, desvinculando-se dos aliados de direita e da sua ambição de poder. Impossível como se viu – por culpa das manobras e dos compromissos internacionais do PS e por culpa dos erros e dos compromissos internacionais do PC. Não sendo possível nenhuma dessas hipóteses, a única saída para a confusão foi a que o destino traçou: parar a Revolução e calar os trabalhadores. Não seria isto que os nove queriam, não seria bem isso que o PS pensava ao mobilizar todo o mundo contra os esquerdistas e revolucionários. [...] Mas era isto que queriam o CDS, os fascistas e os capitalistas, sobretudo os saneados. Por isso foram estes os que ganharam mais[47].

O 25 de novembro tem sido visto tanto como um *putsch* esquerdista falhado quanto uma reação termidoriana. O que de fato per-

---

45. Josep Sanches Cervelló, "La Inviabilidad de una Victoria Portuguesa em la Guerra Colonial: El Caso de Guiné Bissau", p. 250.
46. Mário Soares, *Portugal: Que Revolução? Diálogo com Domenique Pouchin*, p. 202.
47. Avelino Rodrigues *et al.*, *O Movimento dos Capitães e o 25 de Abril*, pp. 256-257.

maneceu, com seus reflexos na política imediata, foi a ascensão de um grupo estranho à conduta que até então tivera o MFA, o dos "profissionais". Um deputado e líder do CDS, Freitas do Amaral, aproveitou as circunstâncias para exigir o "reexame, redefinição e reconversão do MFA [*sic*]"[48]. O MFA foi levado pelos acontecimentos (ou será que pela ressurreição do passado?). A política portuguesa pôde dar um passo atrás (na visão dos que se situavam à sua esquerda), mas um passo tímido, em que muitas das mudanças de abril não puderam ser revogadas a curto prazo. De toda maneira, não houve violências excessivas dos vitoriosos do 25 de novembro contra a chamada esquerda militar. O *paredón* foi evitado como o fora em 25 de abril. Um escritor de ultraesquerda diria que "o 25 de novembro foi brando porque a contrarrevolução não tinha muita energia, mas também porque não havia muita Revolução para destruir"[49].

Quais seriam as alternativas? Democracia popular (*à la* Leste Europeu), terceiro-mundismo à moda peruana de Velasco Alvarado, o poder popular dos copconistas, ou um tipo de social-democracia "forte", entendida como regime de transição ao socialismo... Uma síntese dessas propostas nunca foi possível. Como combinar a democracia representativa (parlamento e sufrágio direto, como queriam os nove) com organismos de autogoverno popular e com Forças Armadas politizadas e engajadas na construção do socialismo? Boaventura Santos sintetizou bem essas alternativas:

> São conhecidas as negociações em fins de agosto de 1975 e o seu falhanço. Perante esse falhanço, só havia duas saídas para as forças progressistas do MFA: ou forçarem a democracia direta sem democracia representativa, arriscando a guerra civil e constituindo-se em vanguarda política para mais cedo ou mais tarde serem instrumentalizadas numa concepção leninista de partido; ou, pelo contrário, apoiarem-se numa concepção social-democrática que hostilizava frontalmente a democracia direta e visava a reconstituição do poder capitalista, o que mais tarde ou mais cedo conduziria à marginalização

48. *Diário da Assembleia Constituinte*, 2 dez. 1975.
49. Francisco Martins Rodrigues, *Abril Traído*, p. 40.

do MFA. Independentemente das posições políticas de cada um, é importante reconhecer que as Forças Armadas portuguesas daquele período preferiram a marginalização à instrumentalização. E, mais importante, é que isto se aplica tanto ao grupo dos nove como a Otelo, ainda que não ao Copcon no seu todo. No caso de Otelo, o significado é muito especial porque, logo após o 25 de novembro de 1975, pagou com a prisão a sua opção[50].

Alguém poderia dizer que se tivesse havido um acordo político, é bem possível que a Revolução tivesse se aprofundado. Felizmente, o historiador não precisa falar do futuro, nem muito menos do futuro condicional.

ESTRUTURAS E PERMANÊNCIAS

O verão quente e o 25 de novembro pareceram, se olharmos para os resultados eleitorais de 25 de abril de 1975 e de 25 de abril de 1976, muito barulho por nada. O novo país só aparentemente saía das urnas, pois o passado patrimonialista, apoiado na autoridade patriarcal local e nas prebendas pessoais, ainda existia no interior. Mas algo de inteiramente novo começava a ser retomado (desde o fracasso da experiência republicana): a autoridade tradicional transformada. O agente principal desse evento histórico, dessa instauração de uma autoridade legal (Weber), ou seja, baseada nas leis, tinha sido um elemento do próprio aparelho de Estado: a oficialidade do exército português.

Tratava-se de um velho problema para a burocracia estatal, militar particularmente, que começava a se formar independentemente da relação com o partido único, a saber: a transição de um tipo de autoridade tradicional para a autoridade legal, de um governo patrimonial para um governo burocrático e racional, de um poder baseado na corrupção institucionalizada dos monopólios para um sistema impessoal de dominação política.

50. Boaventura de Sousa Santos, *O Estado e a Sociedade em Portugal (1974-1988)*, 1990, p. 63.

Os militares agiram muito mais como profissionais na contestação do regime. Apenas seus interesses corporativos se opunham inapelavelmente ao tipo de autoridade exercido pelo salazarismo – claro que essa tipologia se envolve com muitos outros fatores históricos e psicológicos já explicitados (dignidade das Forças Armadas, desgaste da guerra, reivindicações salariais, ausência de sentido político da colonização, condenação internacional, pressão da sociedade e dos soldados, a existência de guerrilhas de libertação nacional etc.). O típico foi a "catarse" (em sentido gramsciano), a transformação do movimento dos capitães em movimento revolucionário, a passagem do momento puramente egoísta e passional ao momento ético e político[51]. A base socioprofissional da contestação, entretanto, foi de tal forma determinante, que no bojo do processo revolucionário essa limitação acabou por se impor, derrotando aqueles que queriam uma maior politização do exército e instituindo um poder civil "democrático", sem vigor para "continuar" a Revolução.

Apesar da ação dos partidos e das organizações de base a dinâmica militar foi o alfa e o ômega da explicação do insucesso revolucionário. Havia potencialidades revolucionárias as quais talvez eu tenha subestimado em função da metodologia aqui empregada. As manobras táticas poderiam mudar o rumo de certas políticas. Mas este autor continua considerando que as manobras não podem tudo. Elas são constrangidas pelo campo de batalha estabelecido *a priori*. Este "campo" é posto pela situação internacional; pelas forças sociais e pelas forças ideológicas que compreendem (ou não) a estrutura dentro do qual elas atuam.

A Revolução foi possível no quadro geral da assim chamada descolonização; do confronto indireto entre URSS e EUA; do recuo dos EUA diante da ascensão das lutas de classes desde os anos sessenta (mas especialmente pela sua derrota à vista no Vietnã). Mas foi li-

---

51. Dominique Grisoni e Robert Maggiori, *Lire Gramsci*, p. 161.

mitada pelas estruturas seculares da economia portuguesa, pela sua distribuição demográfica, arranjo agrário, limites ideológicos de suas elites políticas e, sobretudo, pelo fato de ser dirigida por um exército regular que não pode se transmutar num órgão decididamente revolucionário.

Estruturalmente o MFA, como parte estranha, mas integrante das Forças Armadas, só podia transformar-se no dirigente de um processo radical se atravessasse o Rubicão e aniquilasse a instituição da qual provinha. Sendo uma fração minoritária, ele teria que usar a violência (ou a ameaça dela) contra pessoas ligadas a membros do próprio MFA por laços de camaradagem forjados nas escolas e academias militares ou na guerra colonial; romper com sua própria formação estritamente militar; armar civis e arriscar-se a ser submergido numa luta civil-militar e a perder o controle do aparelho de Estado.

Na ausência de um partido revolucionário, o MFA teria que cumprir um papel para o qual a sua rápida criação (no tempo curto) lhe permitia, mas a sua lenta formação (no tempo longo das Forças Armadas nacionais) lhe impossibilitava.

A Revolução dos Cravos demonstrou que muitos sonhos despertados em 1974-75 se desfizeram ou foram adiados. Sonhos de quem? Certamente das vanguardas de sempre. Dos *enragés* de todos os tempos. A Revolução pretendeu abalar seriamente algumas estruturas políticas, econômicas e sociais do país. Porém, e seja isto pequeno ou grande, levou a cabo aquilo que podia ser feito: a proclamação dos ideais do liberalismo e do republicanismo. Os capitães alteraram, mas não revolucionaram. Poderiam ter feito mais do que isso? Poderiam ter mudado a ideologia que orientou as elites portuguesas, da situação ou da oposição, pelos dois últimos séculos? Poderiam ir além de um conservantismo de grande flexibilidade hermenêutica e de um republicanismo radical?

Parece que a grande história se serviu e se desfez de seus agentes. É por isso que Braudel tinha o sentimento de que o indivíduo é um "prisioneiro de um destino sobre o qual pouco pode influir"[52]. De que as revoluções agridem a hierarquia estabelecida, mas depois uma hierarquia se compõe de novo[53]. É verdade, "os homens fazem sua própria história, mas não a fazem segundo sua livre vontade, em circunstâncias escolhidas por eles próprios, mas nas circunstâncias imediatamente encontradas, dadas, transmitidas"[54].

Mas o que se realizou ou mudou, só se perceberá num futuro longínquo que escapa aos deveres do historiador.

52. *Apud* Peter Burke, *A École des Annales*, p. 53.
53. Fernand Braudel, *Reflexões Sobre História*, p. 342.
54. Karl Marx, "O Dezoito Brumário de Louis Bonaparte", em Karl Marx e Friedrich Engels, *Obras Escolhidas*, p. 417.

Parte III
DESTINOS COLETIVOS

Parte III
DESTINOS COLETIVOS

6. Europa

There is no European demos – only a European telos.

TIMOTHY GARTON ASH[1]

A EUROPA NÃO É UM ESPAÇO. É um tempo. Ou um território de fronteiras sempre redefinidas imerso em temporalidades díspares. Uma noção flutuante e solta[2]. Por isso, ela tem sido mais assunto da História do que da Geografia. Ao menos daquela geografia descritiva, daquela geografia dos lugares, das *rigidités* de que falava Braudel em *L'Identité de la France*, das coisas imóveis. Enfim, de tudo o que foi tão caro à geografia de Vidal de La Blache. Quando o historiador fala da Europa vem à sua mente não o nome de um certo Tatishchev, mas as histórias de Guizot, Seignobos, Croce, Pirenne. Ou as intervenções políticas de Nitti. A discussão sobre o declínio europeu. Spengler, Toynbee.

Todavia, a Europa é também uma paisagem. E um espaço cheio de tempos. A sua geografia rural, urbana, industrial permite transcrever num território todas as variáveis de tempo. Diacronias objetivadas nas regiões, nos países. Funcionando sincronicamente para benefício de uns e não de outros. Ainda assim, em cada região ou país, o que definiu essas desigualdades foi a história. Por isso, a integração ao Velho Mundo se definiu sempre por um ritmo. Um ritmo dominante. Ou se o acompanhava ou se estava fora do continente.

---

1. Timothy Garton Ash, *History of the Present*, p. 325. Se não há um *demos* (povo) europeu, somente um *telos* (finalidade), não deveríamos nos perguntar acerca da viabilidade de uma "democracia europeia" (o regime do *demos*)?
2. Henri Hauser e Augustin Renaudet, *Les Débuts de L'Âge Moderne*, p. 6.

A Revolução Industrial, por exemplo. Quem a fez? Quem foram, em seguida, os pais da modernização recuperadora, para lembrar uma expressão de Robert Kurz? E Portugal e Espanha? Não é na virada do século XVIII para o XIX que se afirma a consciência de uma perda de ritmo? Os homens da época a identificaram mais longe. Em Alcácer-Quibir. Em D. Sebastião. Os mais engajados, em pleno século XX, lembrarão um simples tratado. O de Methuen. Mas todos concordavam: perdeu-se velocidade histórica.

Ainda hoje, a Europa é uma Ordem, no sentido sociológico da palavra. Ou a ela se adapta ou a ela não se integra. Uma ordem social competitiva. Uma sociedade de classes, uma economia de mercado, uma democracia liberal, um conjunto de direitos humanos. Mas essa ordem trouxe de novo a ideologia da equiparação dos tempos e dos ritmos nas diversas regiões do continente. Como se agora, por obra dos fundos de ajuda da União Europeia e de sua especialização no turismo, Portugal pudesse superar debilidades primevas.

Se Portugal não foi europeu por muito tempo (ao menos na percepção das elites de suas classes dominantes), o retângulo ibérico nunca existiu, de fato, fora dos fluxos monetários, econômicos e políticos especificamente europeus. Por isso, falar de Portugal não prescinde que se olhe com mais vagar para duas realidades que travejam a sua história e reafirmam sua condição. A primeira é a própria noção de Europa, continente histórico ao qual o país se (re)integrou cerca de dez anos depois da Revolução dos Cravos. A segunda é o fato de que essa Europa tem um centro (ou alguns centros) e uma periferia. Noção de Fernand Braudel, de Immanuel Wallerstein e outros que serve também para os propósitos de uma história das ideias. Essa periferia não decide nem cria as fontes do pensamento europeu. Ela as recebe, recolhe e até as modifica. Ora (já o vimos no capítulo dois), não fez o mesmo esta África portuguesa que foi a periferia da periferia da Europa?

O continente europeu é, no século XXI, uma ideologia. Um projeto. Vicejam os candidatos à União Europeia. E os adiamentos, como o da Turquia. E as desconfianças da França, da Alemanha. Ou o êxodo da Grã-Bretanha, o Brexit. Ou o Chipre, fronteira há muito tempo no Mediterrâneo oriental. E isto traz os problemas de identidade. Se a Turquia quer ser europeia, qual a função fronteiriça da Grécia? Desde 1453, compôs o Império Otomano, mas depois da independência (1826), chegava só um pouco acima de Atenas. Sua expansão foi lenta no Mar Jônico e na direção da Macedônia e, depois, das Ilhas do Dodecaneso (1947) teria chegado ao Chipre quase trinta anos depois não fosse a invasão turca da ilha. Países, como tradições, são inventados.

Nos círculos poderosos de Berlim ou Paris discute-se sempre esta expansão para o Levante.

FRONTEIRAS

O nome em si, Europa, tem lá seus 28 séculos. Desde que na sua *Teogonia*, Hesíodo descreveu-a como ninfa[3]. Sabemos como Zeus disfarçou-se de touro para seduzi-la... à parte sua mitologia, ela é um continente histórico. A ideia de Europa não era importante na Antiguidade e só começou a emergir depois do declínio da civilização grega (normalmente apresentada como seu nascedouro). E nem estava ligada à ideia de Ocidente. Este se situava no Mediterrâneo oriental[4]. Só no século VI a.C. Hecateu de Mileto contrapôs Erebos (poente) e Oriens[5]. Porque seus limites naturais (atinentes à geografia física) são imprecisos ou não existem, imersos numa imensa Eurásia (aliás, uma invenção produzida no âmbito da geologia do fim do século XIX)[6].

E a geografia não se limitaria a explicar a paisagem. Compraz ao geógrafo o estudo de um espaço pleno de relações sociais. Os frag-

---

3. António de Castro Henriques, "Europa: O Todo e as Partes", em VVAA, *Corpo e Espírito da Europa*, P. 33.
4. Gerard Delanty, *Inventing Europe*, pp. 19-20.
5. [Cardeal] Joseph Ratzinger, "Europa: Uma Herança Responsabilizante para os Cristãos", p. 72.
6. Gerard Delanty, *Inventing Europe*, p. 60.

198   LINCOLN SECCO ❧ A REVOLUÇÃO DOS CRAVOS

mentos desse Velho Mundo devem sempre ser percebidos a partir de seu valor relativo num sistema mais amplo. Assim, o território português não basta. Este elemento interno da formação social, econômica e espacial portuguesa, deve ser "lido" numa totalidade. Seu valor é sistêmico e o lugar que ocupa é sempre uma articulação de vetores externos (europeus e mundiais) mediados por dados internos[7].

Vasily Tatishchev indicou, no século XVIII, os Montes Urais como a extrema fronteira natural à leste. Foi tão poderosa essa classificação que ela permaneceu nos manuais escolares de geografia do século XX. Provavelmente, ele só expressava o desejo de Pedro, o Grande, de ver seu império associado à Europa[8]. Esta nunca cessou de se redefinir por padrões étnicos, religiosos, políticos, culturais, militares e ideológicos. Por exemplo: se reconhecermos uma aurora europeia num Império Romano no seu apogeu de domínio tricontinental, não irá passar pela cabeça de ninguém definir de forma diferente as partes meridional e setentrional do Mediterrâneo. Com a ascensão do Islã, entretanto, essa divisão se perpetuou[9].

Ora, a Europa poderia se definir a partir daí pelo Império Carolíngio, pela cristandade, pela feudalidade ou pelo capitalismo. Todas essas definições foram ultrapassadas. Porque no período em que o mundo foi de fato eurocêntrico, entre os séculos XVI e XIX, não se podia mais definir uma Europa por sua fé. Tanto o cristianismo quanto o islamismo surgiram fora dela, no deserto. À divisão da cristandade operada no século XI somou-se uma outra, a da Reforma Protestante no século XVI. E o Estado laico superou todas elas depois da Revolução Francesa. Mesmo o capitalismo, que se pretendeu vinculado a valores tipicamente ocidentais, floresceu em formas avançadas no Japão e, hoje, em outras porções asiáticas.

Para um político italiano do Norte, separatista, talvez o Sul da Península não seja europeu, assim como para um vienense do fim

---

7.   Milton Santos, *Espaço e Método,* pp. 17-18.
8.   Gerard Delanty, *Inventing Europe*, p. 59.
9.   Eric Hobsbawm, "A Curiosa História da Europa", *Sobre História*, p. 233.

do século XIX um húngaro deveria ser um extraeuropeu ou no século XXI, certamente, um turco não é europeu sob nenhuma hipótese, embora pertença à aliança atlântica e sua seleção de futebol seja tão europeia quanto a de Israel (que, aliás, faz parte da Ásia!). Ralf Dahrendorf, mais vinculado ao aspecto dominante da atual ideia europeia (construção de uma ordem liberal), preocupou-se em fixar as fronteiras continentais às portas da Rússia, onde quer que ela esteja[10]. Essas declarações não têm muito a ver com a história, ao menos com a história como ela aconteceu. Tem mais a ver com o nacionalismo e outras ideologias.

O LUGAR DE PORTUGAL NA EUROPA

Um velho adágio diz que a África começa nos Pirineus. Embora no extremo ocidente da Europa, Portugal não foi visto como pacificamente europeu e ocidental em vários sentidos e em vários momentos da história europeia. Certamente o era, retrospectivamente (na mente de suas elites cultivadas) no século XVI e, daí em diante, cada vez menos. Vivera num mesmo ritmo ou tempo que a Europa. Não compartilhara das conquistas (ou até não as liderara) no Quatrocento? Não chegara à imprensa, por exemplo, quase simultaneamente aos demais? (Lisboa, 1489; Leiria, 1492). Perdera tudo. Depois de Alcácer-Quibir. Assim imaginava-se. Um dicionário do século XIX (1845) definia aqueles países europeus mais civilizados. Portugal não se encaixava neles[11].

Nos meados do XIX, Garrett, o ilustrado escritor portuense, num livro pouco inventivo, mas que nos serve de notável documento, fez um arrazoado de toda a história portuguesa, brasileira, americana, europeia. Ilustrativo que ele principie quase com um truísmo para os europeus da época. Dos que constam em dicionários. Veja-se um de-

---

10. Insurge-se, aqui, contra a Ursa Maior (a Antiga União Soviética) dizendo: "Provavelmente será melhor deixar de fora esse urso cinzento" (Ralf Dahrendorf, *Reflexões Sobre a Revolução na Europa*, p. 157).

11. Charles Saint-Laurent, *Dictionnaire Encyclopédique Usuel*, p. 550.

les: "Europa, uma das cinco partes do mundo, a quinta em grandeza, a segunda em população e a primeira em civilização"[12].

Veja-se, agora, o Garrett:

> De todas as quatro partes em que temos dividido o planeta que habitamos, é por nós contada primeira a nossa Europa; e no estado da civilização presente (a ser esse o princípio de precedência) fácil obterá ela o primeiro lugar se com as outras entrar em lide de prerrogativas. A última das quatro, por nós descoberta e povoada, deveria seguir-se nessa ordem, com quanto na puberdade apenas da civilização – se não é que na infância em muitos lugares e respeitos: tal é o estado de decrepitude das outras duas. Decidindo porém a questão aristocraticamente, quero dizer, pela ordem histórica dos progressos da raça humana, daríamos o primeiro lugar à Ásia, onde nos põe a religião o berço do primeiro homem, e as tradições todas, orais, escritas – por essa China e Industão – o de todas as humanas artes e civilização. Daí as recebeu o Egito; por onde se deveria a África o segundo lugar. De lá no-la trouxe a Grécia à nossa Europa, que nesta ordem seria a terceira. Só nós a levamos à América; e só quarto lugar assim lhe compete. Mas desde que a Grécia por suas luzes, a potência romana por elas e por suas armas puseram a coroa de preeminência na cabeça da Europa, nessa posse tem estado e se conserva. E pelas mesmas razões de ciência e força a América é a segunda – antes uma continuação ou dilatação da primeira porção do globo[13].

Para Garrett (escrevendo em 1867 ou antes), Portugal tinha um papel de contrapeso entre a Espanha, Inglaterra e França. Equilibrava o oeste da Europa. Perdeu esse papel, "saiu de sua antiga posição no mundo político; há de tomar outra, e deve tomar a que mais lhe convier"[14].

Apartado da "comunhão da Europa culta", como já o vimos dizê-lo Antero de Quental, Portugal era decadência para seus intelectuais oitocentistas. O texto mais significativo a denunciar a mentalidade de Antero, sua forma própria de introjetar o mal-estar de sua época, foi: "Causas da decadência dos povos peninsulares nos

---

12. *Idem*, p. 550.
13. Visconde D'Almeida Garrett, *Portugal na Balança da Europa*, p. 24.
14. *Idem*, p. 26.

últimos três séculos". Sua pergunta básica era: o que teria levado uma região tão importante desde a Antiguidade romana, de notável espírito criador, com suas liberdades tão avançadas na Idade Média, a ser sufocada a partir do século XVII, ou de meados do XVI? Qual a causa de se ver a coroa espanhola "posta em leilão sangrento" a um neto de Luís XIV, e de Portugal se tornar "uma espécie de colônia britânica?"

As causas seriam três e de três tipologias: moral, política e econômica. A primeira causa é o Concílio de Trento, a segunda, o absolutismo, a terceira, as conquistas ultramarinas:

> Ora, a liberdade moral, apelando para o exame e a consciência individual, é rigorosamente o oposto do catolicismo do Concílio de Trento, para quem a razão humana e o pensamento livre são um crime contra Deus: a classe média, impondo aos reis os seus interesses, e muitas vezes o seu espírito, é o oposto do absolutismo, esteado na aristocracia e só em proveito dela governado: a indústria, finalmente, é o oposto do espírito de conquista, antipático ao trabalho e ao comércio[15].

Para Antero, a perseguição desencadeada contra os cristãos-novos faz desaparecer os capitais, enquanto o jesuitismo matou o espírito científico em nome da memorização e da repetição. O absolutismo é que embriagou Filipe II e o levou a afundar sua invencível armada numa aventura contra os ingleses, enquanto D. Sebastião desapareceu em Alcácer-Quibir por ser absoluto. Outras monarquias absolutas souberam acolher a burguesia, mas não as de Espanha e Portugal, aristocráticas até a raiz dos cabelos, asfixiando a vida local, cerceando, desde a derrota dos *comuneros* espanhóis no século XVI, as cidades. A sedução do mar, das terras ignotas, despovoou os campos e levou os portugueses para paragens estranhas e desconhecidas. Foi o declínio da agricultura e da indústria. Portugueses, uma vez mais, olhavam o Atlântico e davam as costas à... Europa.

---

15. Antero de Quental, "Causas da Decadência dos Povos Peninsulares nos Últimos Três Séculos", em Joel Serrão, *Liberalismo, Socialismo, Republicanismo*, pp. 139-171.

No último quartel do século XIX as classes ditas cultivadas de Portugal se voltaram para a ideia de Europa como nunca antes. Eça de Queirós exprimiu esse europeísmo obsessivo de "um país que sempre se sentiu universal por dentro e insignificante e marginalizado no contexto europeu"[16]. Talvez, por isso, a colonização da África e a tentativa de lá produzir "novos brasis" tenha sido erigida à condição de ideologia do império salazarista a partir dos anos 1930. E mesmo a República (1910-1926) não soube ou não pôde romper com esse colonialismo.

Tratava-se, em verdade, de uma relação complexa e invertida. Portugal querendo ser europeu pensava-o não o ser. Mas de fato, o era. Não como sonhava ou idealizava a Europa (culta, capitalista, liberal, mas não democrática). Nunca o país inseriu-se tão rapidamente, desde o século XVI (subalterno, como sempre), nas correntes dos centros dinâmicos europeus. Esta era imperialista e neocolonial. Portugal também. Ainda que só um pouco para si mesmo e muito para Inglaterra e outros países que, cada vez mais, vão se inteirar nos negócios africanos de Portugal (chegando ao clímax nos anos 1960, como já o vimos noutro capítulo). O que era lido como Terceiro Império era a tradução para o português da corrida neocolonialista e imperialista.

Mas ser europeu deveria (teria de) ser outra coisa que não a de um país subalterno no contexto do Velho Mundo. Assim, no início do salazarismo, um autor menos conhecido (Sebastião da Costa), porém mais afeito às ideias mais comuns de sua classe, descreveu o que seria um país europeu visto do extremo ocidente do europeu:

> País europeu não é todo aquele que geograficamente está dentro da Europa. Para ser um país europeu, é preciso ter chegado àquele maior grau de civilização, nas coisas e nos homens, que na Europa se criou e teve desenvolvimento, e que por isso se chama civilização europeia[17].

16. Eduardo Lourenço, *Mitologia da Saudade,* p. 128.
17. *Seara Nova,* n. 193, 25 dez. 1929.

E para este autor, quais seriam as características que tornariam um país... europeu? Progresso material; estradas boas; cômodos comboios; jardins para crianças; escolas em que os mestres não batem nos alunos; bibliotecas e museus; produtos industriais bem feitos; frutas abundantes; honestidade; amor ao trabalho e ao estudo; respeito à liberdade, honra e propriedade; punição de criminosos independentemente de sua condição social. Bem, tratava-se de uma palestra feita para crianças no Funchal. Revelava, entretanto, tudo aquilo que Portugal não era, não tinha e desejava ser ou ter.

CONSTRUÇÃO EUROPEIA

Depois da Segunda Guerra Mundial, os estadunidenses, para todos os efeitos, consideravam a Europa apenas a região a oeste da "cortina de ferro". Ou seja, uma área definida pela ausência de regimes socialistas. E nessa classificação, certamente Portugal se encaixava. Aliás, fazia parte da Aliança Atlântica (formada em 4 de abril de 1949). Mas não se sentia (e não era visto) como europeu. Porque o que era ressaltado na diferenciação entre Europa Ocidental e Leste Europeu não convinha a Portugal. Ou Portugal não convinha ao discurso ocidental. Porque era uma ditadura. Tanto quanto a Grécia dos coronéis ou a Espanha de Franco. E esta, como aqueles, também tinha suas formas de identidade discursiva e de propaganda para se distanciar daquilo que os "europeus" dela esperavam: "O espanhol se sente muito mais unido aos povos americanos de sua estirpe que a esta Europa infeliz que jamais soube comprender nossa pátria". Dizia assim um cartaz de propaganda franquista, *La Frase Quincenal*, uma publicação do Departamento de Propaganda (1948)[18]. Espanha partilhava com Portugal a ideia imperial. Mesmo que ela já tivesse perdido o seu império.

Como então se sentir europeu no renascimento da ideia de Europa? Pois é assim que muitos "europeus" passaram a identificar (ou

18. Alexandre Cirici, *La Estética del Franquismo*, p. 29.

desejar) caracterizar o período pós-Guerra. Não uma Europa geográfica, mas uma "comunidade de história e de cultura, de tradição e de espírito". Winston Churchill, que em 1930 havia escrito um artigo sobre "Os Estados Unidos da Europa", voltou, em 1946 e 1947, a expor as razões de uma recente ideia europeia. Luigi Einaudi, coerente com seu liberalismo, discursando em 29 de julho de 1947 na Assembleia Constituinte Italiana, perguntava se era uma "utopia o nascimento de uma Europa", vinculada ao ideal da liberdade[19]. Um ano depois, era o portuense Casais Monteiro a escrever seu longo poema: "Europa", essa fênix sempre renascida. Poema irradiado pela BBC de Londres. Feito por um português no exílio. Portugal não era (mas o seria) europeu.

A par das diferentes ideologias que disputaram a construção europeia (como o Movimento Socialista Europeu), ela se desenvolveu por interesses econômicos mais práticos. O nascimento da Organização Europeia de Cooperação Econômica (1948) compreendia na origem, Áustria, Dinamarca, França, Grã-Bretanha, Grécia, Holanda, Irlanda, Itália, Luxemburgo, Noruega, Suécia, Suíça, Turquia e, também, Portugal. A Espanha manteve-se fora da OECE e do Tratado do Atlântico Norte. Aquela surgiu no bojo do Plano Marshall (1947) e da política de ajuda norte-americana para conter o avanço do comunismo.

Entre 1951 (criação da Comunidade Econômica do Carvão e Aço) e 1957 (Tratado de Roma, criação do Mercado Comum Europeu), adensou-se, por um lado, uma Europa das "grandes economias" e, por outro, uma associação mais ampla dos países ricos de todo o mundo capitalista – transformação da OECE em Organização para Cooperação e Desenvolvimento Econômico (OCDE), em 1960. Assim, realizava-se o real desiderato da antiga organização, que era reforçar os laços entre os países capitalistas, incluindo os Estados Unidos (e, neste caso, também Canadá, Austrália e Nova Zelândia).

19. Giovanni Rulli, *Per un'Europa Senza Frontiere da Yalta a Helsinki*, p. 255.

A partir de 1973 a Europa dos seis (Itália, Alemanha, França, Holanda, Bélgica e Luxemburgo) torna-se a Europa dos nove, com a inclusão de Inglaterra, Dinamarca e Irlanda. E, assim, permaneceu até o ingresso da Grécia em 1981, quando já se tinha criado o sistema monetário europeu e o European Currency Unit (ECU), como moeda de pagamento.

Durante essa construção europeia, Portugal manteve-se apartado. Salazar pautou-se, sempre, pela defesa da originalidade de Portugal. Lugar de fronteira ante o mar ignoto (e que se tornara conhecido graças a portugueses), como, noutro extremo, o "germano" diante do "eslavo invasor". Se ele defendia uma ideia de Europa, acentuava três fatores para justificar o "caminho original" português: o fato de que a Europa, sempre que convulsionada em guerras intestinas, não devia abranger Portugal, separá-lo de suas "tarefas ultramarinas" e fazê-lo, uma vez mais, perder lucros, fazendas e gentes. Em segundo lugar, Europa não se reduzia ao Velho Mundo, mas tinha sua área de expansão, de influência, em grande medida graças aos portugueses, na África. Assim, Europa é também atlântica e africana. E a África é uma tarefa "civilizatória" europeia e portuguesa. Em terceiro lugar, a Europa é também atlântica e americana. No passado, pela descoberta e colonização do Novo Mundo e, em especial, do Brasil português. Depois do Plano Marshall (1947) e do Tratado do Atlântico Norte (1949) pela ajuda e relação com os Estados Unidos[20].

Na chamada Guerra Fria, a Europa liberal e em reconstrução desautorizava os impérios. A descolonização também se impunha. O Estado, mesmo imperial, fazia suas primeiras fissuras para deixar penetrar o ideal do retorno à Europa. E o país também fazia parte do escudo ocidental ao avanço do comunismo. Interesses conflitantes

---

20. Luís Reis Torgal, "O Estado Novo: Fascismo, Salazarismo e Europa", em José Tengarrinha (org.), *História de Portugal*, pp. 324-328; António Telo, "A Europa Vista pela Propaganda Alemã", *Portugal, a Guerra e os Novos Rumos da Europa*, pp. 41-58; João Medina, "A Ideia de Europa: História da Unidade Europeia Desde o Final da Segunda Guerra Mundial aos Nossos Dias", em *Portugal, a Guerra e os Novos Rumos da Europa*, pp. 13-40.

rivalizavam capitalistas no próprio Portugal. Pois o país tinha liames já bastante sólidos com a economia europeia ocidental. No período 1969-1971, 28% dos investimentos estrangeiros diretos em Portugal vieram do Mercado Comum Europeu e outros 25,5% de outros países europeus da OCDE. De fato, cerca de 75% dos investimentos estrangeiros diretos no país tinham origem nos Estados Unidos, Inglaterra, Alemanha Ocidental e Bélgica, e 20% na França, Espanha, Suécia, Suíça e Holanda[21]. Isso era base para crises cada vez mais crescentes entre os interesses capitalistas e o próprio governo. O ideal europeu já se recriava. Mesmo no Estado. Mas Salazar persistia voltado ao Atlântico.

Certamente, esses "fatores" serviam para justificar a originalidade salazarista, não portuguesa. Para os opositores, tal originalidade, evidentemente, era uma deformidade. Tratava-se, tão somente, da tentativa de legitimação da ausência de democracia. Mas, ainda assim, havia um histórico que conferia as bases materiais e ideológicas para o afastamento de Portugal da construção europeia. Além do império africano, as antigas relações com a Inglaterra. Esta, "eurocética", patrocinou a criação da Associação de Livre Comércio Europeia (EFTA), em 1960, envolvendo também Portugal, Áustria, Suíça, Dinamarca e os países escandinavos. Mas, em 1972, Inglaterra e Dinamarca abandonaram a associação e aderiram à Comunidade Econômica Europeia. Pouco antes, o então vice-chanceler e ministro das Relações Exteriores da Alemanha, Willy Brandt, declarou que era preciso encontrar meios de desenvolver a cooperação econômica com Portugal e Espanha[22].

Nos anos 1970, com a Revolução dos Cravos, Portugal passou por uma crise própria de consciência em relação, por um lado, à sua função atlântica e, por outro, em relação ao Leste Europeu. A própria expressão "Europa do Leste" era cada vez mais tomada pejorativamente em Portugal e alhures. Especialmente (no caso luso)

---

21. VVAA, *Portugal/Capitalismo e Estado Novo*, pp. 79-80.
22. Willy Brandt, *A Peace Policy for Europe*, p. 67.

depois da derrota do setor radical da Revolução e, no caso europeu em geral, a partir da invasão do Afeganistão (1979) e das contestações internas na "Europa Comunista", como a Carta 77, na antiga Tchecoslováquia, e o movimento sindical "Solidariedade" na Polônia. É neste contexto que se reabilitou a expressão "Europa Central". Por vários decênios depois de 1945 esta expressão nunca era usada no tempo presente. Agora (anos 1980-1990) usava-se e se usa "Leste Europeu" em sentido neutro ou negativo e "Europa Central" em sentido positivo[23].

A natureza da propaganda ocidental contra o Leste Europeu residia na vigência da democracia eleitoral a oeste do Elba. Mesmo aquelas áreas que por vários anos foram ditaduras (como Espanha e Portugal) eram agora (nos anos 1980) democracias liberais (ou burguesas ou capitalistas)[24]. No início dos anos 1980 os principais países da Europa Ocidental estavam mais próximos uns dos outros em termos econômicos, populacionais e sociais (Alemanha Ocidental, França, Grã-Bretanha e Itália); e, em termos sociais, os países nórdicos eram muito superiores a todos. Não era (e não é) este o caso da Península Ibérica.

Socialmente e economicamente, os portugueses não serviam de modelo para o Leste Europeu e, em muitos indicadores, estavam bem atrás dos países socialistas. Isso era dito pelos que defendiam uma democracia popular ou de terceiro mundo na Revolução dos Cravos. O Partido Comunista Português publicou em nossa língua as razões do Partido Comunista da Tchecoslováquia depois da Primavera de Praga. Fez seu congresso em solo soviético. O número de associações de amizade entre países socialistas e Portugal cresceu depois do 25 de Abril. Basta olhar a citada bibliografia organizada por Ronald Chilcote para vermos o número de boletins dessas associações.

Ainda assim, em termos de modelo, por que escolher os países socialistas se os da Europa Ocidental eram ainda "melhores"? O que

23. Timothy Garton Ash, "Does Central Europe Exist?", *The Uses of Adversity*, p. 165.
24. Timothy Garton Ash, *In Europe's Name*, p. 9.

os portugueses das camadas médias e de cima queriam "reencontrar" era a Europa Ocidental, liberal, capitalista e, de preferência, social democrata. Assim como os do Leste.

A integração à Europa não era um destino irrecorrível para o Portugal do Terceiro Império. Ou estaríamos fazendo aquilo que Henri Bergson chamaria de "ilusões do determinismo retrospectivo". O *post hoc, propter hoc* (depois disso, por causa disso)[25]. Não era inevitável mas foi, desde o século XIX, um obsessivo projeto que abarcou até mesmo os comunistas (embora estes preferissem mais a Europa do Comecon, a Comunidade Econômica do Leste Europeu do que a União Europeia).

O desaparecimento do Leste Europeu como entidade política, o ressurgimento da noção de Europa Central e a ruptura de Portugal com a sua função atlântica, fez desabarem todas as opções políticas exceto duas: a do socialismo liberal (ou social-democracia devidamente domesticada), comprometido com os "valores europeus" fundados na democracia e no capitalismo, e o liberalismo social (ou simplesmente "liberalismo" *tout court*). No primeiro caso, o Partido Socialista e a tecnocracia governativa que o acompanha esforçam-se por serem liberais, mas inclinando suas políticas à esquerda. No segundo caso, os liberais esforçam-se por não parecerem antissociais, liberais puros de livre mercado e sem compromisso democrático, mas tentam inclinar a Europa (ou a pequena faixa ocidental extrema que é Portugal) à direita, ao conservantismo e ao fechamento de fronteiras. Isso porque parece ser mais útil ver a política europeia a partir dos anos 1980 e 1990, mais em termos de uma ordem liberal do que de construção de uma real unidade[26]. Afinal, as liberdades fundamentais europeias são definidas assim: livre movimento de trabalhadores, de investimento, de prover serviços e movimentar mercadorias e capitais[27].

25. *Idem*, p. 44.
26. Timothy Garton Ash, "The Case for Liberal Order", *History of the Present*, p. 317.
27. Klaus-Dieter Borchardt, *The ABC of Community Law*, P. 12.

Nos anos iniciais do novo milênio, a imprensa muito discutiu o desaparecimento das diferenças reais entre a esquerda e a direita ditas "democráticas" na Europa Ocidental. Excluindo os não democráticos, situados na margem de extrema esquerda (embora, no geral, sem nenhuma viabilidade eleitoral) e de extrema direita (estes eleitoralmente viáveis, como foram os casos de Le Pen, na França, Haider, na Áustria e, em menor medida, dos direitistas holandeses). Naturalmente, isso não valia para a Rússia ou demais países do Leste Europeu, onde a esquerda apareceu, inicialmente, como representante do *Ancien Régime* e a direita liberal como reformadora.

Apontava-se o novo trabalhismo de Blair, na Inglaterra, a ala social-democrata de Schroeder (em contraste com a de Oskar Lafontaine e dos sindicatos) na Alemanha, a moderação dos socialistas de Jospin (contra os grupos trotskistas), na França e do Partido della Sinistra de Acchille Occhetto, na Itália (contra a Rifondazione Comunista) como o sintoma da vitória de um sistema "normal", capitalista e democrático. Em Portugal, essa diferenciação pareceu ainda menor. Os dois partidos que existiram, de fato, para efeitos eleitorais, chamaram-se, a si mesmos, e Partido Social-Democrata e Partido Socialista. O primeiro seria o congênere dos conservadores britânicos, dos democratas cristãos em boa parte da Europa. O segundo, o "social democrata" de fato. Essa confusão tem sua origem numa revolução que inclinou toda a simbologia política à esquerda. Como sabemos, aquilo que Sorokin chamou de "demora cultural" aqui também se aplica: as palavras, as roupagens, as ideologias e a mentalidade demoram mais do que as práticas sociais e as transformações econômicas para serem reconhecidas.

Muitos círculos situados na extrema esquerda e, por isso mesmo, sem nenhuma voz nos *mass media*, tentaram, no passado recente (1974-1975) acentuar outra saída: a atlântica. Fosse pelo terceiro-mundismo e pela solidariedade internacional (com países africanos e latino-americanos), fosse pelo internacionalismo mais genérico (o último suspiro dessa linha de atuação foi o movimento português de solidariedade ao Timor Leste, nos anos 1990).

Embora essas vozes dissonantes sejam insignificantes no Portugal hodierno, elas tiveram apoio decisivo no aparato militar durante a Revolução. O caso do general Vasco Gonçalves é paradigmático. Ele seria mais representativo de uma saída atlântica do que os círculos de extrema esquerda, do que os comunistas (mais vinculados a um terceiro-mundismo soviético e, também, a uma aliança de Portugal com o bloco do Leste Europeu). O que seria esse Portugal atlântico, socialista, mas também pluralista (como o definiam Otelo Saraiva de Carvalho e, paradoxalmente, também Vasco Gonçalves), nunca se soube, dado o desentendimento entre as forças de esquerda em Portugal (incluindo os socialistas de Mário Soares) e o "grupo dos nove", do major Melo Antunes.

Aqui retornamos ao início dessa história. Portugal apartado das civilizadas gentes europeias. Essa lamentação de suas elites cultas e oposicionistas (republicanas, liberais, socialistas) não encontrou eco sempre no aparato estatal. Porque este, em conluio perene com os interesses materiais que precisava defender, preferia olhar para o Atlântico. Ver o império. Sonhar o Império. Este sonho que irreversivelmente se abalara em 1822-1825. Mas que se arrastara até o 25 de Abril de 1974. A Europa era a miragem. A África, a realidade imperial. Os revolucionários quiseram arrastar essas imensas massas de tempo quando sem o saber sacramentavam deslocamentos centenários, lentamente ritmados, mas que, enfim, tinham que ser reconhecidos. Quiseram os portugueses que o fosse na vertigem de uma Revolução, a do 25 de Abril de 1974.

INTEGRAÇÃO

A integração de Portugal à Europa tem uma data. Ou as tem várias. Num jornal se declarou explicitamente que o 25 de Abril foi o "renascimento da nossa vocação europeia"[28]. Para outros, o início do discurso da integração começou em fevereiro de 1970, na inauguração de um Colóquio sobre Política Industrial, quando um membro do governo, Rogério Martins, fez um "prólogo a uma estratégia europeia"[29]. A própria ascensão de Marcello Caetano à presidência do Conselho de Ministros estava estreitamente ligada aos interesses de "grupos financeiros mais apostados na abertura à Europa".[30] Em 1979 apareceu o boletim *Inteuropa*, da Associação Portuguesa para o Estudo da Integração Europeia[31]. O governo português gozou da intenção dos "nove" europeus em alargar suas fronteiras ao sul. Mas não além do Mediterrâneo, como o desejariam mais tarde países como o Marrocos[32]. Como sabemos, os limites estenderam-se ao sul, detendo-se nas Penínsulas e não ultrapassaram o mar. A Itália já era membro e, assim, incorporou-se a Grécia (1981) e Portugal e Espanha (1986). Antes mesmo da integração de Portugal, ela era qualificada de miragem europeia, tanto por círculos conservadores daquelas classes que, desalojadas momentaneamente do poder político, perdiam as rendas e lucros do colonialismo direto quanto pelos círculos "jacobinos" (os comunistas e os da extrema esquerda).

Mas o discurso dominante, travejado de vantagens econômicas aos trabalhadores portugueses dentro e além das fronteiras nacionais, não ocultava a consolidação do velho projeto mental. No discurso proferido em 7 de março de 1985, no Palácio das Necessidades, por ocasião da visita a Portugal da Comissão de Assuntos Gerais da União da Europa Ocidental, o ministro Jaime Gama asseverou os motivos pelos quais Portugal deveria rapidamente integrar-se à

---

28. Maria Manuela Aguiar, "Os 21 Anos que Mudaram Portugal", *Portugal em Foco*, 10 maio 1995.

29. Jaime Nogueira Pinto, *Portugal os Anos do Fim*, p. 227.

30. Fernando Rosas, "O Marcelismo e a Crise Final do Estado Novo", *Portugal e a Transição para a Democracia*, p.14.

31. Ronald Chilcote, *The Portuguese Revolution of 25 April 1974: Annotated Bibliography on the Antecedents and Aftermath*, p. 40.

32. Joël Boudant e Max Gounelle, *Les Grandes Dates de l'Europe Communautaire*, p. 206.

união da Europa Ocidental: o primeiro deles de ordem militar, porque o país integrou a Organização do Tratado do Atlântico Norte (OTAN) desde o início.

O segundo motivo seria a adesão portuguesa aos valores europeus: a liberdade e o respeito aos direitos individuais que fundamentariam as democracias ocidentais[33]. Neste caso, o mito fundador da união é menos a perdida e reencontrada vocação europeia portuguesa e mais a sua adaptação à democracia formal. Portanto, não o Portugal de Vasco da Gama e suas ousadas circunavegações, mas sim o de uma Revolução despida de suas tentações marxistas e convenientemente revestida do traje democrático. Fato corroborado no discurso proferido à Assembleia da República em 10 de julho de 1985, por ocasião da aprovação do Tratado de Adesão à Comunidade Econômica Europeia, quando Jaime Gama disse: "A integração numa forte estrutura política europeia e pluralista acentuará, a nível político, a irreversibilidade da nossa própria opção democrática"[34].

Discurso bem diferente, na aparência, àquele outro, proferido na Assembleia da República em 11 de abril de 1985, por ocasião do debate sobre a política de integração europeia. Debate e discurso para consumo interno onde Jaime Gama volta-se para o sonho liberal construído ao longo do interminável século XIX português, que parece ter começado com o Terceiro Império (1825) e ter acabado junto dele em 1975. A volta à Europa: "Ao aderir às comunidades europeias, Portugal, que abriu os horizontes do espírito europeu no século XVI, regressa ao que é seu e traz consigo a experiência de outras culturas e civilizações [...]"[35].

A citação basta por si só. É possível argumentar que esta busca das elites pela Europa não se refletia em enquetes de opinião. Em 1980, 24,4% dos portugueses apoiavam a Comunidade Econômica Europeia. Porém, mais de 70% apoiavam a União Europeia na dé-

33. Jaime Gama, *Política Externa Portuguesa*, p. 109.
34. *Idem*, p. 133.
35. *Idem*, p.121.

cada de 1990[36]. O que se revela é antes o descompasso entre povo e elites; a incapacidade destas de convencer a sociedade num país de tantos iletrados na maior parte do século XX. Ora, este povo não contava para seus grupos dominantes e quando passou a ter algum significado, depois da Revolução, logo acompanhou aqueles que dirigiam os processos políticos e econômicos.

As relações com a Europa continental e as Ilhas Britânicas já eram muito mais significativas do que os fluxos comerciais com as colônias. Ao menos depois da Segunda Guerra Mundial. Como já o sabemos, o Portugal imperial era uma realidade cada vez mais carente de bases econômicas nos anos 1960. Seus liames comerciais engrossavam as comunicações com a Europa e fragilizavam sua condição imperial. Só o véu ideológico do salazarismo e do Império obscureciam o novo Portugal "europeu". A Revolução retirou esse véu. Usou para isso uma fraseologia socialista. Mas ela não se concretizou, e tanto os conservadores do Norte quanto os radicais de esquerda foram derrotados pelo projeto "europeu", liberal e "democrático". Uns com a nostalgia do Portugal pluricontinental. Outros com a certeza de que depois de dois anos de Revolução o país tem vivido decênios de uma contrarrevolução prolongada.

FONTES E IMAGENS

Recolhamos essas imagens (e miragens) de reintegração à Europa num exemplo. Exemplo que se pôde colher num catálogo de selos. Um estudo serial das representações, símbolos e ideias transcritos nos selos postais talvez revelasse uma continuidade insistente ao lado dessas modificações.

Selos seguem certos padrões. Quase universais. Eles lembram. Comemoram. E difundem valores. Como são produtos contem-

---

36. Vide a crítica que uma historiadora endereçou a esta ideia: Raquel Varela, "O 25 de Abril, a Espanha e a História", *Tecnologia: Perspectivas Críticas e Culturais*, n. 181, 2006 (Separata).

porâneos do Estado Nacional (e, em geral, emitidos por governos estabelecidos), acabam por exprimir a famigerada "ideologia dominante".

Façamos um pequeno levantamento para ilustrar essa conclusão[37]. Vejamos tão somente as séries de selos e não cada emissão singular. Contemos também as repetições de séries. Não levemos, contudo, em consideração as emissões regionais ou de outros órgãos, os blocos, os privativos, as encomendas postais... E lembremos que as rubricas que criaremos não são rígidas. Um critério como "efemérides", por exemplo, é vago em demasia. Mas que remédio. Utilizemo-lo! Ele se confunde com outras rubricas (eventos, religiosos, motivos portugueses etc.). O interesse deve ser ressaltar esse culto insistente ao passado. A rubrica "eventos" façamo-la abranger os selos de ocasião, as campanhas, congressos, jogos etc. Os "motivos portugueses" que lembrem os regionalismos, os costumes, o folclore, as bandeiras locais.

Ora, um filatelista saberá que todos os países cultuam o passado em seus selos. Mas cultuam também o futuro. E as realizações. Há quem colecione selos por tema. Aviões, por exemplo. Os russos eram pródigos nisso tanto quanto nas aeronaves espaciais. Portugueses cultuam o passado. A monarquia, entre a primeira série postal até a República, fez predominar as personagens históricos. Reis. Treze séries de selos num total de 21. A República (1910-1926) deu cinco personalidades e duas datas comemorativas (efemérides), seguidas de quatro Ceres[38] num total de dezessete séries.

O regime salazarista (1926-1974) só lançou oito vezes personalidades em selos. Cinco Ceres. As efemérides contaram-se em 105 séries! Sempre centenários, bicentenários, sesquicentenários. De literatos. De vultos históricos. De milagres e batalhas passadas. 37 séries

37. Analisei as séries de selos no *Catálogo de Selos de Portugal Continental, Insular, Ultramarino, Macau e Novos Países de Expressão Portuguesa*, 1985 (org. Eladio Santos).

38. Ceres é a deusa da colheita e da agricultura. Sua figura é bastante usada nos selos e moedas de vários países.

se prenderam a eventos casuais. Um congresso. Uma olimpíada. Uma campanha de saúde. Mas nos anos sessenta surgem séries com o tema "Europa". Entre 1961 e 1973 foram doze! Num total de 194 séries. Os dez primeiros anos de "democracia" após o 25 de Abril renderam vinte com o mesmo tema! E 58 séries com efemérides, 32 de eventos e 22 de costumes portugueses. Total: 152 séries. Notemos uma continuidade temática entre os estertores do salazarismo, quando Portugal, já vinculado aos interesses dominantes das grandes empresas europeias, e o regime constitucional. O tema: a Europa.

Portugal buscou a Europa. Desde o quinhentismo. Desde o fim inglório em Alcácer-Quibir. Ao menos em termos de ideias. Às vezes o sonho retornava, abafado que estava por um sonho ainda maior: o Império. O Império se desfez. E Portugal voltou ao convívio da Europa civilizada. Ingressou na União Europeia. Voltou a ser Europa. Voltou?

ESTRUTURAS E PERMANÊNCIAS

Que lugar para a sua extremada faixa sudoeste reserva um continente cujo centro dinâmico está no seu norte? Tanto nas mentalidades espalhadas ao longo do retângulo ibérico, quanto na mensagem de alguns setores mais ou menos adaptados a concorrer na Europa comunitária, Portugal deveria ter sua função. Seu papel. Aquele que teve o direito pela sua história. Como sempre é um lugar de fronteira:

> [...] um lugar de passagem de homens, de mercadorias e de ideias importadas, quer eles tenham sido ou não assimilados pela Europa. Ou seja, Portugal e a Espanha (e o mesmo acontece também em relação aos países do leste, em relação às civilizações orientais) sempre foram lugares onde a identidade europeia é mais vivamente sentida, do ponto de vista cultural, e como resultante da constante presença do outro[39].

---

39. José Mattoso, "Portugal e a Europa", em VVAA, *Corpo e Espírito da Europa*, p. 104.

216   LINCOLN SECCO ❧ A REVOLUÇÃO DOS CRAVOS

E o que restaria agora? Para este autor citado, "permanece todavia a função específica de servirem de intermediários na troca de ideias e de experiências entre as regiões do hemisfério sul, sobretudo a África e a América Latina, e a Europa"[40].

Mas será esta a funcionalidade da União Europeia para os portugueses? Querem ver o Atlântico em nome da Europa? Uma enquete realizada a este respeito revela outra percepção nas gentes de baixo, na infraestrutura da sociedade civil. Fez-se um levantamento de como a Europa e sua união foram refletidas nos meios de comunicação social portugueses. Eis as imagens: *1.* a Europa é um doador de fundos a Portugal, afinal entre 1986 e 1992 o país recebera sete bilhões de dólares em fundos comunitários[41]; *2.* a comunidade é um lugar de permanentes e demoradas negociações burocráticas; *3.* a União não é só dos governos, é também de organizações da sociedade civil irredutíveis a seus Estados; *4.* há uma perda de soberania etc.[42]

A entrada na União Europeia coloca um termo em qualquer sonho de autonomia monetária, financeira, econômica e, quiçá, cultural e política. Nada de nova união com os países africanos ou com o Brasil em bases solidárias (atlânticas), como pensou Vasco Gonçalves. Como o disse Florestan Fernandes num discurso na Universidade de Coimbra.

Mas em que isso mudou Portugal? Não era já o país uma quase colônia de ingleses e, um pouco menos, franceses, alemães? Apesar do Império, já não tinha suas relações comerciais com o Brasil (como dantes), com a França e (muito) com a Inglaterra? E quase nada com África? No início do século, os ingleses consumiam 70% das exportações portuguesas. Dois terços do comércio luso se faziam sob bandeira britânica.

40. *Idem*, p. 105.
41. *A Voz de Portugal*, 28 abr. 1994.
42. Jorge Wemans, "A Construção da Europa na Comunicação Social Portuguesa", pp. 254-255.

Portugal-Império não era uma economia-mundo em si. Naquele sentido dado por Fernand Braudel: "um universo em si, um todo". Periferia da economia europeia, seu império africano era só uma extensão colonial de uma economia-mundo atlântica. Agora, é a hora e vez da Europa "unida". Mas com seus centros de decisão em Berlim, Paris... não em Lisboa.

7. Geo-História

Porque é do português, pai de amplos mares,
Querer, poder só isto:
O inteiro mar, ou a orla vã desfeita –
O todo, ou o seu nada.

FERNANDO PESSOA

COM O FIM DO IMPÉRIO, África e Portugal se tornaram duas realidades distantes. Uma faixa no extremo ocidente que sonhou com o mar. Uma vasta área, de que Portugal só conquistou os litorais estreitos no Atlântico e no Índico. Europa e África. Esta, entre dois oceanos e dois desertos, como veremos, não logrou mais ser uma entidade política e econômica de monta. Aquela, em meio a tanta diversidade e tantas mudanças de fronteira, conformando politicamente uma união. Mas antes disso houve uma história. Um espaço comum. Fluxos de comércio. Exploração. Enfim, uma geo-história. Esta palavra que foi aclimatada em francês em contraste com a geopolítica, em contraste com uma história espacial esquemática. A palavra, entretanto, desapareceu. Ou quase. E mesmo Fernand Braudel a retirou da segunda edição de sua obra, *O Mediterrâneo*[1]. Por isso, se preferirmos, falemos apenas de uma história lenta inscrita nas paisagens.

Porque uma formação social e econômica, para lembrar o conceito do velho Lenin, deveria sempre agregar também o adjetivo "espacial". Porque as economias estão nos espaços. Apesar disso, não se pretende aqui fazer uma descrição geográfica de Portugal. Os elementos de paisagem só servem para identificar um discurso geográfico (e histórico) e para corroborar ou questionar tal discurso.

---

1. Fernand Braudel, "Geo-História", trad. Lincoln Secco e Marisa Deaecto, *Entre Passado e Futuro*, n. 1, maio 2002. Vide ainda Lincoln Secco e Marisa Midori Deaecto, "Introdução", em Fernand Braudel, *O Mediterrâneo e o Mundo Mediterrâneo*.

Nossa investigação, restrita à seara das ideias e das práticas políticas e intelectuais, poderia até prescindir de uma exposição "geográfica". Ela seria, contudo, incompleta. Por três razões:

1. Entre as motivações básicas do imperialismo português, esteve sua independência face à Espanha e seu papel supostamente original no conjunto da Europa. O Terceiro Império foi tardio e insistente mesmo em lugares onde a colônia não tinha função econômica. Como Macau. Discutiu-se se todo o Terceiro Império não foi de prestígio ou economicamente determinado. Por tudo isso, Portugal precisa ser compreendido num espaço físico e ideológico que une Europa e África.

2. Os discursos imperialistas, por um lado, ou de independência, por outro, usaram tanto a história quanto a geografia para justificar ora o Império, ora a independência nacional, ora a integração europeia. A razão de se tangenciar superficialmente a geografia reside tão somente na tentativa de demonstrar as construções dessas identidades (nacional, imperial ou europeia) pelo que elas são: invenções historicamente determinadas. Assim, foi preciso mostrar o quanto o Minho português e a Galícia espanhola são semelhantes.

3. A geografia também auxilia a visão da Revolução. Mostrar o papel centralizador de Lisboa e as tendências de resistência, muitas vezes centrífugas, reveladas pelo isolamento físico altivo das regiões ou pela emigração embarcadiça, dirigida não a Lisboa ou ao Porto, mas ao ultramar, permite entender os dilemas políticos de uma Revolução que pouco saiu de Lisboa e cujas operações militares reais ou potenciais quando muito envolveram as Caldas da Rainha (antes do 25 de Abril) ou ameaças nos Açores (por parte da OTAN ou NATO). A transformação de Lisboa, de centro opressor fiscal e político em cidade europeia e turística dá a esta cidade de novo a vanguarda de um processo histórico. A contradição, entretanto, é que se trata de um processo que abala a identidade nacional e liga o país a uma entidade supranacional.

O retângulo ibérico não existe senão na circunferência: o mundo inteiro e seus fluxos econômicos e populacionais. Todavia, Portugal não é uma paisagem que se confunde com a Europa e, no discurso geográfico tradicional, nem mesmo com o resto da península.

Assente no flanco ocidental, para alguns geógrafos ele contrasta com a "maciça uniformidade dos planaltos interiores da meseta"[2]. Do mar, este platô espanhol é dificilmente acessível pelos rios pouco navegáveis[3]. Os braços de comunicação fluvial encontram-se, em geral, em território português. Esse lugar de uma desejada identidade perante o resto da península será lembrado na política e mesmo na busca atual de um lugar para os portugueses na nova Europa.

O nome Península Ibérica não é suficiente, do ponto de vista histórico, para tratar daquela região aquém-Pirineus de que Portugal faz parte. Isto porque os iberos da Antiguidade não povoaram senão a parte oriental. Todavia, a expressão Península Hispânica, foi sempre evitada pelos portugueses, por razões fáceis de se compreender[4].

O platô espanhol forma três conjuntos. No noroeste a meseta é mais elevada. Atinge uns mil metros ao pé das montanhas em Castela Velha, Leão e Trás-os-Montes. Ao sul, em Castela Nova, Estremadura espanhola e Alentejo inclina-se em demanda do oceano e forma um vasto plano inclinado que passa de oitocentos metros a leste a menos de duzentos metros na vizinhança do mar. No nordeste, enfim, um conjunto entre duzentos e trezentos metros.

Em todos esses platôs, os rios operam verdadeiras decupagens e formam vales. Nas rochas eruptivas e metamórficas da parte ocidental, os cursos de água cortaram os vales em "v". O Douro aprofundou seu vale em Trás-os-Montes em quinhentos metros[5]. Na subida da Serra da Estrela, o comboio (trem) acompanha especialmente o

---

2. Jaime Cortesão, "O Problema das Relações Entre a Geografia e a Autonomia Política de Portugal", *Seara Nova*, n. 200, 13 fev. 1930.
3. Franciscus Maria Gescher e B. H. Gescher, *L'Espagne dans le Monde*, p. 44.
4. Michel Drain, *Géographie de la Péninsule Ibérique*, p. 7.
5. *Idem*, p. 32.

rio Mondego. Todavia, é do outro lado, no alto Vale do Zêzere, que se pode observar os belos picos gelados, como se fossem nos Pirineus. Estes rios são peculiares. Ambos nascem na Serra e ameaçam seguir para nordeste. De repente, ambos fazem uma curva, na forma de ferradura. Mas, aqui, eles se separam. O Mondego faz sua virada à esquerda. E parte para o oeste em demanda de Coimbra e da Figueira da Foz. O Zêzere desce na direção sul, para o centro do país, perto de Tomar.

Nota-se que a geografia física não individualiza Portugal. Ela singulariza regiões! O Minho e a Galícia são semelhantes em muitos aspectos. Especialmente as altitudes. Nas montanhas predomina o mesmo arcaísmo da vida rural. Na faixa litorânea a mesma produção de um vinho verde de inigualável sabor. A Estremadura espanhola e a Beira Baixa são arquipélagos de pedra sujeitos aos mesmos sistemas de erosão. E sua paisagem se confunde com o Alentejo. Entretanto, ela pertence à Ibéria interior e é bem diferente da Estremadura portuguesa, de natureza litorânea e que, em tempos dantes, englobava a Beira litoral.

Todavia, há as diferenças que permitem alimentar o discurso da geografia nacional. Ao contrário da Espanha (exceto o extremo noroeste desta), Portugal está numa região que avança ousadamente no Atlântico. Ocupa 91 631 km² (incluindo o Arquipélago dos Açores e a Ilha da Madeira, ambos no Atlântico). A parte continental do país corresponde a 96,6% do seu território. As temperaturas são amenas, aumentam um pouco de norte para sul, com uma precipitação que diminui no mesmo sentido e do litoral para o interior, assim como a população, mais concentrada na faixa litorânea e no norte. Parecem, os portugueses, preferirem o solo montanhoso e planáltico, ainda que do país não se possa dizer que tem grandes montanhas, pois no geral 88,4% do território continental estão abaixo dos setecentos metros e 43,1% não chegam aos duzentos metros de altitude, sobrando 28,3% na faixa entre duzentos e quatrocentos metros. Apenas ao norte do Rio Tejo, encontramos 19,7% das terras acima dos setecentos metros[6]. Tudo muito abaixo das alturas da meseta espanhola ou das serras. Braudel resumiu a dialética das diferenças e das similitudes. Na esteira de Vidal de La Blache, ele articulou a geografia e a história, os lugares e os homens, o espaço e o tempo:

> Portugal, na fronteira Leste, é sem dúvida protegido pela natureza. Do planato castelhano à planície que recebe as águas portuguesas correm estradas difíceis, pouco transitáveis cercadas por sólidas fortificações. Mas esta fronteira de nada vale se não for sustentada por um país decidido a se defender[7].

As distâncias temporais e espaciais se exprimem também numa geografia industrial. Apesar da Europa e da sua união à qual Portugal integrou-se, a indústria portuguesa continuou a padecer de patologias históricas. De longa duração. Os desequilíbrios regionais ainda obedecem a duas clivagens. A mais sentida é entre o litoral e o interior. A segunda é entre o norte e o sul. E da combinação dessas têm-se um Portugal mais voltado à produção industrial no norte litorâneo. De Lisboa e seu entorno a Setúbal e depois acima. Ao Porto. A Braga. No interior as extensões para o triângulo Tomar-Abrantes-Vendas Novas. Sente-se esta extensão fisicamente ao se viajar para aquelas paragens. O rio Tejo poluído. O rio Nabão igualmente sujo naquelas plagas, especialmente no trecho urbanizado em Tomar. E bem mais ao norte a pequena extensão à Guarda, cidade no flanco setentrional da Serra da Estrela e que, não sendo tão alta, ainda assim é a mais elevada do país e que tem, por isso, aquele feitio medieval de guarda de fronteira ante o impetuoso avanço de "estrangeiros" vindos do sul. Em boa parte do país, a indústria de cortiça, presença não insignificante na pauta de exportações. E outras indústrias espalhadas. Muitas voltadas ao consumo local.

O problema estrutural é que Portugal não ousou ou não conseguiu passar da exportação (do vinho do Porto, do vestuário, dos

---

6.   Raquel Soeiro Brito (dir.), *Portugal: Perfil Geográfico*.
7.   Fernand Braudel, *O Mediterrâneo e o Mundo Mediterrâneo na Época de Felipe II*, p. 1026.

têxteis) à internacionalização de seus produtos e empresas. Sem mercados de destino, grandes marcas próprias ou controle dos canais de distribuição, a economia portuguesa inseriu-se na divisão internacional do trabalho às custas do barateamento de sua força de trabalho e da desvalorização cambial. Este último fator desapareceu com a entrada em vigor do euro, a moeda da União Europeia. Em 1991, 46,1% de suas importações eram do setor de metalurgia e metal-mecânico (intensivo em capital). E 38,9% das exportações eram de têxteis, vestuário e calçados (setores de elevado uso de força de trabalho)[8].

Portugal, historicamente, é um país de negociantes, não de empresários industriais. Buscam aqueles, como Marx já o ensinou, seus lucros na circulação das mercadorias, consumindo improdutivamente uma parte alíquota da mais-valia social. Administram, estes, a produção dessa mais-valia. Portugal só gerou muitos empresários excepcionalmente. Por exemplo, no norte ou na região da Marinha Grande (descendentes de cristãos-novos?). Nos anos 1990 estavam aí a tecnologia mais avançada, como na indústria de moldes[9].

Mas voltemos ao mar. Porque a Espanha é cinco vezes maior que Portugal, ela pôde ser um Império Terrestre, centralizado em Castela medieval. Banhada por quase todos os lados pelo mar, ela pôde escolher sua vocação mediterrânica. Depois atlântica. Mas Portugal sempre foi atlântico. Essa foi sua missão ou sua natureza nos últimos cinco séculos. É esta natureza que se viu perdida depois da Revolução dos Cravos e do fim do Império. Não era por nada que Jaime Cortesão acentuava esse caráter mais atlântico do que europeu de seu país. Porque, no seu aspecto orográfico, a faixa ocidental da Península forma um anfiteatro, voltado para o Oceano Atlântico.

Assim, os rios correm do nordeste para sudoeste (acima do Tejo), como o Vouga e o Mondego, e de sudeste para noroeste, abaixo, como o Sado e o Mira. Formam um leque[10]. Também não será por outra

---

8. Raquel Soeiro Brito (dir.), *Portugal: Perfil Geográfico*, p. 224.
9. Agradeço ao meu parecerista da Fapesp por ter me chamado a atenção para este fato.
10. Raquel Soeiro Brito (dir.), *Portugal: Perfil Geográfico*.

razão que, depois da perda do Brasil, portugueses ilustrados tratarão de avisar que o país só subsiste como um Império Atlântico. Ou é absorvido pela Península (leia-se Espanha). O país só existe em função atlântica. Função esta simbolizada na Torre de Belém. Naquela paragem que, hoje, é dominada pelo Museu da Marinha, pelo Mosteiro dos Jerônimos, pela linha de um elétrico mais moderno (*bond*), pelos famosos pastéis. Pelo turismo. É o extremo de Lisboa.

LISBOA, CIDADE EUROPEIA

Lisboa, como qualquer urbe considerável, não se presta a guerras convencionais. Acresça-se o fato de que seus limites naturais, seu relevo irregular e a exiguidade de um espaço que termina nas margens do Tejo, não convida a grandes movimentações de tropas. As ações militares do 25 de Abril se adaptaram a esta realidade. O posto de comando se estabeleceu bem longe do teatro principal de operações. Otelo Saraiva de Carvalho preferiu o norte. A Pontinha. O aeroporto também foi tomado e, assim, o controle da cidade se decidiria no centro nervoso, na zona histórica do Chiado e adjacências e, por fim, na Praça do Comércio, na Santa Apolónia, na beira do Tejo.

A única embarcação que ameaçou os revoltosos no 25 de Abril foi a fragata Gago Coutinho. As ameaças de disparos não se cumpriram. Esta realidade militar também precisava respeitar uma geografia. Precisava aceitar o centralismo lisboeta, sua posição estratégica política e administrativa. Ninguém levaria a sério uma revolução que tomasse o poder em Évora ou na Madeira e esperasse por Lisboa. E esta própria capital tinha suas especificidades. Mesmo numa época em que a disputa pelo controle dos meios de comunicação social é que garantiria a hegemonia (no sentido gramsciano de consenso mais coerção) do movimento na cidade.

Lisboa estende-se ao longo de um litoral fluvial de cerca de dezoito quilômetros, desde Beirolas, a levante, até o limiar de Algés, a poente. Dois marcos definem a cidade litoral. Um de natureza física, inescapável, o Mosteiro dos Jerônimos na parte ocidental, onde também domina a paisagem a Torre de Belém. Outro de natureza humana: o Convento Madre de Deus (ou a ferrovia, se preferirmos) na porção oriental. Seguindo para o interior, os limites são assinalados por montes ou elevações que bordam vales mais fundos. A oeste está o Cemitério dos Prazeres e a leste, o Alto de São João. São fronteiras "naturais". É no norte, esta evidente possibilidade de expansão da urbe, em que se situam os únicos vazios urbanos consideráveis de Lisboa. O Aeroporto da Portela de Sacavén, a Cidade Universitária e o Parque Monsanto[11].

Para os padrões europeus, Lisboa é, realmente, uma cidade de porte com seus 677 mil habitantes em 1991! Porto, talvez um tanto menos significativa, com suas 310 mil almas no mesmo ano[12]. País macrocéfalo, já se disse. Lisboa ocupa tudo e todos. E a população portuguesa, como no quinhentismo, concentra-se entre o Douro e o Tejo. Não há outras grandes cidades em Portugal. As que aspiram este título também são tributárias da Grande Lisboa.

Em 2001, Porto foi a capital europeia da cultura. Seu centro, próximo à velha e belíssima Livraria Lello & Irmão, seus arredores, suas ruelas estreitas que levam às margens do Douro, a rua das Flores, onde há alfarrábios... tudo parecia destruído e em reconstrução. Até a Ponte Dom Luís, cheia de tábuas e tapumes. O filme de Manoel de Oliveira, *Porto da Minha Infância*, celebrou essa cidade. Mas, de fato, não era ela a grande cidade europeia portuguesa, e sim Lisboa. Essa cidade que se vive como europeia bem distante do Portugal profundo e pré-europeu do Alentejo ou do Minho:

> Dos fins da República à Expo 98, num combate equívoco, Portugal luta desesperadamente para ser outro sem sair de casa, certo de que a Europa trazia até o Rossio e à Havaneza o que a sua classe mundana precisava para não passar por provinciana nos centros onde existia com elegância anônima, con-

---

11. Aquilino Tudela, "Balizagens de Lisboa", *Boletim da Sociedade de Geografia de Lisboa*, série 102, n. 1-6, jan.-jun. 1984.

12. Raquel Soeiro Brito (dir.), *Portugal: Perfil Geográfico*, p. 133. Em 1974, Lisboa tinha cerca de 800 mil habitantes. No censo de 2021 registrou aproximadamente 545 mil.

servando em casa os jardins edênicos dos seus solares do Minho e das suas coutadas do Alentejo[13].

Lisboa é uma cidade capitalista por excelência. Mas nela convivem tempos lentamente ritmados, além daqueles mais velozes da dinâmica do "capital globalizado" e "desterritorializado". Todavia, esses diversos tempos se articulam naquele espaço. Ondas e relações horizontais, resistentes nos lugares, combinam-se com pontos de inserção de ondas e vetores transnacionais. Em nenhum lugar isso é mais visível do que numa cidade plural e provinciana, europeia e africana, como Lisboa. Se é verdade que os traços do imperialismo e dos novos imigrantes tendem a ser apagados da propaganda oficial, numa cidade em que ao lado dos turistas europeus, agem e trabalham africanos, brasileiros, ucranianos etc., a cidade continua a ter em seu íntimo povos, culturas e elementos de diferentes idades históricas. Essas variáveis do espaço são "assincrônicas do ponto de vista genético", é verdade, mas "funcionam sincronicamente", em conjunto, segundo as "relações de ordem funcional" que mantêm entre si[14].

Imaginemos que Lisboa fosse uma folha de papel em branco. Nela se inclui um mapa. Depois linhas horizontais ligando regiões e pessoas, partidos e igrejas, prédios e parques, empresas e clientes, comércio e serviços. Nesse mesmo mapa há pontos produzidos por linhas verticais que formam um ângulo reto em cada local. São as empresas transnacionais. Os interesses globais. O turismo. Eis o espaço, talvez. Mas ele carrega em si idades, monumentos, técnicas, uma toponímia, uma ação social e política, investimentos, economias, a miséria, a pobreza, a resistência. Para nós outros, historiadores, não será o espaço que dará sua palavra final. E sim a duração. O(s) tempo(s).

Não o da política somente, dependente das ações de governo do dia a dia. Não só o dos resíduos dos impérios ou do período do "Es-

---

13. Eduardo Lourenço, *Mitologia da Saudade,* p. 132.
14. Milton Santos, *Por uma Geografia Nova,* p. 211.

228 LINCOLN SECCO ❧ A REVOLUÇÃO DOS CRAVOS

tado Novo". Mas o de todos eles. Porquanto esse espaço é histórico. E historicamente constituído. "A cidade é um espaço imerso no tempo"[15]. Tempo que guarda velocidades e lembranças várias. Oliveira Martins, para que se o comprove essa insistente visão que se tem sobre Lisboa, já o dissera:

> Portugal é Lisboa, escrevi eu algures. Devia ter dito antes que Lisboa absorveu Portugal, pois esta expressão corresponde melhor à verdade histórica. Lisboa não foi Portugal até o meado do século XIV; mas desde que a vida marítima nos absorveu de todo, a capital e o seu porto, como um cérebro congestionado, mirraram as províncias. Portugal passou a ser Lisboa: uma cabeça de gigante num corpo de pigmeu[16].

Se a cidade medieval nascera do intercâmbio comercial, a Lisboa de hoje é resultado do seu papel macrocéfalo no país: centro de serviços, sede administrativa de empresas e de um comércio local e internacional à medida que um setor importante da cidade foi refeito à imagem e semelhança dos turistas e da "indústria do turismo". Especialmente o turismo europeu.

Viajar por Portugal é descobrir que os portugueses querem, finalmente, tornar-se europeus. Já o queriam nos anos 1960. E o quiseram no Oitocento. É o projeto da União Europeia, à qual Portugal passou a integrar oficialmente em 1986, que move as consciências. Esse "país europeu" é visível em Lisboa e numa camada da sua população. Aquela que se quer europeia e que vê com reservas aquilo que lhe parece tenebrosamente provinciano. Como contou Miguel Torga:

> Seja como for, a nação não morre de amores por Lisboa, e sabe-se que Lisboa lhe paga na mesma moeda. É uma mútua hostilidade latente, que os anos não suavizam. O grito doloroso e revoltado que ainda hoje ecoa pelas serras da Beira – "O país não é o Terreiro do Paço" – exprime uma parte desse desencontro; a ironia e o superior desdém que o lisboeta fala da província, é outra imagem dele. A centralização que o progresso tem acentuado, fazendo convergir todo o esforço do país para a sede do poder, aviva feridas mal cica-

15. Renata Araújo, *Lisboa: A Cidade e o Espetáculo na Época dos Descobrimentos*, p. 13.
16. Oliveira Martins, *Portugal nos Mares*, vol. 1, p. 10.

trizadas e abre outras de maior purulência ainda; um convívio mais íntimo com a nata do mundo, uma situação de privilégio em relação à cultura e ao gosto, tornam penoso o contato com maneiras terrosas e analfabetas[17].

Há na cidade de Lisboa toda uma geografia cultural voltada ao cosmopolitismo. Que faz do "nacional" a mercadoria da indústria do turismo. As ruas apertadas da Alfama, as casas pobres preservadas assim, o traçado do elétrico (*bond*), o Chiado (zona baixa da cidade) e o Bairro Alto perfazem um espaço vital do turismo. Aquela pequena parte do país impulsiona um fluxo de pessoas e mercadorias, o que envolve outras zonas. A própria integração do território nacional, feita a partir do século XIX com as ferrovias, é hoje núcleo de expansão do turismo a partir de Lisboa. E na direção norte. Em 1856 foi construída a primeira ferrovia com 36 km de extensão[18]. De 1877 a 1890 o país saltou de 946 km de linhas em uso para 2 070 km[19]. Estabeleceu linhas para o norte e o leste antes do sul e do sudeste. Atingiu a região entre Douro e Minho primeiro:

> Desde muito cedo que Lisboa se tornou centro diretivo do país (podemos considerar a conquista definitiva do Algarve – 1253 – como o ponto de início do domínio de Lisboa) e também logo nos primeiros tempos da expansão ultramarina ela ultrapassou as fronteiras. Até à segunda metade do século XIX, com a predominância do transporte aquático (marítimo e fluvial – um dos principais fatores do desenvolvimento inicial de Lisboa esteve certamente no fator de o Tejo constituir a melhor via de penetração no interior do país) Lisboa e seu centro vivem voltados para o rio, apesar do esforço de Pombal em dirigir a cidade para o interior. Ainda as primeiras linhas férreas (Santa Apolónia, Barreiro – Terreiro do Paço, Cais do Sodré, Alcântara – Sintra) permitem a continuidade. Só com a Estação do Rossio, na viragem do século, o centro de Lisboa é fortemente basculado para norte e vai continuar, agora sem interrupção, o processo que fora deixado em suspenso pelo urbanismo de Pombal[20].

17. Miguel Torga, *Portugal*, p. 118.
18. Théodoric Legrand, *Histoire du Portugal*, p. 158.
19. Manuel Villaverde Cabral, *O Desenvolvimento do Capitalismo em Portugal no Século XIX*, p. 335.
20. Jorge Gaspar, *A Dinâmica Funcional do Centro de Lisboa*, p. 18.

Nesta Lisboa bem próxima do Tejo também se "educa" uma parte da população no projeto europeu. Os mais jovens e as classes médias e superiores são o esteio, o consenso dessa integração. Esse processo que se passa na superestrutura cultural e ideológica carece, contudo, de bases mais sólidas, fincadas nas economias, na vida material, nos costumes. A cidade revela seu lado provinciano e os problemas sociais.

Este sonho de voltar a uma Europa da qual se teria desviado no século XVI só poderia tornar-se, aos olhos dos radicais, a armadura ideológica da manutenção da nova ordem. Foi preciso uma revolução de roupagem socialista para que a democracia parlamentar e o liberalismo se impusessem. Mas esse liberalismo foi a única linguagem que se falou em Portugal durante o Terceiro Império. Foi Lisboa que criou essa miragem socialista. Porque esta cidade, e somente ela, foi a sede de um Império com o rosto voltado para o Atlântico Sul e para outras paragens. E foi a partir dela que Portugal voltou depois os olhos para o continente, como se ali estivesse o futuro. Futuro que é um passado redivivo. A crença na recuperação do que se perdeu. A Revolução preferiu tirar sua poesia do passado.

Essa ideologia que envolve a política portuguesa é alimentada por Lisboa. Assim como a realidade oposta de suas classes inferiores situadas na sua cintura industrial. E nas cidades dormitório ao seu redor. Ou além-Tejo, onde as pessoas atravessam pela manhã o rio para prestar seus serviços na cidade turística ou para trabalhar na construção civil de uma cidade que é constantemente remodelada e restaurada. Na infraestrutura da sociedade civil operam essas forças sociais que não encontram representação política ou cultural na cidade ou no Estado[21].

---

21. A leitora e o leitor observaram que aqui os entes geográficos são conjuntos complexos, sínteses de vontades coletivas, lutas de classes e hegemonias. Faço o registro porque na primeira edição um douto professor confundiu a metáfora espacial (continentes, cidades, países) necessária na narrativa histórica com o ato de antropomorfizar.

São forças de decadência, provincianismo, racismo, de surda violência e da contraviolência de uma massa de não cidadãos (imigrantes), de desempregados e de classes subalternas ainda a espera de uma nova ou de uma outra "politização". O crescimento populacional também revela os desequilíbrios regionais, favorecendo Lisboa, *ma non troppo*. Já no século XIX (1890-1911), incrementava-se a plebe urbana de Lisboa e Porto, cidades cujas populações cresceram 44% e 40%, respectivamente[22]. Não explicava isso o republicanismo como um fenômeno tipicamente urbano concentrado particularmente em Lisboa? Realidade que perdurou até a Revolução de 1974-1975.

Nos anos que envolvem também a crise do Império e a Revolução, a variação populacional (período 1970-1991) foi de 9,5% em Lisboa, muito acima das taxas negativas da maioria dos distritos do país, mas abaixo dos 23,3% do Faro (no Algarve), dos 11% de Braga, dos 22,3% de Setúbal (mas Setúbal está na órbita lisboeta, ao sul do Tejo).

Se Lisboa permaneceu grande demais para os portugueses, já amenizou sua grandeza. Mas isso é insuficiente, é certo, porque o restante do país permaneceu distante dos progressos e do centralismo lisboeta. Submetido sim. Mas com suas culturas. E suas desavenças. Lisboa continuou sendo uma cidade desproporcional. Como Magalhães Godinho o disse: não se forjaram em Portugal cidades médias. Só as muito pequenas. Porque a emigração portuguesa foi embarcadiça e não se dirigiu às cidades. E as grandes eram apenas Lisboa e, em alguma medida, o Porto. As cidades que cresceram depois de abril, ainda assim o fizeram no entorno muito próximo de Lisboa, como Amadora e Setúbal. Tudo se passava, como sempre, no Terreiro do Paço.

Partir desse centro nevrálgico de Portugal é indagar o futuro. Lisboa passou a viver de passado. Convenientemente moldado para turistas. Os ícones, edifícios, praças e monumentos do ideário liberal,

---

22. Fernando Rosas, "A Crise do Liberalismo e as Origens do Autoritarismo Moderno e do Estado Novo em Portugal", p. 99.

republicano ou socialista, foram apagados pelo passado remoto. Este que se restaurou como objeto de culto e curiosidade. "Lisboa nunca gostou de ruínas. Ou as emenda com pedras novas, ou as arrasa de vez para construir prédios de rendimento", como disse um escritor[23]. É uma contradição com os próprios valores existentes na política oficial. A prática liberal e a linguagem socialista, presentes nos muros, nas propagandas eleitorais e nos nomes de ruas, cederam espaço ao Portugal medieval e monárquico.

Vai-se ao Largo da Graça pela rua Voz Operária. Os nomes de Humberto Delgado e de Norton de Matos são topônimos. O 5 de outubro é feriado nacional. Como o 25 de abril. O Largo do Carmo foi o palco da Revolução. Mas nada disso está nas mentes ou nos folhetos turísticos. Afinal, Portugal quis abrir-se. Receber as forças econômicas e culturais exógenas e com elas interagir, oferecendo o que possui de mais típico como mercadoria cultural. Isso diminuiu a possibilidade de um consenso interno (nacional). Este fosso histórico entre uma população de não cidadãos (imigrantes) ou de subcidadãos pobres e os grupos que orientam a integração à Europa, tende a criar dinamismos internos incontroláveis em Lisboa.

De toda maneira, Lisboa não é todo Portugal. Ou o é cada vez menos. Mas ainda é muito de Portugal. Muitíssimo. Quem a moderou foi, paradoxalmente, a Revolução. Aquele mar rural em torno da ilha de urbanidade (realidade palpável até os anos sessenta e, parcialmente, ainda hoje) foi contrabalançado nos tempos dos cravos. A região da qual Lisboa é o centro político, administrativo e econômico, respondia, até os anos 1960, pela maior parte da produção e realização das mercadorias do país. Mas esse desenvolvimento desigual das regiões de Portugal começou a ser lentamente modificado nos anos 1970.

O peso de Lisboa na formação do produto industrial bruto passou de 49,33%, em 1970, para 37,69%, em 1977, cedendo a primazia para o

---

23. José Saramago, *Viagem a Portugal*, p. 303.

norte litoral, que passou de 36,87% para 43,74% no mesmo período. Ao final da Revolução, já não se tratava mais de uma região industrial sozinha cercada por um imenso mar de atraso rural. Ou era, *ma non troppo*. Mesmo as regiões pouco urbanizadas do centro interior, do Algarve e do Alentejo respondiam juntas, em 1977, por menos de 9% do produto industrial, mas por 32,24% do produto agrícola[24].

Neste Portugal profundo também chegam, paulatinamente, as linhas procedentes de Lisboa: o turismo, com seu impacto cultural. Mas ainda mitigado. Enfim, Lisboa não é todo o Portugal... Como Otelo Saraiva de Carvalho, esse revolucionário *par excellence*, descobriu tarde demais.

O RESTO DO PAÍS

Atravessemos o Tejo e veremos essa realidade. O Alentejo não é uma figura de linguagem. No aquém-Tejo, uma forte altimetria e abundante pluviosidade. No além-Tejo, as planícies adustas[25]. A mais vasta região portuguesa está separada de Lisboa. O rio é um obstáculo transposto por barcos apinhados de gente. A linha férrea não se comunica com a malha ferroviária setentrional. Para se usar trens de passageiros é preciso transpor o Tejo de barco para o traslado entre as estações Santa Apolónia e Barreiro. Desta se vai ao Alentejo e ao Algarve.

Os espanhóis chamam a esta região de *montanera*. Ela une num mesmo regime de clima, pluviosidade e de *chênes* e terrenos xistosos e vastos domínios a Estremadura espanhola e o Alentejo. Os trabalhadores viveram por muito tempo em cidades próximas às herdades, sujeitos ao desemprego e trabalhando na colheita de olivas no inverno. Este inverno úmido se combina com estações secas e incertas. Na paisagem extensa do Alentejo e da Estremadura espanhola era só na

---

24. M. J. Imperatori, "Desenvolvimento Local", *Seminário 25 de Abril*, p. 207.
25. Jaime Cortesão, "O Problema das Relações Entre a Geografia e a Autonomia Política de Portugal".

altura de Beja, Cuba, Évora, Almendralejo (Espanha), que se estendiam opulentas campanhas cerealíferas[26].

A paisagem monótona e a rala vegetação escorrem por propriedades sem gente e sem urbanidade. Um décimo da população portuguesa está no Alentejo. O vinho (hoje) e o azeite. O surgimento de vinhos bastante apreciados pelo paladar mais exigente está a alterar o quadro fundiário e social. A pedra. A cortiça. O calor e a secura. O trigo (como na Antiguidade romana) ainda é cultivado neste país que come tanto pão. Em terras extensas.

Nestas terras e também no norte a estrutura demográfica e a agrária são seculares. Um norte medieval concentrando a maior parte da população em pequenas propriedades. Um sul árido reconquistado aos mouros e distribuído em grandes extensões de terras aos nobres, à Igreja. Com poucos habitantes. Contra isso, a Revolução de 1974--1975 insurgiu-se. Fez a reforma agrária. Mas era possível fazê-la, de fato, contra essa realidade de longa duração? Em 1974, apenas 1,4% dos proprietários dos distritos de Beja, Évora, Portalegre e Setúbal detinham 56% do solo. Esse tipo de exploração estava baseado na força de trabalho assalariada: 88% dos operários agrícolas no distrito de Évora, por exemplo[27].

Mas eis que houve a reforma! Mais de um milhão de hectares foram desapropriados. As Novas Unidades de Produção (NUP) eram de dois tipos: Cooperativas Agrícolas de Produção (CAP) e Unidades Coletivas de Produção (UCP). Em 1975 eram setenta mil os trabalhadores em cooperativas a ocupar 1,16 milhão de hectares[28]. E de que tamanho eram essas propriedades? Uma superfície média de 4,9 mil hectares. Algumas, como a "Margem Esquerda" com 14 100 hectares. Como disse Jacques Marcadé: "só a propriedade mudou; o modo de exploração, não", porque não seria possível distribuir pe-

---

26. Michel Drain, *Géographie de la Péninsule Ibérique*, p. 41.
27. Jacques Marcadé, *Le Portugal au XX Siècle*, pp. 131-132.
28. John Hammond, *Bulding Popular Power: Workers' and Neighborhood Movements in the Portuguese Revolution*, p. 187.

quenos lotes numa área assim constituída por séculos de grandes explorações. Além disso, a contrarreforma agrária iniciou-se em 1976. De tal sorte que, nos anos 1980, as Novas Unidades de Produção não dispunham de mais do que 40% daquilo que conquistaram em 1975[29] e o número remanescente de trabalhadores era 26 mil. Isso, contudo, foi uma decisão política. De uma mentalidade que a Revolução não logrou mudar.

O norte está tão distante historicamente do sul que faz um espaço entranhado e povoado. Lá estão mais cidades e mais gentes. Estremadura e Ribatejo e Entre Douro e Minho têm suas cidades próximas, pequenas, mas povoadas. E possuem o Porto. Assim como as Beiras possuem Coimbra, esse centro espiritual do norte. A nordeste de Coimbra, em demanda do flanco setentrional da Serra da Estrela, na cidade da Guarda, as áreas de reflorestamento (eucaliptos e pinheiros) não impressionam nem individualizam a região. Mas as pequenas cidades e propriedades sim. Cidades medievais feitas de pedra como tudo ao redor. O solo rochoso determina as casas rústicas. O trato simples e ensimesmado revela cidades de poucos imigrantes e extremamente conservadoras. Andemos em Alburitel nos anos 1930, aldeia perdida entre Chão de Maçãs, Pêras Ruivas e Fátima. Andemos hoje. Pouca diferença no número pequeno de seus fogos e de suas gentes. Mas cresceu, decerto, a ocupação no comércio, nos serviços.

A evolução ocupacional da força de trabalho era mais um traço de persistência de uma situação econômico-social aparentemente imutável e que só uma ruptura profunda poderia começar a transformar. Aqui é bom sempre lembrar que a demografia ou as estatísticas só nos interessam quando mostram as dissociações e diferenciações de classe ou de frações de classe. Sim, salários baixos e má alimentação assolavam os portugueses. Mas não os portugueses de todas as classes. Nota-se, pela tabela 1 (inserida ao final), que a estrutura ocu-

---

29. Jacques Marcadé, *Le Portugal au XX Siècle*, p. 138.

pacional tem uma evolução *sui generis* e, poder-se-ia dizer, anômala: o setor secundário diminuiu um pouco, enquanto o crescimento do setor terciário se fez às expensas do setor primário, graças, talvez, ao aumento do funcionalismo público civil e militar (principalmente durante a República) e dos criados domésticos. Há que se tomar precaução quanto a possibilidade de diferença dos critérios estatísticos utilizados em 1890 e em 1911-1930, posto que não dispomos de informações a respeito. Em 1970 o terciário ocupava 33% da população ativa! Poucas mudanças em tanto tempo.

Em 1961 (início da conjuntura de crise do sistema colonial), o país ainda tinha 48% de sua população economicamente ativa trabalhando na agricultura[30] e uma porcentagem muito maior de pessoas vivendo em pequenas aldeias rurais. Razões para isso só se encontram numa longa duração. O êxodo rural, desde que a "política de transporte" sobrepôs-se à "política de fixação" (António Sérgio) das gentes em suas moradas e em suas terras, foi embarcadiço. A consequência foi o existir tímido de algumas pouquíssimas cidades de monta (Lisboa e Porto) e uma vasta noite rural desprovida de núcleos urbanos médios[31]. Ora, como lembrou Magalhães Godinho, não é possível existir cidadania sem cidades.

E o campo nada podia. Entre 1960 e 1967, trezentas mil pessoas abandonaram as áreas rurais, numa população de pouco mais de oito milhões! Eram emigrantes que buscavam, por meios legais e ilegais, fugir de Portugal, de tal sorte que houve instante em que a população do país, nos anos sessenta, diminuiu! As relações de trabalho não eram as mais modernas e o contraste entre norte e sul, quase milenar, persistia. A porcentagem de trabalhadores assalariados na população ativa agrícola, em meados dos anos sessenta, era muito alta em distritos do centro para o meridiano.

Dois extremos típicos eram Évora (90%) e Aveiro (39%), e este só tinha abaixo de si Viana (27%). O número de trabalhadores por

---

30. *Almanaque Mundial 1962*, p. 271.
31. Vitorino Magalhães Godinho, *A Estrutura da Antiga Sociedade Portuguesa*, p. 27.

patrão, que demonstra, ainda que indiretamente, algum grau de assalariamento ou propriedades maiores, era de 2,5 em Aveiro, por exemplo, e de 22 em Évora. O número de proprietários em relação à população agrícola era 48 no Aveiro e apenas seis em Évora. Ainda em Évora, as grandes propriedades eram apenas 6% do total, mas ocupavam 76% da superfície, enquanto no Aveiro ocupavam 2% da área agrícola[32]. Norte de poucos espaços e muitas gentes.

Dali partiam mais pessoas. Mas isto mudou. Antes as gentes saíam do norte. Da Guarda. De Vila Real. De Bragança. Elas eram analfabetas. Elas iam ao Brasil. Depois à França. Ao Canadá. Aos Estados Unidos. À Austrália. E alhures. Mas em 1975 o país se viu diante do fenômeno inverso. As gentes retornavam da África. Mais tarde, do Brasil. Poucos, é vero. E com eles, também os novos imigrantes: cabo-verdianos, brasileiros... uma certa emigração continuou. Mas de gente letrada. E que prefere sair não só do norte. Mas também do Algarve. E até do Alentejo. É certo, e já se o disse antes, que a Revolução assinalou um fim: o da constante fuga das gentes. Pelo Atlântico. Só depois pelo continente.

E o sul? Ele tem seus latifúndios improdutivos e arrendamentos de solos pobres e sujeitos a secas frequentes, embora com um relevo menos acidentado. O norte tem seu relevo incerto, de difícil cultivo em grandes propriedades, atomizado em minifúndios cada vez menores, dispersando-se em heranças divididas até perderem o valor econômico. Entenda-se bem: a cada geração, os herdeiros dividem a terra e ficam com uma parcela cada vez menor; se não há inovações tecnológicas importantes, a produtividade de cada hectare não cresce, gerando crises que se repetem[33]. A saída é a emigração. Secular e constante. Que só a Revolução de 1974-1975 interromperia.

---

32. Esses dados foram compilados a partir de vários outros, referentes a inúmeros distritos, constantes de levantamento do II Congresso Republicano do Aveiro.

33. Situação parecida a certas regiões francesas no século XVI (cf. Emmanuel Le Roy Ladurie, *O Estado Monárquico*, p. 47).

Mas a emigração era um traço e um ritmo europeus. Especialmente até a Segunda Guerra Mundial. No século XIX, a Europa toda emigrava e se houve uma marca da integração mundial do período posterior a 1850 foi o fato de que tanto as mercadorias e os capitais, quanto as pessoas, rodavam pelo mundo. No período 1851-1880, a emigração bruta da Europa, por decênio, foi de 2,89 milhões. No período 1881-1910 esse fluxo foi de 8,49 milhões por decênio![34] Portugal não foi exceção (vide tabela 2).

O crescimento da população europeia foi grande no período que vai de 1870 a 1910, passando de 290 milhões a 435 milhões de habitantes. A taxa de crescimento populacional europeia por decênio atingiu seu índice mais elevado na segunda metade do século XIX. No período 1750-1800 ela foi de 5,9%; passou a 7,4% (1800-1850); atingindo 9,1% (1850-1900)[35]. Portugal também teve um crescimento populacional mais significativo nos anos 1878-1911, mas nada de muito surpreendente ou brilhante (vide tabela 3).

Essa emigração jamais logrou criar na África uma extensão da pátria. Nem mesmo a lusofonia foi uma pesada herança deixada em África. Com o fim do Império, restou uma comunidade? Não era este o sonho de Vasco Gonçalves e dos revolucionários? Eles não buscaram um novo Brasil, mas um novo Império na forma de uma comunidade de homens livres e iguais. Não conseguiram. Qual comunidade de lusofonia sobrou?

UM FENÔMENO DE LONGA DURAÇÃO: EMIGRAÇÃO

Portugueses emigram desde sempre. Desde o século XVI. Isto só acabou depois da Revolução. Quando Portugal foi traumatizado pelo reconhecimento da separação do Brasil (1825), poder-se-ia pensar num abrupto corte de laços entre os dois países. Não foi assim. Os imigrantes portugueses e os laços comerciais ditaram o contrário.

---

34. Simon Kuznets, *Crescimento Econômico Moderno*, p. 38.
35. *Idem*, p. 30.

Logo no ano de 1825, Silvestre Pinheiro Ferreira escreveu um parecer sobre um projeto de pacto federativo entre o Império do Brasil e o Reino de Portugal[36]. Projeto malogrado. É evidente. Mas que indicava algo: uma união de três séculos não podia esmilinguir-se em três anos.

Nos anos 1837-1838, o jornal *O Panorama* (jornal literário e instrutivo, da sociedade propagadora dos conhecimentos úteis), animado por Alexandre Herculano, publicou três artigos reveladores da ligação mental que continuava a existir entre portugueses e brasileiros: "O Brasil"; "Brasil: Situação, Extensão. Meios de Prosperidade. Clima"; "Brasil: População. Caráter, Usos e Costumes dos Habitantes. Produtos"[37]. Os títulos já são esclarecedores, e como diz um dos artigos: "O Brasil é uma terra de esperanças". Certo. Um relacionamento de mais de trezentos anos podia ainda permitir a continuidade de ligações mais do que mentais. Econômicas. Ainda que sobrassem trissceculares desentendimentos.

Verifiquemos: o tráfico de escravos continuou a dar lucros aos comerciantes portugueses até a Lei Eusébio de Queiroz (1850). Portugal dependia do Brasil para compensar o déficit de sua balança de pagamentos; até 1880 o comércio com o Brasil era maior do que o intercâmbio (mesmo desigual) com as colônias remanescentes, como o demonstram as exportações portuguesas de vinho em 1905[38]. Com toda certeza, mais de um século depois da independência brasileira, o fluxo de capitais entre Brasil e Portugal permaneceu sendo mais importante do que entre Portugal e suas colônias[39]. Embora fossem cada vez mais insignificantes, para o Brasil, as exportações e inversões portuguesas. Claro: investimen-

---

36. Fidelino de Figueiredo, *Estudos de História Americana*, p. 135.
37. António S. Amora, "Relações Intelectuais entre Brasil e Portugal: Um Documento Romântico", pp. 753-759.
38. Angel Marvaud, *Le Portugal et ses Colonies*, p. 101. Livro datado de 1912. O Brasil era o maior importador de vinho tinto português e as colônias nem lhe faziam sombra. Excetue-se o caso singular do Vinho do Porto, que os ingleses apreciavam muito mais.
39. Clarence Smith, *O Terceiro Império Português (1825-1975)*, pp. 14-15.

tos lusos não fariam sombra aos ingleses, franceses e, no início do Novecento, norte-americanos[40].

E nos anos vinte do século que se seguiu, Portugal tornou-se parceiro de diminuta importância comercial para o Brasil[41]. E mesmo assim (ou talvez por causa disso), como se mostrará mais adiante, o mito do "Novo Brasil" tentou impor-se nas colônias sobrantes: tratava--se de construir colônias povoadas, ricas e prósperas, onde escasseavam braços e cabedais para tal empreitada. Contradição? Não. Aos portugueses, aprazia-lhes ainda o direcionar seus teres e haveres para o "velho" Brasil (o fluxo emigratório luso para São Paulo, em fins do século XIX, só tinha rival superior nos italianos). Mas os que não o podiam, aventuravam-se em terras africanas. Mas lá também era o "Brasil" que procuravam.

Eis a base material explicativa da importância, já aludida anteriormente, que teve a Proclamação da República brasileira (1889) entre as elites políticas portuguesas. As relações diplomáticas eram boas (ao menos enquanto durou o Império do Brasil)[42]. D. Pedro II esteve em Portugal em 1871, em 1877 e em 1889. A influência de Eça de Queirós no Brasil não foi de somenos importância. O mesmo diga-se da incidência, entre nós, da crítica positivista de Teóphilo Braga. E antes o historicismo romântico de Herculano não tinha exercido poderosa ascendência sobre Varnhagen? Transfiramos a atenção ao lado de lá do Oceano. Não foi significativo que a *Revista de Portugal* tivesse abrigado em suas páginas a verve de Eduardo Prado (sob o pseudônimo de Frederico S.) em sua campanha an-

---

40. Já em 1875, a Grã-Bretanha era, provavelmente, o maior parceiro comercial do Brasil, o país que mais nos exportava. A França seguia em segunda colocação, empalidecendo o terceiro lugar português, que contribuiu com três vezes menos que os franceses no cômputo do valor monetário das importações que entraram no Rio de Janeiro (cf. Marisa Midori Deaecto, *Comércio e Vida Urbana na Cidade de São Paulo (1889-1930)*).

41. Consoante dados da época, em Marisa Midori Deaecto, *Comércio e Vida Urbana na Cidade de São Paulo (1889-1930)*.

42. As relações Brasil-Portugal estremeceram depois da Proclamação da República e chegaram a ser rompidas entre 1894 e 1896 (Fidelino de Figueiredo, *Estudos de História Americana*, p. 142).

tirrepublicana? E não terá sido pelo impacto brasileiro na cultura portuguesa que Teóphilo Braga suspendeu sua colaboração com essa revista, em protesto a favor da República do Brasil?

Um elemento desse quadro mental do Terceiro Império é o de uma nova perda. Se à derrocada do Primeiro Império, basicamente oriental, a sensação de perda misturou-se ao sebastianismo e ao bandarrismo, o fim do Segundo Império, com o reconhecimento da separação formal do Brasil (1825), ensejou o mito do "novo Brasil", a ser buscado e construído em África. Pintou-se assim, a realidade africana com as cores que ela não possuía. Todavia, a força da continuidade das relações comerciais com o Brasil, ignorada por muitos historiadores de nossa terra, formou uma base material da qual os interesses da burguesia lusitana não podiam descolar-se. Mas e o outro lado do Atlântico? Que atrações oferecia à busca do "novo Brasil"? À construção do Novo Sistema Colonial? À imaginação do Império Colonial, fosse ele o modesto e pedestre Terceiro Império africano real e palpável, fosse o fantasiado, para obscuros desígnios, "Quinto Império" bíblico, sonhado por Vieira no século XVII, ressuscitado pela arte de Fernando Pessoa?

É claro que atrativos para ir ao Brasil havia. Particularmente os "negativos". Os chamados fatores de expulsão (como os havia na Itália do mesmo século XIX), a saber: os fatores econômicos de crise interna. Dos que emigram em 1880-1888, dirigem-se para as terras brasileiras mais de 85% e para a África portuguesa somente 3%. Longa duração: até os anos 1947-1954, apesar das dificuldades legais impostas pelo governo brasileiro aos imigrantes, 78,6% dos portugueses escolheram o mesmo caminho e o mesmo destino: o Brasil[43]. Isto mostra o caráter ainda mais frágil da ideologia imperialista lusitana. Porque nem à África se emigrava com aquela vocação civilizatória europeia. Se compararmos com o caso italiano, veremos que faltava uma base real ao imperialismo de Crispi, o qual resolvia a política in-

---

43. Vitorino Magalhães Godinho, *A Estrutura da Antiga Sociedade Portuguesa*, p. 37.

terna criando o mito da terra fácil no exterior, especialmente para os meridionais. Algo que se prolongou ainda no período fascista. Mas Portugal tinha um imperialismo ainda mais periférico[44].

Preferiu-se o Brasil já constituído como país politicamente autônomo a qualquer "missão" em África. Explica-se quase tudo pela tradição de comércio com os brasileiros, aqui já demonstrada, pois era um condicionamento material significativo não apenas para a emigração ao sul da América, mas para que os portugueses em África buscassem lá um "novo Brasil", aquele que representaria a "melhor" obra colonizatória lusa, que referendaria seu papel no mundo: colonizar, miscigenar-se e criar uma nova civilização. Quando a África atingisse o patamar "brasileiro", aí sim teria terminado mais essa fase da missão portuguesa no mundo: dilatar a fé e o império. Não estariam aí as bases econômicas e culturais para a ideologia salazarista do colonialismo? E até para o luso-tropicalismo de Gilberto Freyre, tão "bem" absorvido por Salazar?

O MITO DA COMUNIDADE LUSÓFONA: ÁFRICA

Lusofonia. Colonialismo. As palavras são fortes ainda hoje.

A antiga metrópole, devido a essa conjunção de fatores, passaria a ter um papel diminuto, no caso português, na dinâmica interna dos novos Estados nacionais ditos lusófonos. Portugal não tinha nem tantas vantagens econômicas, nem um modelo político (até 1974) a oferecer a esses novos países. Até mesmo o caráter lusófono pareceu aos africanos uma herança pouco vinculada à maioria das populações. Uma vez mais tratava-se de uma verticalidade (a língua portuguesa) sem vida nos lugares. As nações, como quer que as entendamos, seriam uma obra incompleta e incerta na África que outrora foi portuguesa.

Em 1997, a língua portuguesa ainda era falada só por 8,8% da população de Moçambique. As mais faladas eram o emakuwa (26,1%) e

---

44. Antonio Gramsci, *Quaderni del Carcere*, p. 2019.

o xichangana (11,3%). Ainda aqui mais uma *permanence*: embora falada por uma minoria, o português tendia (e parece continuar assim) a ser a língua dos novos assimilados. Da população urbana (onde a língua salta daqueles 8,8% de falantes para 26,1%). Dos funcionários, do governo, dos poderes estabelecidos e, especialmente, dos meios de comunicação de massa (a televisão e, parcialmente, o rádio)[45]. De língua do colonizador a língua das classes letradas e politicamente dominantes. Ela continua a ser elemento de prestígio e diferenciação e muito pouco falada entre os rurais. Seriam esses novos líderes urbanos, empresários da política, como pessoas tão distantes, como "colonizadores"? Eles tentaram o inverso. Ser a vanguarda de uma Revolução.

É verdade que uma classe de privilegiados e semiprivilegiados de trezentos mil brancos portugueses seria substituída por outra classe dominante de um número similar de angolanos de fala portuguesa[46] depois da lenta transição do partido único ao sistema pluripartidário quando das eleições de 1992. Eram os predadores do romance de Pepetela. Em 1991, Cabo Verde também realizou as primeiras eleições multipartidárias. Mas a Guiné, que fez o mesmo três anos depois, permaneceu mergulhada numa sucessão de golpes de Estado. Foram sete desde a implantação da ditadura de Nino Vieira, quando este destituiu em 1980 a Luiz Cabral, irmão de Amílcar. Moçambique não conheceu nenhuma estabilidade e ainda em outubro de 2014 a opositora Renamo não reconheceu o resultado das eleições.

Claro que se deve evitar o risco de considerar as elites políticas africanas piores que seus ancestrais colonialistas brancos. Elas não abandonaram a Kalashnikov, mas aceitaram as urnas[47]. No passado uma das mais notáveis revolucionárias negras dos EUA dizia que

---

45. Dados recolhidos por Caccia Bava e Omar Thomaz, em Peter Fry (org.), *Moçambique: Ensaios*, p. 37.
46. David Birmigham, "Angola", p. 184.
47. Nas eleições de 1992, Jonas Savimbi e Holden Roberto, líderes anticolonialistas apoiados pelos EUA e China, foram derrotados.

"decisões políticas não podiam mais ser implementadas com a cédula [*ballot*], mas com balas [*bullet*]"[48]. E, no entanto, nem as armas e nem os votos corresponderam ao poder popular, uma vez mais adiado.

ÁFRICA SUBSAARIANA:
DESTINOS COLETIVOS E LONGA DURAÇÃO

Portugal esteve na confluência de uma profunda transformação histórica ainda inacabada. Seu Terceiro Império se constituiu em meio à emergência e desagregação de continentes inteiros. A formação do Império fez de Portugal um ator, embora passivo, na partilha da África, como vimos. O fim desse mesmo império situou Portugal na descolonização e desagregação dessa mesma África e na "invenção" política de um outro continente: a Europa. Portugal não foi o centro dessas transformações, mas como região periférica e de fronteira entre esses dois mundos, sua história permitiu ver melhor as construções e destruições dessas duas zonas de história.

A colonização europeia de vastos espaços desconhecidos pela cartografia ocidental implicou diversas tipologias de colonização. As colônias de povoamento, estabelecidas em zonas temperadas e vazias (ou esvaziadas pela força das armas) da América, ao norte da Bacia de Delaware, conviveram com colônias de exploração nas Antilhas, na América espanhola e na maior parte da América portuguesa. Zonas de povoamento europeu estabeleceram-se também na Austrália, por exemplo. E de exploração na Índia. Formas de trabalho forçado se sucederam. A escravidão. O trabalho compulsório.

Todavia, a África negra viveu uma história à parte. Isolada pela geografia. Um pouco isolada pela história. Entre dois oceanos e dois desertos, como diria Braudel. No levante, o Índico. No poente, o Atlântico. Nas margens setentrionais, o Saara. Na porção meridional, o Kalahari. Sob altas temperaturas, suavizadas às vezes pelo relevo, florestas densas, florestas ralas, rios largos, savanas. Subconti-

---

48. Kathleen Cleaver, "Liberation and Political Assassination", p. 146.

nente de recursos, mas não de riquezas. Porque aquelas exigiriam a constituição mais de economias do que de extrativismos.

A África não sofreu (e nem se beneficiou) daquela velha economia-mundo do Mediterrâneo, onde o Saara foi sua fronteira, embora uma área de circulação de caravanas cameleiras. Uma extensão do mar, com seus vazios e "portos". Na emergência de uma economia atlântica, ela serviu prioritariamente de fornecedora de força de trabalho. Enquanto no nordeste do Brasil ou nas Antilhas se criavam as *plantations*, portanto, uma base material para o progresso econômico posterior, Angola e Moçambique persistiram zonas abandonadas. Só as feitorias litorâneas serviam de entreposto da mercadoria mais abundante: seres humanos.

Em fins do século XVIII, Portugal já não tem um Império com centro em Lisboa. Em 1808, com a transferência da Corte ao Rio de Janeiro, a política torna explícita uma realidade subjacente. Em 1825 houve o receio de que Brasil e África formassem um só reino atlântico, dados seus velhos relacionamentos. As relações do Brasil com África, enquanto partes de um mesmo complexo econômico e político durante o Segundo Império Português, se incrementaram, por algum tempo, naquele plano que mais aqui interessa: a cultura, as ideias, os livros. O Brasil era o fornecedor de livros para Angola, na medida em que Portugal impedia esse comércio diretamente da metrópole para as colônias africanas[49]. O Brasil fornecia o que não produzia, é verdade. Fornecia livros europeus. Mas não indicava isso uma circulação comum de ideias?

Havia, é certo, uma base material. Portugal, em fins do Setecento, já estava quase ausente das terras de Angola. O Brasil era centro produtor e, portanto, consumidor de força de trabalho escravo. O litoral angolano era frequentado pelos traficantes estabelecidos na América do Sul. Já Moçambique tinha seu comércio exterior controlado pelos banianes (uma casta de Diu) e, a norte do Zambeze,

---

49. Carlos Pacheco, "Leituras e Bibliotecas em Angola na Primeira Metade do Século XIX", p. 31.

pelos árabes. Ao menos com Angola, as relações comerciais com o Brasil eram mais importantes do que com Portugal[50]. Embora Sá da Bandeira tivesse apresentado em 1836 seu projeto de recolonização da África, era o Brasil que se visava no novo Império. Velho Brasil, novas Áfricas, como diria o historiador Valentim Alexandre.

O neocolonialismo português foi estimulado também pela sua situação de "fronteira" entre Europa e África. Se parte dos liberais portugueses queria ser europeia, sua visão foi ofuscada pelo temor da união ibérica. Que papel original Portugal poderia ter depois da perda do Brasil (1825) senão o de continuar seu imperialismo alhures? Certamente, a perda da maior parte do Império espanhol (1898) e as catástrofes da história política da Espanha no século XX, arrefeceram o temor da anexação peninsular. Portugal pôde, lentamente, voltar as costas para a África no exato momento em que esse continente mergulhava na mais grave crise de sua história, provocada diretamente pela presença "ocidental".

A África, esse continente inteiro, de passado às vezes tão desapontante, essa enorme massa de homens e mulheres simpáticos, como dizia Braudel[51], só pôde contar com suas forças para criar, simultaneamente, e do ponto zero, as forças de produção e as relações sociais avançadas que visam atingir a "civilização sem barbárie". Mas o continente negro e, em especial, as áreas que foram outrora tidas por lusófonas, enfrentaram um processo de desarticulação da produção tradicional, crises no modo de produção capitalista que se implantava e uma base material insuficiente para o socialismo ou a economia planificada que se almejava.

Tempos de duração diversa que se combinaram numa lógica pervertida pela Guerra Colonial, pela necessidade de afrontar o colonizador através da violência revolucionária, pela posterior guerra civil e pela submissão aos interesses dos Estados Unidos e da Europa. Ki--Zerbo afirmaria com força: "O que eu peço não é tanto o reconheci-

50. Valentim Alexandre, *Velho Brasil, Novas Áfricas*, p. 232.
51. Fernand Braudel, "Prefácio", em Joseph Ki-Zerbo, *op. cit.*

mento do erro que foi cometido contra os negros como negros, mas o erro cometido contra a espécie humana através dos negros"[52].

O Império português não poderia revolucionar a si próprio completamente sem contar com novas relações de solidariedade atlântica com uma nova África. A Revolução teve sua vertente e sua origem atlânticas como motores iniciais de um processo que já tendia a se dirigir à Europa e aos mercados setentrionais. Africanos, então, emigraram em maior número. Invertendo o fluxo da metrópole à colônia. Esses africanos, filhos de pessoas imersas em tempos históricos múltiplos, mas com desejos e propósitos de um futuro melhor, labutam igualmente em Luanda, Maputo ou Lisboa. Compartilham culturas diversas imbricadas em seu ser. Explodem por vezes, arrancando à força de si o colonizado que não se libertou de fato.

Entretanto, estes homens e mulheres africanos que foram a Lisboa e lá vivem (anos 1980-1990), na cidade que se deseja europeia, tomam consciência de uma situação muito diferente daquela enfrentada por Amílcar Cabral, estudante no Portugal dos anos 1940 ou 1950. Os problemas de diversas idades históricas continuaram a reclamar soluções radicais. E a África, como Florestan Fernandes diria, precisa levar sua própria Revolução até o fim e até o fundo e recriar um continente e uma economia para o homem e a mulher africanos.

---

52. Joseph Ki-Zerbo, *Para Quando a África? Entrevista com René Holenstein*, p. 32.

A ÁFRICA LUSÓFONA.

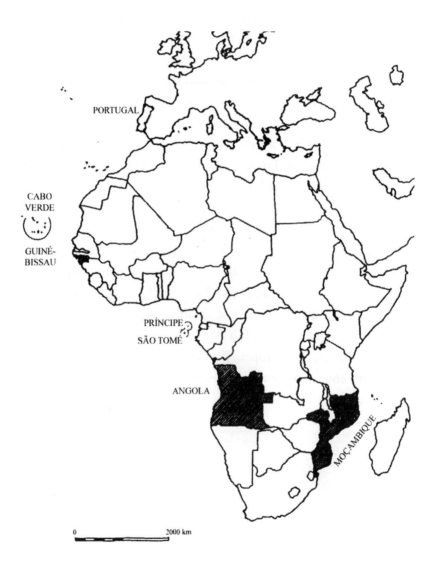

Fonte: Patrick Chabal, *A History of Postocolonial Lusophone Africa*, London, Hurst & Co., 2002.

OCUPAÇÃO PORTUGUESA EM ANGOLA
(1906 e 1911, respectivamente).

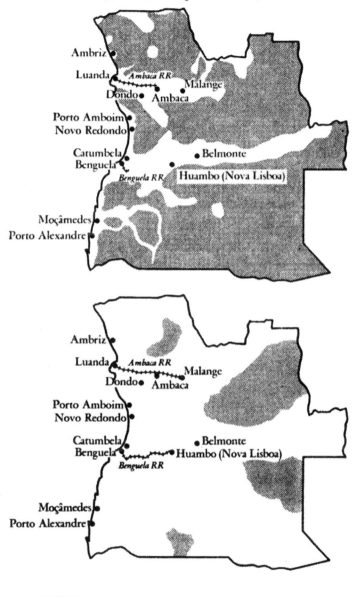

Fonte: Richad James Hammond, *Portugal and Africa – A Study in Uneconomic Imperialism*, Stanford, Stanford University Press, 1966.

ANGOLA: ZONAS DE LUTA ARMADA (1970).

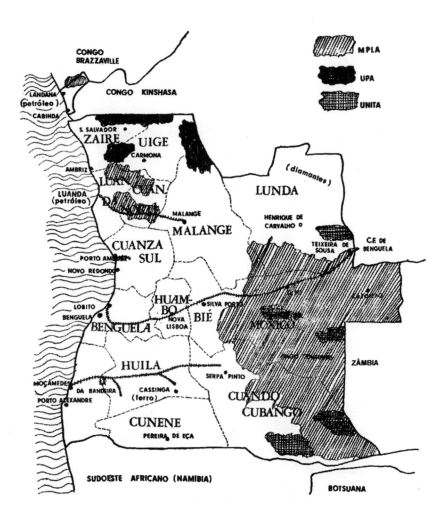

Fonte: António Melo, José Capela, Luís Moita e Nuno Teotónio Pereira, *Colonialismo e Lutas de Libertação: Sete Cadernos Sobre a Guerra Colonial*, Porto, Tipografia Nunes, 1974.

MOÇAMBIQUE ANTES DE 1914.

Fonte: Richad James Hammond, *Portugal and Africa – A Study in Uneconomic Imperialism*, Stanford, Stanford University Press, 1966.

MOÇAMBIQUE: ZONAS DE LUTA ARMADA (1970).

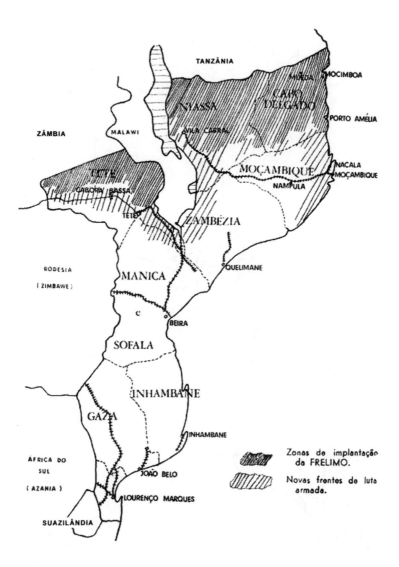

Fonte: António Melo, José Capela, Luís Moita e Nuno Teotónio Pereira, *Colonialismo e Lutas de Libertação: Sete Cadernos Sobre a Guerra Colonial*, Porto, Tipografia Nunes, 1974.

GEO-HISTÓRIA 253

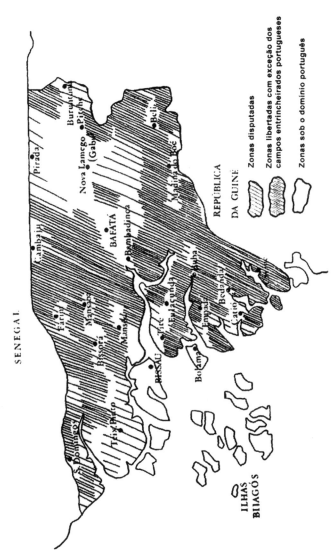

Fonte: António Melo, José Capela, Luís Moita e Nuno Teotónio Pereira, *Colonialismo e Lutas de Libertação: Sete Cadernos Sobre a Guerra Colonial*, Porto, Tipografia Nunes, 1974.

8. Historiografia

Fazem, mas não o sabem.

KARL MARX

SABEMOS, DEPOIS DE WALTER BENJAMIN, que não há mais condições históricas para que o narrador, tendo recolhido a experiência coletiva, possa nos contar o que realmente aconteceu. Ao contrário da narrativa épica, que conta o périplo de um herói rico de sentido humano e coletivo, o romance moderno é a história de um herói solitário que busca valores autênticos num mundo que não mais os possui. Ao contrário do Ulisses de Homero, o de Joyce é um indivíduo só e traído. Um herói problemático[1].

Os fatos em si não são problemas. Eles são construções. Mas positivamente (emprego propositadamente a palavra) ninguém duvida que os atenienses de fato foram derrotados no fim da Guerra do Peloponeso e que isso selou o futuro de sua democracia. Importa perguntar outra coisa: poderiam os fatos, essas unidades singulares que os historiadores aprenderam a cultivar, serem integrados em estruturas? Sejam elas econômicas ou culturais? Carlos V por Fernand Braudel: este imperador que foi a última encarnação individualizada dessa utopia de império universal, só nos importa porque simboliza uma época. A do surgimento de novos impérios. Império Otomano, entre eles. Estados territoriais de amplos espaços. Não só de terras, bem entendido, mas de mares e oceanos. As disputas de Carlos V com Francisco I. A herança menor de Filipe II (menor? E

---

1. Não deixo, aqui, de usar as palavras com que o meu antigo professor, Davi Arrigucci Jr., encantava seus alunos de Teoria Literária e Literatura Comparada.

a América?). As futuras disputas de Estados arrojados no Atlântico, esse oceano que demoraria ainda um pouco a suplantar o Mediterrâneo...

E as ideias? Constituem estruturas? Não costumamos nelas pensar como construções tão cristalizadas quanto as economias, as rotas, os mares. E não me refiro aqui às mentalidades (no sentido que os franceses dão a esta noção). Elas estão num andar inferior, mais importante talvez, porém menos acessível a um estudo como este: o das tomadas de consciência. Expressão melhor do que "conscientização", palavra, ao menos entre nós, já tão marcada por uma trajetória na política ou na pedagogia. Falemos em ideias, consciência (possível), pensamento.

A expressão, tomada de Braudel e outros, talvez sirva melhor àquele problema que Antonio Gramsci tentou desvendar e que atormenta a todos depois dele: como vincular a infraestrutura e as superestruturas? Ou melhor: como as economias, as práticas sociais, tornam-se conscientes ou em qual medida se tornam? Esse problema que sempre nos persegue, permite ter um método para aproximar a análise histórica da real compreensão sobre o que é uma Revolução, essa aparente aceleração do tempo histórico. Seriam os partidos e políticos portugueses conscientes de sua condição infraestrutural ou mesmo de suas heranças ideológicas?

Este problema, no campo específico do historiador, agrega-se a outros, relacionados às fontes. No fim das contas são apenas os discursos, as falas, mas também os silêncios (aprendamos com Georges Duby) que poderemos conhecer. E, talvez, ir um pouco além e desvendar aquilo que os produtores dessas ideias não sabiam: as suas bases sociais e (hoje alguns historiadores pediriam desculpas por dizê-lo) de classe.

Não seria possível, ao historiador, ir muito além disso. Nem perscrutar aquela consciência atribuída de que falava Georg Lukács:

> Não obstante, embora os historiadores não possam negligenciar esses problemas, eles naturalmente têm maior interesse profissional pelo que real-

mente aconteceu (incluindo o que poderia ter acontecido sob circunstâncias específicas), do que pelo que deveria realmente ter acontecido. Irei portanto abandonar grande parte da discussão de Lukács como não pertinente ao meu propósito, que é o propósito bastante modesto do historiador[2].

Assim, a classe só interessa na medida em que os indivíduos adquirem alguma consciência dela, mas não necessariamente aquela consciência que pode ser racionalmente construída como um tipo ideal de comportamento que as pessoas teriam se pudessem conhecer seus reais interesses. Importa ao historiador a consciência de classe como generalização empírica daqueles fenômenos que ele pode observar. Assim, saber se o Partido Comunista Português, por exemplo, exprime ou não aquela consciência mais elevada dos interesses da classe operária, a *consciência atribuída* de Lukács, importa menos do que ler as representações que suas bases militantes faziam dele. Importa ainda mais entender sua política real e concreta, suas decisões. Suas hesitações. Pudemos ver como ele foi visto como freio da revolução proletária por setores de ultraesquerda. Ou como ele foi acusado de querer subverter a nova ordem.

HISTORIOGRAFIA

A história absorveu a cultura portuguesa. Sem uma tradição filosófica ou técnica de monta, e com um dilatado passadismo de suas classes de cima, tudo se tornou história. Por isso, um acontecimento tão recente, tão próximo, como o fim do Império, logo se fez história e memória institucional. Até um romance da Revolução (ou que dela alimentou-se) surgiu e desenvolveu-se. Não só pelo conteúdo, posto que os romances históricos frutificaram, mas pela forma. De José Saramago a Lobo Antunes, a própria linguagem aboliu a tradicional pontuação e estabeleceu uma oralidade onírica[3]. O enco-

2.   Eric Hobsbawm, *Mundos do Trabalho*, p. 37.
3.   Maria Lúcia Dal Farra, "O Romance do 25 de Abril", *Leia Livros*, jul. 1983, pp. 8-9.

brimento kafkiano de alguns (como *Todos os Nomes*, de Saramago) parece ter acompanhado a cinza dos tempos de depois da estabilidade institucional.

E a história foi além. Foi à memória, à paródia e aos casos. Conta-se que, durante o 25 de Abril, os carros de combate (os *chaimites*) que vinham da Escola Prática de Cavalaria pararam no sinal vermelho. O filme de Maria de Medeiros, *Capitães de Abril*, que glorifica na pessoa do capitão Salgueiro Maia uma Revolução puramente militar e generosa, mostra com tom de humor exatamente esta cena. Tal acontecimento pode ser verídico. Mas o que importa ao historiador não é exatamente isso. O que interessa é saber por que este ou aquele memorialista privilegiou este fato.

Poderíamos aventar algumas hipóteses. É uma simples ironia ou descontração daquele que narra. É a tentativa de transmitir a ideia de que, desde o início, a Revolução respeitou as leis! Foi pacífica. Generosa. Não quis agredir as hierarquias estabelecidas. Seu programa resumia-se à democracia formal. Ideia que se espraiou. Um jornal de portugueses residentes no exterior o disse muitos anos depois: "Revolução pacífica e de largo consenso"[4]. Isso é uma parte da verdade histórica. Não é toda ela. Outro memorialista poderia dizer que se as tropas de um destemperado brigadeiro tivessem atirado na rua do Arsenal, a revolução teria sido "menos generosa". Ou que a própria existência do MFA já era uma agressão à principal e mais sólida das hierarquias: a militar.

Mas esses detalhes são apenas curiosidades para o historiador, exceto quando revelam a perspectiva do narrador. Mesmo nós poderíamos ficar curiosos em saber por que a coluna de carros de combate parou aparentemente sem motivos. Sim, parece ter sido verdade que os soldados de abril respeitaram as leis de trânsito. Porque faziam uma revolução política, mas não da cultura. Ora, esses fenômenos não são novos. Wilhelm Reich dizia que, durante a Revolução Rus-

---

4.   Natália Leite, "Festejar a Democracia", *Lusitano*, 18 abr. 1994.

sa, as pessoas desfilavam no jardim zoológico com o máximo cuidado para não pisar na relva. Reich preferiu ver nisto um sintoma de "aburguesamento" da Revolução[5]. Esses problemas compõem a construção de uma memória e de uma historiografia.

A HISTÓRIA NO SALAZARISMO

Sofreram os portugueses de uma ideia recorrente: a separação da Europa, da civilizada Europa! Disse-o alguém:

> A nossa decadência, ou melhor, o nosso desnível em relação à civilização contemporânea não provém de um déficit de qualidades que não houvessemos tido ou que no decurso da nossa vida nacional se tivessem ido degradando. Não! Esse desnível provém de causas meramente históricas que deprimiram o caráter nacional e geraram esta falta de confiança em nós próprios e essa "apagada e vil tristeza" de que fala nosso grande épico, e que é preciso absolutamente banir[6].

Sentimento de decadência e perda que não nasceu com este primeiro-ministro republicano que foi Affonso Costa e nem terminou com ele, como já vimos. Foi um homem proclamado providencial que arrostou esse sentimento: o Sr. Oliveira Salazar. À sua frente estavam estampadas palavras de ordem, e não se sabia ainda o que realmente se escrevia em suas costas. O pensamento político de Salazar encontra suas raízes na difusão das ideias da direita francesa em Portugal no início do século. O catolicismo francês, ao lado da ideologia do "pequeno", fosse do pequeno comerciante (o *shopkeeper* de Karl Marx), do pequeno-burguês, contrário ao grande capital, aos judeus etc., compunham um caldo de cultura extremamente conservador[7]. Salazar pertenceu ao Centro Acadêmico da Democracia Cristã e ao Centro Católico Português, este fundado em 1917 com as bases do extinto Partido Nacionalista.

---

5. Wilhelm Reich, *O Que é a Consciência de Classe?*, p. 24.
6. José Jobin, *A Verdade Sobre Salazar: Entrevistas Concedidas em Paris pelo Sr. Affonso Costa (Ex-Primeiro-Ministro de Portugal)*, pp. 26-27. O exemplar é de 1934 e tem o curioso carimbo do Centro Republicano Português do Rio de Janeiro.
7. Vide Eric Hobsbawm, *Era dos Impérios*.

Ideias insistentes à época do salazarismo eram: império, nação, ordem, colônias. Ficavam para trás os tempos da "república" como a palavra mágica da recuperação portuguesa. A crítica não se fez tardar. Nasceu com o próprio salazarismo. Selecionemos um dos níveis em que ela foi realizada: a historiografia. As sociedades costumam rescrever sua história continuamente, e ao fazê-lo, revelam tanto sobre seu presente quanto sobre seu passado. Verdade trivial, mas sempre esquecida. Essas leituras (do que acontece e do que já aconteceu) devem ser questionadas face à infraestrutura material da sociedade. Metodologicamente aqui se avança pela seara da "história das ideias", esse termo tão ambíguo e problemático numa perspectiva marxista. Mas a maneira de expor difere do método de investigação. Cotejemos, portanto, as noções discutidas aqui com aquelas realidades subjacentes que se apresentaram antes e que se apresentarão depois, posto que assim como não se julga um homem pelo que diz de si mesmo, não se deve julgar uma sociedade pelas ideias que, numa dada época, ela constrói para si (Marx).

Os estertores do republicanismo português viram florescer uma renovação cultural fulgurante. Se ela é mais conhecida pelo seu aspecto estético, com a pronunciada presença de grandes poetas e escritores (Fernando Pessoa, Sá-Carneiro, Florbela Espanca etc.), também a historiografia teve seu quinhão. Pense-se em toda a geração que foi "liderada" pelas revistas *Águia* e *Seara Nova* e teremos os nomes de Jaime Cortesão, Raul Proença, João Lúcio de Azevedo, António Sérgio etc.

Um dos maiores intelectuais portugueses. Não seria exagero assim qualificar António Sérgio. Se pensarmos naquele tipo de intelectual público que, na França, dominou o século de Sartre. Sérgio era ministro da Instrução Pública em 1923. Conheceu o exílio no Brasil, na França e na Espanha. Sempre perseguido pelo governo de Salazar, chegou a ser preso. Ainda assim não se lhe negava a ascendência sobre as inovações historiográficas que se processavam. Um livro muito curioso, como involuntário espelho intelectual de sua época, *Como Devo Formar Minha Biblioteca* (1938) não deixou de aludir aos trabalhos de António Sérgio[8].

Foi no ano de 1929 que António Sérgio publicou seu esboço de uma História de Portugal. O livro só pôde ser editado na Espanha. Como noutros pequenos livros de grande impacto na mesma época (pensemos na *Evolução Política do* Brasil, de Caio Prado Jr., ou na *História de Espanha*, de Pierre Villar), a inovação era tremenda para os historiadores oficiais. Era metodológica. Era temática. Política. "Contrariamente ao nacionalismo exacerbado e ensimesmado de alguns dos principais corifeus da história de regime, Sérgio considera geralmente a história de Portugal numa dupla perspectiva: nacional e internacional"[9].

Destacavam-se, em António Sérgio, o uso da geografia; a identificação no passado dos problemas agrários do presente (excessivo parcelamento da propriedade no norte e latifúndios no sul); o questionamento de mitos da história nacionalista, como o milagre de Ourique[10]. A independência da nação é explicada pelos fatores geográfico (grande número de portos) e comercial (ponto de encontro do comércio do norte da Europa com o do Mediterrâneo). Por fim, o golpe de 1926 é criticado. Também os conceitos de política de fixação, de reis como D. Dinis e política de transporte (a partir da expansão marítima) foram criações daquele pequeno livro[11].

Na mesma época em que Sérgio publicava sua *História*, João Lúcio de Azevedo lançava suas *Épocas de Portugal Econômico* (1928), cuja crítica à dependência portuguesa era visível mesmo na análise desapaixonada que o autor fazia do Tratado de Methuen[12]. Ele estava igualmente longe daquele tipo de história oficial do novo regime,

---

8. Albino Forjaz Sampaio, *Como Devo Formar Minha Biblioteca*, p. 96.
9. Luís Reis Torgal, José Amado Mendes e Fernando Catroga, *História da História em Portugal*, vol. 1, p. 314.
10. Em 1139 os cristãos derrotaram um número muito superior de infiéis na Batalha de Ourique.
11. António Sérgio, *Breve Interpretação da História de Portugal*.
12. João Lúcio de Azevedo, *Épocas de Portugal Econômico*, pp. 385-460.

criando outra, que obedecia ao "conceito materialista" (para usar suas próprias palavras) e não à exaltação de heróis e grandes feitos.

Poder-se-ia chamar parcela dessa historiografia de "democrática". Termo vago, impreciso, é certo, mas compreensível à sombra da ditadura. É assim que Cortesão publicará na *História do Regime Republicano em Portugal,* cujo volume primeiro saiu em 1930, seu estudo *Os Fatores Democráticos na Formação de Portugal.* Sugestiva ainda, sua análise feita muitos anos depois, da Carta de Pero Vaz de Caminha, onde se relevam as tradições de luta pelas franquias e liberdades da cidade onde nascera o escrevente da frota cabralina: o Porto. Não seria inesperado que Cortesão fosse perseguido. E de fato o foi. Viveu longos anos no Brasil, e quando retornou, demonstrando seu apoio ao general Humberto Delgado, conheceu a prisão.

A democracia era a preocupação central para se opor à ordem salazarista. Os partidos, as coligações e uniões provisórias toleradas pelo regime sempre carregavam o termo "democrático" no nome. Os republicanos começaram a identificar seu regime com a democracia. Notemos que mesmo um socialista, ainda que bastante moderado, como Sérgio, escrevia em 1934 um texto intitulado "Democracia". Seu socialismo, que tinha que ser "democrático", fica patente na sua *Alocução aos Socialistas* (1947): socialismo que aparece como produto de uma lenta evolução por etapas[13]. Algo que poderia remontar, *mutatis mutandis,* a Antero e avançar até as propostas de Magalhães Godinho[14].

Houve os historiadores de regime: João Ameal entre eles. O aqui já citado (aliás um espanhol) Jesus Pabón, ganhador do Prêmio Camões nos anos 1950. E até um exemplo tardio, outro estrangeiro, Richard Pattee, que, apesar da extensa pesquisa bibliográfica que acompanha sua tese de doutoramento na Universidade de Coimbra (1961), não deixou de fazer referências aos "esforços leais" [*sic*] dos portugueses para abolir a escravatura como uma "página meritória

---

13.   António Sérgio, *Democracia*, p. 112.
14.   Vitorino Magalhães Godinho, "O Socialismo e o Futuro da Península", 1969.

no conjunto dos anais da presença portuguesa em África"[15], nem de mostrar seu anticomunismo saliente.

Nenhum deles, contudo, superou em importância a figura do brasileiro Gilberto Freyre, cuja obra foi instrumentalizada pelo próprio Salazar na forma de um eclético luso-tropicalismo que justificava o colonialismo lusitano. O próprio Freyre viajou inúmeras vezes à metrópole e às colônias propagando suas ideias nos anos 1930. E ainda nos tardios anos 1950, ele se preocupava em descrever aspectos do salazarismo[16]. De qualquer forma, essa historiografia, assim como o discurso de propaganda do regime, ignoravam os fatores de mudança que se operavam na infraestrutura do Império e que o derrubariam.

RELATOS DA CRISE E DA REVOLUÇÃO

A historiografia sobre a crise do Terceiro Império ainda é incipiente, face aos enigmas que ainda cercam muitos dos fatos da Guerra Colonial e da Revolução dos Cravos. Talvez por isso ainda sejam poucas as reflexões que buscam superar a história "acontecimental" e tentar explicar os fatores estruturais das mudanças rápidas que Portugal viveu a partir de 1961. As obras de maior repercussão não foram feitas por historiadores profissionais, mas por pessoas "interessadas", ex-participantes da Guerra Colonial e do processo revolucionário. São mais memórias que histórias.

Embora o queiram, não buscam o ideal epistemológico da verdade objetiva, este escopo inatingível que deveria guiar o historiador. Assemelham-se a outro conjunto de relatos produzidos no calor da hora, as obras de reportagens. Foram várias. As reportagens da imprensa brasileira, de *O Estado de S. Paulo*, das revistas *Visão*, *Isto É*, *Veja*, *Manchete*, dos alternativos *Pasquim*, *Opinião*, *Movimento*, buscavam falar do Brasil através de Portugal, e tentavam resolver o paradoxo de comentar o fato de militares exercerem um governo de

---

15. Richard Pattee, *Portugal na África Contemporânea*, p. 300.
16. Gilberto Freyre, "A Organização Corporativa em Portugal: Novos Avanços", *O Cruzeiro*, 14 jul. 1956.

esquerda. Ainda estão à espera de um trabalho de pesquisa acerca da recepção da Revolução dos Cravos no Brasil. Trabalho para outrem, porque foge aos limites desta investigação.

Há que se destacar ao menos três obras contrastantes nas suas perspectivas teórico-metodológicas: os livros de Cervelló, Medeiros Ferreira e Boaventura Santos, que são tentativas de entender o processo político a que nos referimos de uma perspectiva exclusivamente acadêmica, pois a maior parte da historiografia acerca do período ainda é composta de relatos jornalísticos, memórias e análises políticas de pessoas envolvidas no processo.

Cervelló[17], ainda que preocupado com o impacto da Revolução dos Cravos na transição espanhola à democracia, buscou as origens da crise portuguesa no ano de 1961, início efetivo da Guerra Colonial, com algumas incursões (nem sempre nítidas, devido à confusa forma de exposição) ao início do salazarismo. Ainda assim, interessa--lhe a história política dos acontecimentos.

Medeiros Ferreira[18] tentou demonstrar a predominância de fatores políticos e institucionais na dinâmica do processo revolucionário. Porém, sua pesquisa só abarca a curta duração dos acontecimentos do período pré-constitucional. Medeiros Ferreira não abarca, como se pretende fazer nesta pesquisa, as tomadas de consciência e os projetos políticos alternativos, pois declara que "nossa tendência epistemológica é não considerar como acontecimento histórico algo que não passou de intenção sem qualquer execução prática"[19]. Concepção restrita e delimitada do processo histórico em questão.

Boaventura Santos fez uma interpretação da crise do Terceiro Império[20], analisando, ao contrário de Medeiros Ferreira, as alternativas políticas que se colocaram para superá-la (inclusive as derro-

17. Josep Sanches Cervelló, *A Revolução Portuguesa e a sua Influência na Transição Espanhola.*
18. José M. Ferreira, *Ensaio Histórico sobre a Revolução do 25 de Abril: O Período Pré--Constitucional.*
19. *Idem*, p. 180.
20. Boaventura de Sousa Santos, *O Estado e a Sociedade em Portugal (1974-1988)*, 1992.

tadas) e o impacto social e econômico que a solução da crise trouxe para Estado e sociedade civil portugueses. Mas não se trata de uma investigação histórica *stricto sensu*, arrimada em fontes e vasta bibliografia, mas sim de um trabalho de síntese da vida política lusitana a partir de 1974.

Mais impressionante, nesta perspectiva, é o caso de Rainer Eisfeldt. Ao discutir a possibilidade de um pluralismo socialista no verão quente da Revolução Portuguesa, ele avança teoricamente na definição daquilo que muitos, desde o austro-marxista Max Adler, quiseram que fosse uma democracia socialista: convivência harmônica de uma economia mista e socializada na base, com diversos tipos de propriedade pública e estatal, de uma democracia política com sufrágio universal e preservação de um espaço crescente para a democracia direta. Isso necessitaria o acordo daqueles ideais fluidos do Copcon com a defesa da legalidade socialista do Grupo dos Nove e o terceiro-mundismo de cor vermelha do governo Vasco Gonçalves.

Mas a historiografia também se dividiu por motivos de interpretação de acontecimentos localizados. Sem grande valia. Mas por trás dessas divergências não estavam posicionamentos político-ideológicos? Vejamos o exemplo da Revolta das Caldas da Rainha. As origens desse movimento são imprecisas. O embaixador belga, Max Wery, afirmou que o Levantamento das Caldas da Rainha obedecia às ordens do MFA, anuladas no derradeiro momento sem que a unidade pudesse ser avisada[21]. Para Cervelló, o fato demonstrou que "o general Spínola alimentava o seu próprio projeto conspirativo, e a sua própria organização, porque desconfiava profundamente das intenções dos capitães"[22].

Involuntariamente, Pacheco Amorim confirma a segunda hipótese (de Max Wery). No seu relato extremadamente anticomunista

---

21. Max Wery, *E Assim Murcharam os Cravos*, p. 113.
22. Josep Sanches Cervelló, *A Revolução Portuguesa e a sua Influência na Transição Espanhola*, p. 172.

da Revolução Portuguesa, ele revelou o caráter diferenciado que um golpe bem-sucedido em 16 de março, de inspiração spinolista, teria em relação àquele que se efetivou em 25 de abril. Para ele, os oficiais do MFA, supostamente comprometidos com a esquerda, ao não agirem, sob o pretexto de que a ação era precipitada, eliminaram a parte spinolista do movimento[23]. A tese toda não se sustenta perante os relatos de vários participantes e da maioria dos historiadores, mas revelaria a hegemonia spinolista do movimento de 16 de março e seu fracasso quase inevitável, posto que não contava com as condições políticas e militares para o sucesso[24].

A NATUREZA DA REVOLUÇÃO

Álvaro Cunhal preferiu dizer que "ao levantamento militar se sucedeu no mesmo dia, um levantamento popular de massas apoiando, por um lado o mfa e imprimindo, por outro, à Revolução, aos seus objetivos e às suas realizações uma nova e impetuosa dinâmica"[25]. As fotografias da Revolução constituem um documento iconográfico de enorme valia para a confirmação dessa mistura e simbiose entre os civis e os militares na pressão que levou à renúncia do governo[26]. Mário Soares concordaria neste aspecto com Álvaro Cunhal. Soares declararia que "o primeiro de maio transformou a revolta de militares por razões conjunturais que teve a ver com a Guerra Colonial, numa revolução nacional e democrática". Ora, sabe-se, pela documentação

23. Fernando Pacheco Amorim, *Portugal Traído*, p. 68.
24. Não há ainda documentos que provem totalmente qualquer hipótese sobre o 16 de março. As acusações de boicote aos oficiais milicianos por parte do PCP ou de oficiais mais à esquerda, também não se sustentam, conforme entrevista do próprio Varela, publicada num livro bastante parcial, embora seja uma tese universitária (cf. Manuel Bernardo, *Marcello e Spínola: A Ruptura; As Forças Armadas e a Imprensa na Queda do Estado Novo, 1973-1974*, p. 307).
25. Álvaro Cunhal, "A Revolução dos Cravos", em Osvaldo Coggiola (org.), *O Fim das Ditaduras*, p. 141.
26. Não somente o livro *Vinte e Cinco de Abril Fotografias*, mas vários outros que reuni na bibliografia, possuem fotografias de época que procuram demonstrar o caráter popular do dia 25 de abril.

amplamente difundida, que os objetivos "democráticos e nacionais" já faziam parte do ideário dos capitães de abril. E esta também foi a memória construída por alguns deles, como Salgueiro Maia.

Corroboram essa tese diferentes historiadores e participantes do movimento. O capitão Salgueiro Maia declarou que jamais o MFA se propôs a se tornar um novo núcleo dirigente e definitivo do Estado, defendendo sempre objetivos democráticos[27]; o mesmo disse o capitão Vasco Lourenço, defendendo "a democracia acima de tudo"[28]; as reivindicações democráticas do MFA apareceram nos primeiros textos de discussão e se reduziram a "criar um novo poder político sempre assente na legalidade" (Ferreira)[29].

Quando a Revolução dos Cravos comemorou seus 25 anos, o momento foi propício para reavaliações. O mesmo quando fez trinta anos. Boaventura Santos, alheio um pouco às datas redondas, escreveu que "as sociedades nunca comemoram o passado. Comemoram o presente enquanto futuro do que de importante aconteceu no passado"[30]. Assim é que encontramos no período que transcorreu sob a presidência de Mário Soares em diante, a ideia de que Portugal retornava à casa comum europeia. Expressão que coincidia com outro pregador da época, o líder russo Mikhail Gorbatchov.

Todos apontavam uma convergência implícita: Europa era sinônimo de democracia formal e economia de mercado (ainda que socialmente regulada para alguns). Claro, um ou outro político ainda usou fórmulas gastas pelo tempo, remontando o 25 de Abril ao século XV![31] Entrementes, a retomada da vocação europeia era algo novo (vide capítulo 7). Se lembrarmos das páginas iniciais deste estudo, se voltarmos os olhos para o início do século XIX (quiçá antes),

27. Fernando Salgueiro Maia, *Capitão de Abril*, pp. 81-82, 87, 99-100 e 109.

28. *Visão*, 27 maio 1974, p. 55.

29. José Medeiros Ferreira, *Ensaio Histórico Sobre a Revolução do 25 de Abril: O Período Pré-Constitucional*, p. 51.

30. Boaventura de Sousa Santos, "Portugal: 23 Anos de Futuro", *O Estado de S. Paulo*, 21 abr. 1997.

31. *Jornal de Albergaria*, 5 maio 1994. Declaração de Manuel de Oliveira (CDS).

veremos ideias recorrentes. Infinitamente repetidas. Certo, com a roupagem do século!

E o que fazer quando o próprio presente parece o passado redivivo? O que as sociedades comemoram enquanto futuro de um passado que não acabou? Que sobreviveu? Para isto basta-nos ouvir os historiadores? Os políticos? Os militares? Num andar mais baixo é preciso ouvir, um pouco que seja, os cronistas de província. Os porta-vozes de aldeia. Os pequenos jornais. Suas apreciações são por vezes involuntariamente cômicas. Carecem de fundamento histórico. Mas revelam sentimentos que não afloram nos dois grandes centros de Portugal (Lisboa, Porto) ou nas universidades. Alguns preferiram ver o 25 de Abril de outra forma. Houve quem achasse que o movimento dos capitães nascesse da "inveja" que estes sentiram dos oficiais milicianos[32]. Ou que foi oriundo de reivindicações salariais[33]. Ou que não passou de um 28 de maio (referência ao golpe de 1926)[34]. Houve ainda quem preferisse comemorar o 25 de novembro: a derrota da extrema esquerda[35].

MEMÓRIA

As perguntas não são extemporâneas ou anacrônicas. Fizeram-nas os homens de alto escalão da política internacional. Na época, circulou a ideia de que Henry Kissinger se desinteressava pela sorte de Portugal, achando até mesmo que a vitória do PCP serviria, para o resto da Europa Ocidental, como uma "vacina contra o comunismo", alertando os outros países acerca da periculosidade dos PCs e da URSS. Ele contrariava a postura de outro setor do governo dos EUA

32. Barroso da Fonte, "20 Anos Depois Dê-se a Palavra à Verdade Envergonhada", *Notícias de Chaves*, 22 abr. 1994.
33. Adulcino Silva, "Ciclone Demagógico", *Folha do Minho*, 2 maio 1996.
34. José Abreu, "Portugal Antes e Depois do 25 de Abril", *Notícias de Chaves*, 25 abr. 1997.
35. A. Caseiro Marques, "Lembrar o 25 de Abril", *Notícias de Chaves*, 25 abr. 1994.

e dos governos alemão (Brandt e Schmidt, respectivamente, primeiro-ministro e chanceler) e inglês (Callaghan, ministro dos Negócios Estrangeiros da Grã-Bretanha). Estes preocuparam-se em garantir apoio aos socialistas portugueses. Não acreditavam que o comunismo fosse inevitável em Portugal. Estavam certos.

A veracidade dessa informação foi defendida por Mário Soares, enquanto o Sr. Pinto Balsemão a contestou[36]. De qualquer forma, tendo ou não uma divergência no seio do governo norte-americano a esse respeito, o que interessa para o historiador aqui, do ponto de vista epistemológico, é o que efetivamente aconteceu: a linha defendida pelo embaixador norte-americano em Portugal, Frank Carlucci (homem da CIA – Central de Inteligência Norte-Americana), foi a vitoriosa, e optou-se por impedir a "bolchevização" de Portugal. Os norte-americanos, que a princípio privilegiaram o financiamento do movimento separatista dos Açores, como medida preventiva a uma vitória da esquerda militar em Lisboa, passaram a intervir no conjunto da política portuguesa.

A CONSTITUIÇÃO DIRIGENTE

Vejamos, então, a própria constituição portuguesa. Não a do salazarismo, mas a que foi temperada pela Revolução. Essa constituição que, antes de sua revisão nos anos 1980, conseguiu ir além de qualquer outra em qualquer lugar, posto que uniu objetivos socialistas com o pluralismo político e a democracia formal: "Portugal é uma República soberana, baseada na dignidade da pessoa humana e na vontade popular e empenhada na sua transformação numa sociedade sem classes" (artigo 1º.). Vejamos o preâmbulo:

> A Assembleia Constituinte afirma a decisão do povo português de defender a independência nacional, de garantir os direitos fundamentais dos cidadãos, de estabelecer os princípios basilares da democracia, de assegurar

36. Vide depoimentos dos dois em: Mário Mesquita e José Rebelo, *O 25 de Abril nos Media Internacionais*.

o primado do Estado de Direito Democrático e de abrir caminho para uma sociedade socialista [...][37].

Esperava-se uma constituição dirigente, capaz de conduzir Portugal ao socialismo. Um Direito antecipador da mudança social, na mais rigorosa interpretação de um dos maiores constitucionalistas. Seria isso possível? Está certo: os objetivos do Estado não são os dos partidos ou das forças sociais em jogo. São os que se encontram normatizados na constituição. Ora, será que as políticas que animaram Portugal nos anos 1980, de liberalismo desenfreado, foram normativo-constitucionalmente vinculadas?[38] Sucessivos governos colocaram-se, portanto, fora da constituição, a qual era vista como empecilho, da mesma forma como depois passou-se a ver a integração à Europa ora como um imperativo a cumprir, ora como um impedimento da ação[39]. Não agrediram esse artigo primeiro? Ou o artigo segundo, onde fala-se na transição ao socialismo? Ou o artigo nono, onde se prevê a extinção da exploração do homem pelo homem?

De toda maneira, essas ideias avançaram muito mais do que aquelas que faziam parte da mentalidade dominante das elites políticas africanas e portuguesas nos anos sessenta. Mas mesmo a Constituição de 1976 não foi além da realidade que persistiu ignorando o quadro constitucional. Porque não é o Direito que muda a sociedade, é a sociedade civil que muda o Direito. Este não pode impor-se às realidades subjacentes e insistentes. Voltamos ao velho problema levantado por Braudel: É possível fazer mudanças de estruturas através de decisões políticas? Ele mesmo responderia que a política só muda quando a sociedade já consente esta mudança...

---

37. *Constituição da República Portuguesa*, 1976.
38. José Gomes Canotilho, *Constituição Dirigente e Vinculação do Legislador*, pp. 453--471.
39. Jorge Wemans, "A Construção da Europa na Comunicação Social Portuguesa", em VVAA, *Corpo e Espírito da Europa*, p. 255.

REVOLUÇÃO DOS CRAVOS E REVOLUÇÃO DE VELUDO

A historiografia não parece ter considerado muito a Revolução inserida na longa duração e, por isso, não explica, senão insatisfatoriamente (como traição ou pusilanimidade das direções ou erros ou acertos individuais dos líderes), os resultados práticos e efetivos dela. Em ambos os casos supraditos entre os parênteses, tratam-se de explicações morais e não políticas ou históricas.

As revoluções não derrubaram, até hoje, as hierarquias sociais, diria Fernand Braudel. Elas são abaladas mais ou menos profundamente. Muito, como na enigmática Revolução Cultural Chinesa. Pouco, como nas chamadas revoluções burguesas da época moderna. Elas não acabam com a família, com o princípio da organização e disciplina nas empresas. Lenin e Brecht imaginaram a cozinheira decidindo os destinos da Rússia. Mas a cozinheira continuou cozinhando e, quando muito, servindo café nas reuniões de cúpula entre os novos governantes e seus pares estrangeiros capitalistas.

Não que as revoluções não queiram ou não possam acabar com essas hierarquias no futuro. Não cabe ao historiador falar disso.

Uma vez mais Braudel: método perigoso, diria ele, o das comparações. Todavia, necessário. Tomemos duas revoluções tão diferentes nas suas épocas e propósitos. A Portuguesa e a Tchecoslovaca. Uma em 1974, no contexto da segunda Guerra Fria. Outra em 1989, depois do fim da Guerra Fria. Uma quis acabar com o socialismo. A outra quis, em certa medida, instaurar um tipo de socialismo. Mas ambas conduziram ao mesmo resultado, *mutatis mutandis*: voltar à Europa e ao Ocidente. Dahrendorf disse:

> A Revolução dos Cravos em Portugal pode parecer tão interessante como a Revolução de Veludo da Tchecoslováquia, mas na verdade, a ideia de revolução é muito mais aplicável à Europa Central Oriental, onde os direitos abrangentes da nomenklatura reinante tiveram que ser quebrados[40].

---

40. Ralf Dahrendorf, *Reflexões Sobre a Revolução na Europa*, p. 106.

Neste caso, o argumento do pensador Dahrendorf sacrificou a história *res gestae* (como efetivamente aconteceu) para preferir ser fiel à sua matriz liberal de pensamento. Por que só no Leste Europeu (agora Europa Central) havia um regime de privilégios a ser derrubado e não num país submetido a 48 anos de ditadura, como era Portugal, não? Em todo caso, como o sociólogo alemão Ralf Dahrendorf e o historiador britânico T. G. Ash disseram, o que se ouviu por toda parte antes e depois de 1989 foi o desejo da "volta à Europa".

É curioso que duas revoluções tão diferentes tenham conduzido, apesar das vontades de muitos de seus fautores, a resultados tão parecidos.

Conclusão

A burguesia não crê que seja possível que o
poder lhe escape nem que a pripriedade se tranforme.

JEAN JAURÈS, *Histoire Socialiste*

ATÉ QUE PONTO UMA REVOLUÇÃO, concentrada num tempo curto e acelerado, pode assumir valor estrutural e ser a fundadora de novas tendências profundas numa dada formação social é o alfa e o ômega de toda investigação histórica acerca das mudanças sociais. É no encontro desse tempo curto da Revolução com o longo das estruturas sociais recorrentes que se define o campo político. Ele não é necessariamente a cronologia de fatos e querelas parlamentares, como lembrava Chesneaux.

A substancial alteração trazida pelo fim do Império e pela Revolução, o fim da emigração secular, é tão política quanto a queda de Marcello Caetano[1]. Mas, por outro lado, o fato de a Revolução não ter mudado hábitos, formas e estruturas da vida política, reproduzindo o parlamento, as eleições e reduzindo ao nada as assembleias de base, conteve a transformação mais profunda. Não se quer aqui dizer que tais transformações fossem ou não desejáveis. O historiador não julga.

Quando as mulheres portuguesas quiseram o divórcio e a liberdade diante dos homens, elas lidavam com questões de idade muito antiga. Neolítica talvez. E que ainda se não resolveram. Quando os verdes surgiram em Portugal (e alhures) tentavam equacionar pro-

---

[1] Vide Jean Chesneaux, *Devemos Fazer Tábula Rasa do Passado?*, p. 140. Depois de abril, Portugal viveu o fenômeno novo da imigração. Já a emigração caiu até retomar impulso por volta de 2013, mas declinou novamente.

blemas muito recentemente percebidos. Os militares tinham seus interesses numa conjuntura de no máximo dez ou quinze anos: a Guerra Colonial. Mas os colonizados tinham em mente o neocolonialismo de mais de cem anos.

Para não falar na colonização moderna de uns quatrocentos ou quinhentos anos (no capítulo 3 há referências sobre a história e a idade de termos novos, como imperialismo, neocolonialismo, terceiro mundo etc.). Os partidos políticos pensavam ora num liberalismo europeu de uns cem ou duzentos anos, ora numa ditadura antirrepublicana de uns cinquenta anos. Os camponeses ou os trabalhadores rurais alentejanos tratavam de demandas "medievais"[2]. Como diria Chesneaux, não é um problema para aqueles que fazem história, mas para aqueles que fazem *a história*[3].

Quando o mundo assistia aos efeitos da desagregação do Antigo Sistema Colonial (forma específica do Antigo Regime), Portugal perdeu sua principal colônia, o Brasil, o seu Império se fragilizou e a nação entrou numa fase de guerras liberais, que se iniciou com a Revolução do Porto em 1820 (liberal na metrópole, mas com intenções colonialistas para com o Brasil), e foi até a Regeneração (1851). O período posterior à Revolução do Porto (1821) ficou conhecido como Terceiro Império (1825-1975), e foi assinalado por uma crise histórica permanente e de longa duração, ou, para usar uma expressão de Braudel, uma *longa crise política*, que já se inicia no último quartel do século XVIII.

Não é preciso recordar o quadro *événementiel* do Terceiro Império. Ele foi discutido de forma subjacente no primeiro capítulo desta obra. Todavia, é necessário ao menos tentar responder se

---

2. Não é outro o interesse epistemológico de uma geografia nova, por exemplo, ao reconhecer que existem variáveis de datação diferentes, resíduos, superposição de traços sistêmicos diversos inscritos no espaço. Por causa disso, essa geografia busca "compreender os mecanismos de transcrição espacial de sistemas temporais". Não cabe ao historiador ou ao geógrafo (e nem seria possível fazê-lo) tratar de combinar, na práxis social, todos esses tempos (Milton Santos, *Por uma Geografia Nova*, p. 209).

3. Jean Chesneaux, *Devemos Fazer Tábula Rasa do Passado?*, p. 147.

aquela crise terminou. Ou melhor, em que o fim do Terceiro Império (de todos os impérios) modificou o país. "Tentar", porque tão perto dessa crise (que talvez ainda continue) o historiador muito pouco pode dizer.

Culturalmente, todavia, o Império tinha uma dinâmica própria. Porque: *1.* a vida cultural não é o reflexo de uma realidade econômica. Os interesses materiais europeus precisavam da mediação ideológica de uma aparente autonomia do Império; *2.* é no campo das ideologias que os homens adquirem consciência de suas tarefas históricas. Logo, os socialistas ou liberais (ps, psd) venceram porque estavam de acordo com essas realidades inconscientes. Eles representaram o *bloco histórico*, como diria Gramsci, que conduziu o país a aceitar o que já era: não um império, mas um apêndice de uma outra *économie-monde*. A Europa. Ou da economia mundial. Global, se preferirmos.

O *bloco storico*, bem se sabe, é a unidade orgânica da base e da superestrutura. A política "socialista" conseguiu ser aquilo que Lenin disse que era toda a política: "economia concentrada". Logrou soldar as ideias, as políticas, aos interesses das classes sociais. Dos seus capitais. Dos capitais forâneos. Das suas classes médias educadas para servir ao turismo. Das classes médias europeias que fazem seu *tour* português.

Essa política socialista precisou ser "grande" na história *événementielle*. Na marcha dos acontecimentos entre 1974 e 1975. Essa história de ritmos fortes, como a chamaria Florestan Fernandes. Mas tornou-se "pequena" na sucessão de eleições autárquicas. Nas quedas seguidas de ministérios. E levou o debate político para as questões de bastidores. Ora, isso é também "grande política", como a chamava Gramsci. Giolitti, na Itália do início do Novecento, vulgarizava a política. Mas "vulgares" eram seus seguidores, seus "soldados", seus funcionários. E aqueles que, sem alternativa, os combatiam no mesmo terreno. Como desentranhar a aceleração histórica do tempo lentamente ritmado? Esta é a questão para o porvir.

O socialismo português "rebaixou" a política e, com isso, retirou de cena os revolucionários e inconformados. O inconformismo é social. Mas não mais político. E o país deixou de ser o terreno primordial dessa luta. Porque o sonho da volta à Europa realizou-se. Que há mais para sonhar?

Cronologia

5 OUT. 1910 – Proclamação da República.

1921 – Fundação do PCP.

28 MAIO 1926 – Golpe Militar.

28 JUN. 1932 – Salazar assume a presidência do Conselho de Ministros.

1960 – Começa a Guerra Colonial.

AGO. 1968 – Salazar sofre uma queda que o incapacita mentalmente; assume o poder o jurista Marcello Caetano.

1970 – Morre Salazar.

13 JUL. 1973 – O governo edita o Decreto-lei 353, que irritou a oficialidade média das Forças Armadas.

9 DE SET. 1973 – Primeira reunião dos capitães em Évora.

1974

5 MAR. – Reunião em Cascais em que o MFA aprova o documento "As Forças Armadas e a Nação".

16 MAR. – Tentativa frustrada de golpe militar feita pelo regimento de Caldas da Rainha.

25 ABR. – Revolução vitoriosa que derrubou Marcello Caetano; assume a Junta de Salvação Nacional chefiada pelo general Spínola, novo presidente da República.

1º. MAIO – Grande manifestação em Lisboa, onde se destacam Álvaro Cunhal e Mário Soares.

15 MAIO – Assume o I Governo Provisório, chefiado pelo jurista Palma Carlos.

8 JUL. – Otelo Saraiva de Carvalho assume a chefia da Região Militar de Lisboa.

17 JUL. – Segundo Governo Provisório, chefiado pelo coronel Vasco Gonçalves.

19 JUL. – Spínola se reúne com Nixon e recebe apoio dos EUA.

26 AGO. – A Guiné-Bissau se torna independente de Portugal.

28 SET. – A marcha da maioria silenciosa em apoio a Spínola é impedida por militares e civis de esquerda.

30 SET. – O presidente Spínola se demite; assume a presidência o general Costa Gomes e, como chefe do III Governo Provisório, o coronel Vasco Gonçalves.

1975

11 MAR. – Tentativa frustrada de golpe contrarrevolucionário feita por oficiais spinolistas.

26 MAR. – Assume o IV Governo Provisório, chefiado mais uma vez por Vasco Gonçalves.

25 ABR. – Os socialistas ganham as eleições para a Assembleia Constituinte.

19 MAIO – O jornal *República*, dirigido pelos socialistas, é invadido e fechado pelo governo.

25 JUN. – Independência de Moçambique.

5 JUL. – Independência de Cabo Verde.

12 JUL. – Independência de São Tomé e Príncipe.

11 NOV. – Independência de Angola.

18-19 JUL. – Grandes manifestações socialistas contra o governo; aumenta o conflito PCP × PS.

8 AGO. – Assume o V Governo Provisório, chefiado por Vasco Gonçalves.

19 SET. – Assume o VI Governo Provisório, chefiado pelo almirante Pinheiro de Azevedo, sob hegemonia do PS.

25 NOV. – Derrota da esquerda militar num confronto com alas conservadoras das Forças Armadas.

1976

25 ABR. – Eleições para a Assembleia da República vencidas pelos socialistas.

27 JUN. – O tenente-coronel Ramalho Eanes é eleito presidente da República.

22 JUL. – Assume o primeiro governo constitucional, chefiado por Mário Soares.

Fontes

ESTE LIVRO FOI ESCRITO ANTES da massificação de fontes digitalizadas pela internet. E as fontes determinam, em parte, a abordagem. No caso de uma história não só política, mas também das ideias e práticas sociais, fontes de diversos calibres podem ter algum significado. Assim é que se compulsou não só os jornais e revistas habituais. Velhos de mais de cem anos ou novos de mais de vinte ou trinta anos. Mas também os catálogos de selos, que interessam hoje não só ao filatelista, mas também ao historiador preocupado com as representações que as sociedades (ou melhor, os Estados) fazem de si mesmos. E os catálogos de livrarias postos a leilão, os quais não deixam de delinear a oferta de leituras e utensílios ideológicos de uma época[1].

A bibliografia sobre a história de Portugal contemporâneo não poderia ser lida por nenhum pesquisador isolado. E mesmo a bibliografia de algum modo relacionada à crise do Terceiro Império colonial português e à Revolução dos Cravos é bastante significativa. Ronald Chilcote, no levantamento bibliográfico exaustivo sobre a Revolução, anotou 1 047 livros e monografias. E 1 792 periódicos. As fontes abaixo citadas são uma pequena seleção do que foi possível compulsar e daquilo que mais se adaptava aos desígnios deste trabalho.

Fontes Primárias

25 DE ABRIL: Documento. Lisboa, Casaviva, 1974.

"43 ANOS de Fascismo". *Revista Paz e Terra*, n. 10, dez. 1969 (Conjunto de depoimentos da oposição antifascista portuguesa).

A REVOLUÇÃO das Flores: Do 25 de Abril ao Governo Provisório. Lisboa, Aster, [s. d] (Dossiê).

ALMANAQUE Brasileiro Garnier. Paris, Typ. H. Garnier, 1909, 518 p.

ALMANAQUE Mundial 1962. Rio de Janeiro, Moderna, 1961.

---

1. Cf. Guglielmo Cavallo e Roger Chartier, *História da Leitura no Mundo Ocidental*, p. 25.

ANNAES Geographicos de Portugal. Jornal de Viagens e Aventuras de Terra e Mar. Porto, 10 maio 1896, p. 69.

BANCO DE PORTUGAL. *Relatório do Conselho de Administração. Parecer do Conselho Fiscal. Gerência de 1965.* Lisboa, Tipografia do Banco de Portugal, 1966. CD 25 A, 336-7 (469) (047.3).

BSGL: Boletim da Sociedade de Geografia de Lisboa.

CATÁLOGO da Camiliana que Deverá Ser Vendida em Leilão Promovido pela Livraria Moraes em 6 de Fevereiro de 1922, em Local que em Devido Tempo Será Anunciado. Lisboa, João D'Araújo Moraes, 1921, 81 p.

CATÁLOGO da Curiosissima Livraria do Falecido Bibliografo e Distinto Escritor Julio de Castilho que Será Vendida em Leilão no Próximo Dia 10 e Seguintes do Mez de Abril, em Local Devidamente Anunciado. Lisboa, Centro Typographico Colonial, [s. d.], 103 p.

CATALOGO da Curiosissima Livraria que Pertenceu ao Inolvidavel Escriptor Dr. Sousa Viterbo que Será Vendida em Leilão no Dia 20 e Seguintes do Mez de Abril ás 8 ½ Horas da Noite sob a Direção de Ernesto Rodrigues. Lisboa, Centro Typographico Colonial, 1914, 98 p.

CATALOGO da Importante Livraria que Pertenceu aos Falecidos Jornalista Joaquim Martins de Carvalho e General Francisco Augusto Martins de Carvalho com um Prefácio de Henrique de Campos Ferreira Lima Distinto Escritor e Bibliófilo que há-de Ser Vendida em Leilão no Dia 25 de Fevereiro e Seguintes de 1923. Coimbra, Imprensa da Universidade, 1923, 314 p.

CATALOGO da Preciosa Livraria Antiga e Moderna que Pertenceu ao Distincto Bibliophilo e Bibliographo Annibal Fernandes Thomaz que Será Vendida em Leilão nos Dias 18 e Seguintes do Mez de Março ás 20 Horas, sob a Direção de Casimiro da Cunha (em Local que Será Opportunamente Annunciado). Lisboa, Centro Typographico Colonial, 1912, 396 p.

COLETÂNEA de Discursos de Álvaro Cunhal. Lisboa, Dom Quixote, 1975.

COLETÂNEA de Discursos do Primeiro-Ministro Vasco Gonçalves. Lisboa, Seara Nova, 1977.

COLETÂNEA de Documentos Cristãos Sobre o 25 de Abril.

CONSTITUIÇÃO da República Portuguesa. Lisboa, Imprensa Nacional/Casa da Moeda, 1976.

DIÁRIOS da Assembleia Constituinte Portuguesa. 1975.

DISCURSOS de Oliveira Salazar.

DOCUMENTOS impressos e manuscritos do Centro de Documentação 25 de Abril (CD 25 A).

ENTREVISTAS de Otelo Saraiva de Carvalho e Vitor Alves publicadas (vários jornais e revistas).

FONTES 281

II CONGRESSO REPUBLICANO DE AVEIRO. *Teses e Documentos*. Lisboa, Seara Nova, 1969. II vols.

L'EMPIRE Colonial Portugais. Paris, 1937.

LES CONSTITUTIONS de la France Depuis 1789. Présentation par Jacques Godechot. Paris, Flammarion, 1979.

MFA: Rosto do Povo. Lisboa, Portugália, [1975]. (Entrevista de Vasco Lourenço).

MOÇÕES e Boletins do MFA. Centro de Documentação 25 de Abril, Universidade de Coimbra (Documentos).

Movimento: Boletim Informativo das Forças Armadas. Dir. Comissão Coordenadora do Programa do MFA, Quinta Divisão/EMGFA.

O IMPÉRIO Colonial Português. Lisboa, Agência Geral das Colônias, 1942.

PROGRAMA do Movimento das Forças Armadas. Lisboa, Casa da Moeda, 1974.

RELATÓRIO da Comissão de Inquérito aos Acontecimentos do 11 de Março. Lisboa, MFA, 1975.

RELATÓRIO da Comissão de Inquérito aos Acontecimentos do 25 de Novembro. Lisboa, MFA, 1975.

VII Congresso do PCP. Lisboa, Avante, 1974.

RELATÓRIO da Execução do II Plano de Fomento. Metrópole. 1959-1964. Lisboa, Imprensa Nacional, 1968. CD 25 A, 338.1 (469).

RESEARCH Group for the Liberation of Portuguese Africa. *Dependency and Underdevelopment: Consequences of Portugal in Africa*. California, Riverside, 1971.

Jornais e Revistas

Avante
Diário de Notícias
Ilustração Portugueza
Manchete
O Combate
O Estado de S. Paulo
Portugal Democrático
República

Dicionários

BOTTOMORE, Tom (ed.). *Dicionário do Pensamento Marxista*. Rio de Janeiro, Jorge Zahar, 1988.

BOUILLET, Marie-Nicolas. *Dictionnaire Universel d'Histoire et de Géographie*. Paris, Librairie Hachette, 1876.

BRUNACCI, Augusto. *Dizionario Generale di Cultura*. Torino, Libreria Editrice Internazionale, 1915.

CUNHA, Antônio Geraldo da. *Dicionário Etimológico*. Rio de Janeiro, Nova Fronteira, 1987.

DAUZAT, Albert. *Dictionnaire Étymologique*. Paris, Larousse, 1947.

DAUZAT, Albert; DUBOIS, Jean & MITTERAND, Henri. *Nouveau Dictionnaire Étymologique et Historique*. Paris, Larousse, 1971.

LABICA, Georges (dir.). *Dictionnaire Critique du Marxisme*. Paris, PUF, 1982.

LITTRÉ, Paul-Emile. *Dictionnaire de la Langue Française*. Monte Carlo, Editions Du Cap, 1956.

PEREIRA, José Costa (coord.). *Dicionário Ilustrado da História de Portugal*. Lisboa, Alfa, 1985. 2 vols.

SAINT-LAURENT, Charles. *Dictionnaire Encyclopédique Usuel*. Paris, Au Comptoir des Imprimeurs-Unis, 1845.

VVAA. *Dictionnaire Encyclopédique Petit Larousse*. Paris, Larousse, 1972.

VVAA. *The New Merriam-Webster Pocket Dictionary*. New York, Pocket Books, 1970.

Bibliografia

ABREU, Paradela (org.). *Os Últimos Governadores do Império*. Lisboa, Inapa, 1994.

AFONSO, Aniceto & COSTA, Braz. "O Movimento dos Capitães". *Revista Crítica de Ciências Sociais*, n. 15-17, maio 1985.

AGUIRRE ROJAS, Carlos António. *La Escuela de los Annales*. España, Montesinos, 1999.

ALENCASTRE, Amílcar. *O Brasil, a África e o Futuro*. Rio de Janeiro, Laemmert, 1969.

ALEXANDRE, Valentim. *Velho Brasil, Novas Áfricas*. Porto, Afrontamento, 2000.

ALMEIDA, Diniz de. *Ascenção, Apogeu e Queda do MFA*. Lisboa, Ed. Sociais, [s. d.].

ALMEIDA, Fialho. "O País Não Faz Senão Gritar Viva a República". *In:* SERRÃO, Joel. *Liberalismo, Socialismo, Republicanismo: Antologia de Pensamento Político Português*. 2ª. ed. Lisboa, Horizonte, 1979.

AMORA, Antonio S. "Relações Intelectuais entre Brasil e Portugal: Um Documento Romântico". *Revista de História*, n. 100, out.-dez. 1974.

AMORIM, Fernando Pacheco. *Portugal Traído*. Madrid, [s. ed.], 1975.

ANDERSON, Benedict. *Nação e Consciência Nacional*. São Paulo, Ática, 1989.

ANDERSON, Perry. *Portugal e o Fim do Ultracolonialismo*. Rio de Janeiro, Civilização Brasileira, 1966.

APOLINÁRIO, João. *25 de Abril: Portugal Revolução Modelo*. Rio de Janeiro, Nórdica, 1974.

ARAÚJO, Renata. *Lisboa: A Cidade e o Espetáculo na Época dos Descobrimentos*. Lisboa, Horizonte, 1990.

ARENDT, Hannah. *Da Revolução*. São Paulo, Ática, 1988.

ARRUDA, José Jobson & TENGARRINHA, José Manuel. *Historiografia Luso-Brasileira Contemporânea*. Bauru, Edusc, 1999.

ASH, Timothy Garton. *In Europe's Name: Germany and the Divided Continent*. London, Vintage, 1993.

_____. *The Uses of Adversity. Essays of the Fate of Central Europe*. London, Granta, 1991.

_____. *History of the Present*. London, Penguin, 2000.

AUDIBERT, Pierre & Brignon, Daniel. *Portugal: Os Novos Centuriões*. São Paulo, Difel, 1975.

AUGUSTO, Cláudio de Farias. *Portugal, 1974: Transição Revolucionária ou Revolução Transitória? Uma Interpretação da Revolução Portuguesa de 1974: A Revolução dos Cravos*. Projeto de Pesquisa apresentado ao Departamento de Ciência Política da USP. Niterói, 1997 (mimeo).

AZEVEDO, João Lúcio de. *Épocas de Portugal Econômico*. 3ª. ed. Lisboa, Clássica, 1973.

AZEVEDO, Licínio & RODRIGUES, Maria da Paz. *Diário da Libertação*. Pref. Florestan Fernandes. São Paulo, Versus, 1977.

BAAR. *O 25 de Abril Nunca Existiu*. Lisboa, Assírio e Alvim, 1977.

BANAZOL, Luís. *Os Capitães Generais e os Capitães Políticos*. Lisboa, Prelo, 1976.

BAPTISTA, Henrique. *Eleições e Parlamentos na Europa*. Porto, Imprensa Comercial, 1903.

BAPTISTA, Jacinto. *O 5 de Outubro*. 2ª. ed. Lisboa, Acádia, 1965.

BARROS, João de. *A Pedagogia e o Ideal Republicano em João de Barros*. Sel. textos de Maria Alice Reis; introdução Joaquim Romero Magalhães. Lisboa, Terra Livre, 1979.

BARROS, Roque Spencer Maciel. "O Espírito das Revoluções". *Digesto Econômico*, n. 388, ano LIV, jan.-fev. 1998.

BATISTA, António. *Conversas com Marcello Caetano*. Lisboa, Moraes, 1973.

BAUM, Michael. "Autogestão e Cultura Política: O Impacto da Reforma Agrária no Alentejo 20 Anos Depois". *Análise Social*, vol. 33, n. 148, 1998.

BERCHT, Veronica. "Esperanças Desiguais". *Reportagem*, n. 63, dez. 2004.

BERLIN, Isaiah. *Limites da Utopia: Capítulos de História das Ideias*. São Paulo, Companhia das Letras, 1991.

BERNARDO, Manuel. *Marcello e Spínola: A Ruptura*. Lisboa, Estampa, 1996.

BIRMIGHAM, David. "Angola". *In*: CHABAL, Patrick *et al*. *Postcolonial Lusophone Africa*. London, Hurst & Company, 2002.

BOBBIO, Norberto. *Destra e Sinistra*. Roma, Donzelli, 1995.

BOCCANERA, S. "Portugal: A Consolidação do Novo Poder". *Revista Vozes*, Petrópolis, ano 68, n. 6, 1974.

BORCHARDT, Klaus-Dieter. *The abc of Community Law*. Luxembourg, Office for Official Publications of the European Communities, 2000.

BOUDANT, Joël & GOUNELLE, Max. *Les Grandes Dates de l'Europe Communautaire*. Paris, Larousse, 1989.

BRANDT, Willy. *A Peace Policy for Europe*. London, Widenfeld & Nicolson, 1969.

BRAUDEL, Fernand. *Grammaire des Civilisations*. Paris, Flammarion, 1993.

_____. *L'Identité de la France*. Paris, Flammarion, 1990.

_____. *La Méditerranée et le Monde Méditerranéen à l'Époque de Philippe II*. Paris, Librairie Armand Colin, 1949. Tradução brasileira: *O Mediterrâneo e o Mundo Mediterrâneo na Época de Felipe II*, São Paulo, Edusp, 2016.

BRITO, Raquel Soeiro (dir.). *Portugal: Perfil Geográfico*. Lisboa, Estampa, 1994.

BROWN, Michael Barrat. *Economia do Imperialismo*. Lisboa, Ulisseia, 1974.

BRUNSCHWIG, Henri. *A Partilha da África Negra*. São Paulo, Perspectiva, 1993.

CABRAL, Amílcar. *A Prática Revolucionária: Unidade e Luta*, Lisboa, Seara Nova, 1977, vol. II.

CABRAL, Antonio. *Em Plena República*. Lisboa, [s. ed.], 1932.

CABRAL, Manuel Villaverde. *O Desenvolvimento do Capitalismo em Portugal no Século XIX*. Lisboa, A Regra do Jogo, 1981.

CAETANO, Marcello. *Depoimento*. Rio de Janeiro, Record, 1974.

_____. *Mandato Indeclinabile*. Torino, Divulgo, 1971.

_____. *Minhas Memórias de Salazar*. Lisboa, Verbo, 1979.

_____. *O 25 de Abril e o Ultramar: Três Entrevistas e Alguns Documentos*. Lisboa, Verbo, 1977.

CAMARGO, Erney Plessmann. "Doenças Tropicais". *Estudos Avançados*, n. 64, USP, dez. 2008.

CAMILLER, Patrick. "Espanha: Sobrevivência do Socialismo?". *In:* Camiller Patrick & ANDERSON, Perry (orgs.). *Um Mapa da Esquerda na Europa Ocidental*. Rio de Janeiro, Contraponto, 1996.

CANOTILHO, José Gomes & MOREIRA, Vital. *Constituição da República Portuguesa Anotada*. Coimbra, Coimbra Editora, 1993.

CARDOSO, Fernando Henrique. "Classes Sociais e História: Considerações Metodológicas". *Autoritarismo e Democratização*. Rio de Janeiro, Paz e Terra, 1975.

CARONE, Edgard. *A II Internacional pelos seus Congressos (1889-1914)*. São Paulo, Edusp, 1993.

CARRILHO, Maria. "O Papel Político dos Militares". *Revista Crítica de Ciências Sociais*, n. 15-17, maio 1985.

CARTAXO, António & RIBEIRO, Jorge. *BBC Versus Portugal*. Lisboa, Estampa, 1977.

CARVALHO, Joaquim Barradas de. *Portugal e as Origens do Pensamento Moderno*. Lisboa, Horizonte, 1981.

_____. *O Obscurantismo Salazarista*. Lisboa, Seara Nova, 1979.

CARVALHO, Jonathas. *Portugal Colonizador*. Rio de Janeiro, A Encadernadora, [1930].

CARVALHO, Otelo Saraiva. *Cinco Meses que Mudaram Portugal*. Lisboa, Portugália, 1975.

_____. *Alvorada em Abril*. Lisboa, Ulmeiro, 1984.

CASTRO, Armando. *A Dominação Inglesa em Portugal com 3 Textos do Século XIX em Antologia*. Porto, Afrontamento, 1974.

_____. *A Economia Portuguesa do Século XX (1900-1925)*. Lisboa, Edições 70, 1979.

CAVALLO, Guglielmo & CHARTIER, Roger. *História da Leitura no Mundo Ocidental*. São Paulo, Ática, 2002.

CERQUEIRA, Henrique. *Acuso!* Lisboa, Intervenção, 1976.

CERVELLÓ, Josep Sanches. "La Inviabilidad de una Victoria Portuguesa en la Guerra Colonial: El Caso de Guiné Bissau". *Hispania*, n. 173, Universidad Complutense de Madrid, 1989.

_____. *A Revolução Portuguesa e sua Influência na Transição Espanhola*. Lisboa, Assírio & Alvim, 1993.

CHALIAND, Gerard. *A Luta pela África*. São Paulo, Brasiliense, 1980.

CHESNEAUX, Jean. "A Reanimação do Passado Tradicional nas Jovens Nações da Ásia e da África". *In:* SANTIAGO, Theo (org.). *Descolonização*. Rio de Janeiro, Francisco Alves, 1977.

_____. *Devemos Fazer Tábula Rasa do Passado?* Trad. e apres. Marcos A. da Silva. São Paulo, Ática, 1995.

CHILCOTE, Ronald. *The Portuguese Revolution of 25 April 1974: Annotated Bibliography on the Antecedents and Aftermath*. Coimbra, Centro de Documentação 25 de Abril/Universidade de Coimbra, 1998, 2 vols.

CIRICI, Alexandre. *La Estética del Franquismo*. Barcelona, Editorial Gustavo Gili, 1977.

CLEAVER, Eldridge. "Sobre a Ideologia do Partido dos Panteras Negras". *In:* VVAA. *Panteras Negras*. Lisboa, Temas Nosso Tempo, 1971.

CLEAVER, Kathleen, "Liberation and Political Assassination". *In:* FONER, Philip S. (ed.). *The Black Panthers Speak*. Chicago, Haymarket, 2014.

COGGIOLA, Osvaldo. *O Fim das Ditaduras*. São Paulo, Xamã, 1995.

COLLIN, Claude. "Révolution et Contre-Révolution dans les Campanges Portugaises". *Les Temps Modernes*, Paris, 1975.

CORRÊA, Sônia & HOMEM, Eduardo. *Moçambique, Primeiras Machambas*. Rio de Janeiro, Margem, 1977.

CORTESÃO, Jaime. *Os Fatores Democráticos na Formação de Portugal*. 2ª. ed. Lisboa, Portugália, 1966.

CUNHA, Silva. *O Ultramar, a Nação e o 25 de Abril*. Coimbra, Atlântida, 1977.

CUNHAL, Álvaro. *A Revolução Portuguesa: Passado e Futuro*. Lisboa, Avante, 1995.

_____. *A Revolução Portuguesa*. Lisboa, Dom Quixote, 1975.

_____. *Ação Revolucionária, Capitulação e Aventura*. Lisboa, Avante, 1996.

_____. *O Partido com Paredes de Vidro*. Lisboa, Avante, 1996.

_____. *Obras Escolhidas*, volume II. Lisboa, Avante, 2018.

_____. *Obras Escolhidas*, volume III. Lisboa, Avante, 2010.

_____. *Obras Escolhidas*, volume IV. Lisboa, Avante, 2013.

D'ARRIAGA, Manuel. *Na Primeira Presidência da República Portugueza*. Lisboa, A.M. Teixeira, 1916.

D'ARTHUYS, Beatrice. *As Mulheres Portuguesas e o 25 de Abril*. Fotografias de Alain Minghan e Syvain Julienne. Porto, Afrontamento, 1977.

DEAECTO, *Marisa Midori*. *Comércio e Vida Urbana na Cidade de São Paulo (1889--1930)*. São Paulo, Senac, 2002.

DEL ROIO, Marcos. *O Império Universal e Seus Antípodas: A Ocidentalização do Mundo*. São Paulo, Ícone, 1998.

DELANTY, Gerard. *Inventing Europe*. New York, St. Martin's, 1995.

DELGADO, Iva. "O Brasil e a Saga de Humberto Delgado". *In:* COGGIOLA, Osvaldo (org.). *O Fim das Ditaduras*. São Paulo, Xamã, 1996.

DELMAS, Philippe. *O Belo Futuro da Guerra*. Rio de Janeiro, Record, 1996.

DUBY, Georges. *A História Continua*. Rio de Janeiro, Zahar, 1993.

DUPAS, Gilberto (org.). *A Transição que Deu Certo: O Exemplo da Democracia Espanhola*. São Paulo, Trajetória Cultural, 1989.

EÇA DE QUEIROZ, José Maria de. *Echos de Paris*. Porto, Lello e Irmão, 1944.

EISFELD, Rainer. "25 de Abril e a Política Externa". *Revista Crítica de Ciências Sociais*, n. 11, maio 1983.

_____. "A Revolução dos Cravos e a Política Externa: O Fracasso do Pluralismo Socialista em Portugal". *Revista Crítica de Ciências Sociais*, n. 11, maio 1983.

_____. "Sobre o Murchar dos Cravos". *Revista Crítica de Ciências Sociais*, n. 15-17, maio 1985.

ERMAKOV, Vladimir & POLIAKÓVSKI, V. *Encruzilhadas da Revolução Portuguesa*. Moscou, Progresso, 1979.

ESCARPIT, Robert. *La Revolution du Livre*. 2ª. ed. Paris, Unesco, 1969.

FABIÃO, Carlos. "A Descolonização da Guiné-Bissau". *Seminário 25 de Abril*. Lisboa, Associação 25 de Abril/Fundação Calouste Gulbenkian, 2-4 maio 1984.

FANON, Frantz. *Les Damnés de la Terre*. Paris, Maspero, 1974.

FAYE, Jean Pierre. *O Portugal de Otelo: A Revolução no Labirinto*. Lisboa, Socicultur, 1977.

FEBVRE, Lucien. *Michelet e a Renascença*. São Paulo, Scritta, 1995.

FERNANDES, Florestan. "A Era da Esperança". *Portugal Democrático*, ano XVIII, n. 186, maio 1974.

_____. "A Natureza do Caetanismo". *Democracia e Desenvolvimento*. São Paulo, Hucitec, 1994.

_____. "Perspectivas da Revolução Democrática (Vistas a 3 de Outubro de 1967)". *Democracia e Desenvolvimento.* São Paulo, Hucitec, 1994.

_____. *Da Guerrilha ao Socialismo: A Revolução Cubana.* São Paulo, T. A. Queiroz, 1979.

FERREIRA, José M. "25 de Abril de 1974: Uma Revolução Imperfeita". *Revista de História das Ideias.* Coimbra, Faculdade de Letras, 1985.

_____. "Portugal em Transe". *In:* MATTOSO, José (dir.). *História de Portugal.* Lisboa, Estampa, [s. d.].

_____. *Ensaio Histórico sobre a Revolução do 25 de Abril: O Período Pré-Constitucional.* Lisboa, Alfa, 1990.

_____. *O Comportamento Político dos Militares: Forças Armadas e Regimes Políticos em Portugal no Século XX.* Lisboa, Estampa, 1992.

FIGUEIREDO, Fidelino. *A Arte Moderna.* Lisboa, Livraria Central de Gomes de Carvalho, 1908.

_____. *Estudos de História Americana.* São Paulo, Melhoramentos, [s. d.].

FINER, Samuel Edward. *The Man on Horseback: The Role of the Military in Politics.* Westminster, Penguin, 1975.

FONSECA, Ronaldo. *A Questão do Estado na Revolução Portuguesa.* Lisboa, Horizonte, 1983.

FRANÇA, Eduardo D'Oliveira. *Portugal na Época da Restauração.* São Paulo, Hucitec, 1997.

FREYRE, Gilberto. "A Organização Corporativa em Portugal: Novos Avanços". *O Cruzeiro,* 14 jul. 1956.

FRY, Peter (org.). *Moçambique: Ensaios.* Rio de Janeiro, UFRJ, 2001.

GAMA, Jaime. *Política Externa Portuguesa.* Lisboa, Ministério dos Negócios Estrangeiros, 1985.

GASPAR, Jorge. *A Dinâmica Funcional do Centro de Lisboa.* Lisboa, Horizonte, 1985.

_____ & VITORINO, Nuno. *As Eleições do 25 de Abril, Geografia e Imagem dos Partidos.* Lisboa, Horizonte, 1976.

GEADA, Eduardo. *O Imperialismo e o Fascismo no Cinema.* Lisboa, Moraes, 1976.

GODECHOT, Jacques. *Les Révolutions (1770-1799).* 4ª. ed. Paris, PUF, 1986.

GODINHO, Vitorino Magalhães. *A Estrutura da Antiga Sociedade Portuguesa.* Lisboa, Arcádia, 1971.

_____. *O Socialismo e o Futuro da Península.* Lisboa, Horizonte, 1969.

_____. *Os Descobrimentos e a Economia Mundial.* Lisboa, Presença, 1991. 3 vols.

GONÇALVES, Vasco. "MFA e Projetos Políticos". *Revista Crítica de Ciências Sociais,* n. 15-17, maio 1985.

GRÁCIO, S. "Portugal: Cinco Anos Depois de Abril". *Temas de Ciências Humanas,* vol. 6, 1979.

288 LINCOLN SECCO ❁ A REVOLUÇÃO DOS CRAVOS

GRAMSCI, Antonio. *Quaderni del Carcere*. Torino, Einaudi, 1977.

GRANJA, Carlos & MADEIRA, José Luís. *25 de Abril de 1974: Fotografias*. Lisboa, Horizonte, 1995.

GRISONI, Dominique & MAGGIORI, Robert. *Lire Gramsci*. Paris, Éditions Universitaires, 1973.

GROMYKO, Andrei Andreievich *et al. As Religiões da África: Tradicionais e Sincréticas*. Moscou, Progresso, 1987.

GUERRA Colonial em Moçambique: Testemunho do Padre Luis Afonso Costa. São Paulo, Unidade Democrática Portuguesa, 1973.

GUIMARÃES, Josué. *Lisboa: Urgente*. Rio de Janeiro, Civilização Brasileira, 1975.

HAMMOND, John L. *Building Popular Power: Workers' and Neighborhood Movements in the Portuguese Revolution*. New York, Monthly Review Press, 1988.

HAMMOND, R. J. *Portugal and Africa 1815-1910*. Stanford, Stanford University Press, 1966.

HARNECKER, Marta & URIBE, Gabriela. *Luta de Classes: As Classes Sociais em Portugal*. 2ª. ed. Lisboa, Iniciativas Editoriais, 1976.

HAUSER, Henri & RENAUDET, Augustin. *Les Débuts de L'Âge Moderne*. Paris, PUF, 1946.

HOBSBAWM, Eric. *A Era do Capital*. 4ª. ed. Rio de Janeiro, Paz e Terra, 1988.

_____. *A Era dos Impérios*. 3ª. ed. Rio de Janeiro, Paz e Terra, 1992.

_____. *Era dos Extremos*. São Paulo, Companhia das Letras, 1996.

_____. *Estratégias para uma Esquerda Racional*. Rio de Janeiro, Paz e Terra, 1991.

_____. *Mundos do Trabalho*. Rio de Janeiro, Paz e Terra, 1988.

_____. *Revolucionários*. Rio de Janeiro, Paz e Terra, 1985.

_____. *Sobre História*. São Paulo, Companhia das Letras, 1998.

_____ & RANGER, Terence. *A Invenção das Tradições*. Rio de Janeiro, Paz e Terra, 1997.

HOLLAND, Stuart (coord.). *Sair da Crise: Um Projeto Europeu*. Lisboa, A Regra do Jogo, 1984.

HOROWITZ, Irving Louis; CASTRO, Josué de & GERASSI, John (eds.). *Latin American Radicalism*. New York, Vintage, 1969.

HOTTINGEN, A. "The Rise of Portugal's Communists". *Problems of Communism*, n. 24, July-Aug. 1975.

JANOWITZ, Morris. *O Soldado Profissional*. Rio de Janeiro, GRD, 1967.

JOBIN, José. *A Verdade Sobre Salazar*. Rio de Janeiro, Calvino, 1934.

KAYMAN, Martin. *Revolution and Counter-Revolution in Portugal*. London, Merlin, 1986.

Ki-ZERBO, Joseph. *Para Quando a África?* Entrevista com René Holenstein. Trad. Carlos Brito. Rio de Janeiro, Pallas, 2006.

KUZNETS, Simon. *Crescimento Econômico Moderno*. São Paulo, Abril Cultural, 1986.

LAINS, PEDRO. "Causas do Colonialismo Português em África". *Análise Social*, VOL. 33, N. 146-147, PP. 463-496, 1998.

LASKI, HAROLD. *O Liberalismo Europeu*. São Paulo, Mestre Jou, 1973.

LE GOFF, Jacques. *A História Nova*. São Paulo, Martins Fontes, 1995.

LE ROY LADURIE, Emmanuel. *O Estado Monárquico*. São Paulo, Companhia das Letras, 1994.

LEGRAND, Théodoric. *Histoire du Portugal*. Paris, Payot, 1928.

LÉONARD, Yves. *Le Portugal: Vingt Ans Après la Révolution des Oeillets*. Paris, La Documentation Française, 1993.

LEONZO, Nanci. "Boas Vindas, General! O Brasil e a Saga de Humberto Delgado". *In*: COGGIOLA, Osvaldo. *O Fim das Ditaduras*. São Paulo, Xamã, 1995.

LIMA, Sebastião Magalhães. *A Obra da Internacional*. Lisboa, Livraria António Maria Pereira, 1896.

LINHARES, Maria Yedda. *A Luta Contra a Metrópole (Ásia e África)*. São Paulo, Brasiliense, 1981.

LOUÇÃ, Francisco. "A Vertigem Insurrecional: Teoria e Política do PCP na Viragem de Agosto de 1975". *Revista Crítica de Ciências Sociais*, n. 15-17, maio 1985.

LOURENÇO, Eduardo. "Révolution Avortée ou Impossible?". *Esprit*, n. 25, jan. 1979.

_____. *Mitologia da Saudade*. São Paulo, Companhia das Letras, 1999.

MACHIAVELLI, Nicolló. *Il Principe*. Torino, Loescher, 1993.

MANDEL, Ernst. *Delícias do Crime*. São Paulo, Busca Vida, 1988.

MARCADÉ, Jacques. *Le Portugal au XX Siècle: 1910-1985*. Paris, PUF, 1988.

MARQUES, António Henrique de Oliveira. *Guia de História da Primeira República Portuguesa*. Lisboa, Estampa, 1981.

MARQUES, Fernando P. "A Instituição Militar". *Revista Crítica de Ciências Sociais*, n. 15-17, maio 1985.

MARTELO, David. *1974: Cessar Fogo em África*. Lisboa, Europa-América, 2001.

_____. *As Forças Armadas Portuguesas Após a Revolução de 25 de Abril de 1974*. Porto, 1982, (Mimeo).

MARTINHO, Francisco Carlos Palomanes. *Marcello Caetano: Uma Biografia (1906-1980)*. Lisboa, Objectiva, 2016.

MARVAUD, Angel. *Le Portugal et ses Colonies*. Paris, Librairie Félix Alcan, 1912.

MAXWELL, Kenneth. *O Império Derrotado: Revolução e Democracia em Portugal*. São Paulo, Companhia das Letras, 2006.

_____. "A Derrubada do Regime e as Perspectivas de Transição Democrática em Portugal". *In*: SCHMITTER, Philippe C. (ed.). *Transições do Regime Autoritário*. São Paulo, Vértice, 1988.

_____. *Chocolate, Piratas e Outros Malandros*. Rio de Janeiro, Paz e Terra, 1999.

MEDINA, João. "Salazar e Franco: Dois Ditadores, Duas Ditaduras". *In*: COGGIOLA,

Osvaldo (org.). *O Fim das Ditaduras*. São Paulo, Xamã, 1995.

MELO ANTUNES, Ernesto. "As Forças Armadas e o MFA". *Revista Crítica de Ciências Sociais*, n. 15-17, maio 1985.

MEMMI, Alberto. *Retrato do Colonizado Precedido pelo Retrato do Colonizador*. Rio de Janeiro, Paz e Terra, 1967.

MESQUITA, Mário & REBELO, José. *O 25 de Abril nos Media Internacionais*. Porto, Afrontamento, 1994.

MORAIS, João & VIOLANTE, Luís. *Contribuição para uma Cronologia dos Factos Económicos e Sociais: Portugal 1926-1985*. Lisboa, Horizonte, 1986.

MOREIRA, Adriano. *O Novíssimo Príncipe: Análise da Revolução*. Braga, Intervenção, 1977.

MOTA, Carlos Guilherme. *Ideia de Revolução no Brasil (1789-1801)*. São Paulo, Ática, 1996.

MOURA, Paulo. *Otelo: O Revolucionário*. Lisboa, Dom Quixote, 2012.

MUJAL-LEÓN, Eusebio. "The PCP and the Portuguese Revolution". *Problems of Communism*, n. 26, jan.-feb. 1977.

NAVILLE, Pierre. *Pouvoir Militaire et Socialime au Portugal*. Paris, Anthropos, 1975.

NEVES, João Alves. *Raízes do Terrorismo em Angola e Moçambique*. Lisboa, Gráfica Imperial, 1970.

NEVES, Orlando (dir.). *Diário de uma Revolução*. Lisboa, Mil Dias, 1978.

NKRUMAH, Kwame. *Luta de Classes na África*. São Paulo, Nova Cultura, 2016.

NOGUEIRA, José Felix Henriques. *O Município no Século XIX*. Ed. fac-sim. Lisboa, Ulmeiro, 1993. 1ª. ed. 1856.

NOVAIS, Fernando. *Portugal e Brasil na Crise do Antigo Sistema Colonial (1777-1808)*. São Paulo, Hucitec, 1986.

OLIVEIRA MARTINS, Joaquim Pedro. *Portugal nos Mares*. Lisboa, Ulmeiro, 1984, 2 vols.

OLIVEIRA, Cesar. *O Socialismo em Portugal: 1850-1900*. Porto, Afrontamento, 1973.

_____. *Portugal dos Quatro Cantos do Mundo à Europa: A Descolonização (1974-76)*. Lisboa, Cosmos, 1996.

OPELLO JR., Walter. "The Transition to Democracy and the Constitutional Settlement as Causes of Political Instability in Post-Authoritarian Portugal". *Luso-Brazilian Review*, vol. 27, n. 2, winter 1990.

PACHECO, Carlos. "Leituras e Bibliotecas em Angola na Primeira Metade do Século XIX". *Locus: Revista de História*, n. 2, 2000.

PARTIDO COMUNISTA PORTUGUÊS. *60 Anos de Luta*. Lisboa, Avante, 1981.

PASCHKES, Maria Luisa. *A Ditadura Salazarista*. São Paulo, Brasiliense, 1985.

PASSERINI, Luisa. *Colonialismos Portogheses e Lotta di Liberazione nel Mozambico*. Torino, Einaudi, 1970.

PATTEE, Richard. *Portugal na África Contemporânea*. Rio de Janeiro, Escola de Sociologia e Política, Pontifícia Universidade Católica, 1961.

PÉLISSIER, René. *História de Moçambique*, Lisboa, Estampa, 1987 , vol. I.

PEREIRA, Miriam Halpern. *Política e Economia: Portugal nos Séculos XIX e XX*. Lisboa, Horizonte, 1979.

PERRONE, Fernando Leite. *Luta pelo Controle da Comunicação Social em Portugal (1974-1993)*. São Paulo, ECA-USP, 1994. Tese de Livre-Docência.

PESSOA, Fernando. *Da República (1910-1935)*. Lisboa, Ática, 1978.

_____. *O Banqueiro Anarquista e Outras Prosas*. São Paulo, Edusp, 1988.

PINHEIRO, Eurico. *Portugal no Limiar de uma Nova Era*. Rio de Janeiro, Aurora, [1956].

PINTO, Jaime Nogueira. *Portugal os Anos do Fim*. Lisboa, Sociedade de Publicações Economia & Finanças, 1976.

PORTANTIERO, Juan Carlos. *Los Usos de Gramsci*. Buenos Aires, Folio, 1983.

PORTELA, Luís & RODRIGUES, Edgart. *Na Inquisição do Salazar*. Rio de Janeiro, Germinal, 1957.

POULANTZAS, Nicos. *O Estado, o Poder, o Socialismo*. Rio de Janeiro, Graal, 1990.

_____. *A Crise das Ditaduras: Portugal, Grécia e Espanha*. Rio de Janeiro, Zahar, 1976.

PRADO JÚNIOR, Caio. *A Revolução Brasileira*. São Paulo, Editora Brasiliense, 1977.

REIS, A. "A Primeira República". *In*: SARAIVA, José Hermano. *História de Portugal*. Lisboa, Alfa, 1983, vol. 6.

REISEWITZ, Marianne. *Dom Fernando José de Portugal e Castro: Prática Ilustrada Metropolitana na Colônia (1788-1801)*. São Paulo, FFLCH-USP, 2001. Dissertação de Mestrado.

RÉMOND, René. *O Século XX*. São Paulo, Cultrix, 1993.

REZOLA, Maria I. *25 de Abril: Mitos de uma Revolução*. Lisboa, Esfera dos Livros, 2007.

RODRIGUES, Avelino *et al*. *Abril nos Quartéis de Novembro*. Lisboa, Bertrand, 1979.

_____ *et al*. *O Movimento dos Capitães e o 25 de Abril*. Lisboa, Dom Quixote, 2000.

RODRIGUES, Avelino; BORGA, Cesario & CARDOSO, Mário. *Portugal Depois de Abril*. Lisboa, Intervoz, 1976.

RODRIGUES, Francisco Martins. *Abril Traído*. Lisboa, Dinossauro, 1999.

ROSA COUTINHO, António Alva [Almirante]. "Notas Sobre a Descolonização de Angola". *Seminário 25 de Abril*. Lisboa, Associação 25 de Abril/Fundação Calouste Gulbenkian, 2-4 maio 1984.

ROSANVALLON, Pierre. "Por uma História Conceitual do Político". *RBH*, vol. 15, n. 30, 1995.

ROSAS, Fernando (coord.). *Portugal e a Transição para a Democracia (1974-1976)*. Lisboa, Colibri, 1999.

_____. "A Crise do Liberalismo e as Origens do Autoritarismo Moderno e do Estado Novo em Portugal". *Penélope*, n. 2, pp. 97-128, fev. 1989.

RULLI, Giovanni. *Per un'Europa Senza Frontiere da Yalta a Helsinki*. Roma, Adnkronos Libri, 1985.

SÁ, Victor. *Instauração do Liberalismo em Portugal*. Lisboa, Horizonte, 1987.

_____. *Liberais e Republicanos*. Lisboa, Horizonte, 1986.

SABINO, Amadeu L. *Portugal é Demasiado Pequeno*. Coimbra, Centelha, 1976.

SAINT-JUST, Louis Antoine León de. *O Espírito da Revolução*. São Paulo, Unesp, 1989

SALAZAR, António de Oliveira. *Antologia*. Lisboa, Vanguarda, 1954.

_____. *Como se Levanta um Estado*. Lisboa, Mobílis, [s. d.].

SALGUEIRO MAIA, Fernando. *Capitão de Abril*. Lisboa, Editorial Notícias, 1994.

SANCHES OSÓRIO, José Eduardo. *O Equívoco do 25 de Abril*. Rio de Janeiro, Francisco Alves, 1975.

SANTOS, Boaventura de Sousa "Portugal: 23 Anos de Futuro". *O Estado de S. Paulo*, 21 abr. 1997.

_____. *O Estado e a Sociedade em Portugal (1974-1988)*. Porto, Afrontamento, 1990.

SANTOS, Maria de Lourdes; LIMA, Marinús Pires & FERREIRA, Vitor Matias. *O 25 de Abril e as Lutas Sociais nas Empresas*. Porto, Afrontamento, 1976.

SANTOS, Milton. *Espaço e Método*. São Paulo, Nobel, 1985.

_____. *Por uma Geografia Nova*. São Paulo, Hucitec, 1980.

SARAMAGO, José. *Viagem a Portugal*. São Paulo, Companhia das Letras, 1997.

SCHMITTER, Philippe C. (ed.). *Transições do Regime Autoritário*. São Paulo, Vértice, 1988.

SECCO, Lincoln. *O Imperialismo Tardio: Geohistoria do Sul da Europa*. São Paulo, FFLCH-USP, 2010 (Tese de Livre Docência).

_____. "A Sociologia como Previsão: Florestan Fernandes e a Revolução dos Cravos". *In*: MARTINEZ, Paulo Henrique (org.). *Florestan ou o Sentido das Coisas*. São Paulo, Centro Universitário Maria Antônia (USP)/Boitempo, 1998.

_____ & DEAECTO, Marisa Midori. "Introdução". *In*: BRAUDEL, Fernand. *O Mediterrâneo e o Mundo Mediterrânico na Época de Filipe II*. São Paulo, Edusp, 2017.

SÉRGIO, António. *Breve Interpretação da História de Portugal*. 8ª. ed. Lisboa, Sá da Costa, 1978.

_____. *Democracia*. Lisboa, Sá da Costa, 1974.

SERRÃO, Joel. *Do Sebastianismo ao Socialismo*. Lisboa, Horizonte, 1983.

_____. *Liberalismo, Socialismo, Republicanismo: Antologia de Pensamento Político Português*. 2ª. ed. Lisboa, Horizonte, 1979.

SILVA, Antonio. *A Independência da Guiné-Bissau e a Descolonização Portuguesa*. Porto, Afrontamento, 1997.

SILVA, Rui F. "Racismo e Colonização Étnica em Angola". *História (Nova Série)*, n. 9, jun. 1995.

SMITH, Clarence. *O Terceiro Império Português (1825-1975)*. Lisboa, Teorema, 1985.

SOARES, Mário. *Caminho Difícil: Do Salazarismo ao Caetanismo*. Rio de Janeiro, Lidador, 1973.

_____. *Portugal: Que Revolução?* Lisboa, Perspectivas e Realidades, 1976.

SOUSA, Julião S. *Amílcar Cabral (1924-1973)*. Lisboa, Vega, 2012.

SOUZA, Celestino. *Movimentos Revolucionários em França e Portugal (1830-1848)*. Lisboa, Livraria Internacional Abel D'Almeida, [s. d.].

_____. *Movimentos Revolucionários em França e Portugal*. Lisboa, Livraria Internacional Abel D'Almeida, [s. d.].

SPÍNOLA, António. *Portugal e o Futuro*. Lisboa, Arcádia, 1974.

SWEEZY, Paul. "Class Struggles in Portugal". *Monthly Review*, n. 26-27, sep.-oct. 1975, New York.

TELO, António José. *Decadência e Queda da i República Portuguesa*. Lisboa, A Regra do Jogo, 1980.

TENGARRINHA, José (org.). *História de Portugal*. São Paulo, Unesp, 2000.

THOMSON, David. *Pequena História do Mundo Contemporâneo*. 3ª. ed. Rio de Janeiro, Zahar, 1973.

TILLY, Charles. *As Revoluções Europeias (1492-1992)*. Lisboa, Presença, 1996.

_____. *Coerção, Capital e Estados Europeus*. São Paulo, Edusp, 1996.

TOMÉ, Mario. "A Derrota Político-Militar, Base Descolonizadora do MFA: A Situação em Moçambique". *Seminário 25 de Abril*. Lisboa, Associação 25 de Abril/ Fundação Calouste Gulbenkian, 2-4 maio 1984.

TORGAL, Luís Reis; MENDES, José Amado & CATROGA, Fernando. *História da História em Portugal*. Lisboa, Temas e Debates, 1998, 2 vols.

UNAMUNO, Miguel de. *Portugal: Povo de Suicidas*. Lisboa, Etc., 1986.

VALLES, Edgard. *África: Colonialismo e Socialismo*. Lisboa, Seara Nova, 1974.

VARELA, Raquel. "O 25 de Abril, a Espanha e a História". *Tecnologia: Perspectivas Críticas e Culturais*, n. 181, 2006 (Separata).

_____. *A História do PCP na Revolução dos Cravos*. Lisboa, Bertrand, 2011.

VVAA. *Portugal, a Guerra e os Novos Rumos da Europa*. Lisboa, Instituto da Biblioteca Nacional e do Livro, 1995.

VVAA. *Colonialismo e Lutas de Libertação: Sete Cadernos Sobre a Guerra Colonial*. Porto, Afrontamento, 1974.

VVAA. *Companheiro Vasco*. Porto, Editorial Inova, 1977.

VVAA. *Corpo e Espírito da Europa*. Lisboa, Verbo, 1990.

VVAA. *Portugal/Capitalismo e Estado Novo*. Porto, Afrontamento, 1976.

VVAA. *Portugal: A Hora dos Capitães*. São Paulo, Nova Época, [s. d.].

VIDIGAL, Luis. *Cidadania, Caciquismo e Poder: Portugal 1890-1916*. Lisboa, Horizonte, 1988.

VIDROVITCH, Catherine Coquery. *Afrique Noire: Permanences et Ruptures*. Paris, Payot, 1985.

VILLA, Raul. "Lições de Portugal". *Brasil Socialista*, n. 4, out. 1975.

VILLEN, Patrícia M. A. *L'Ideologia Coloniale Portoghese del Secondo Dopoguerra e la Critica de Amílcar Cabral*. Venezia, Università Ca' Foscari, Facoltà di Economia, 2008.

WALLERSTEIN, Immanuel. *A Política dos Estados Unidos em Relação à África*. Lisboa, Iniciativas Editoriais, 1974.

WERY, Max. *E Assim Murcharam os Cravos*. Lisboa, Fragmentos, 1994.

ZOTOV, Nikolai & MALIKH, Vladislav. *A África de Expressão Portuguesa: Experiência de Luta e Desenvolvimento*. Moscou, Progresso, 1990.

Arquivos Consultados

ACERVO da Escola de Comunicações e Artes da USP (ECA).

ARQUIVO do Estado de São Paulo (AESP).

SEÇÃO de Periódicos, Biblioteca Municipal Mário de Andrade, São Paulo (BMA).

SEÇÃO de Periódicos, Biblioteca Nacional do Rio de Janeiro (BNRJ).

CASA DE PORTUGAL, São Paulo (CP).

CENTRO de Documentação 25 de Abril, Universidade de Coimbra, Portugal (CD 25 A).

Apenso Documental

Programa de História nas Escolas Elementares de Moçambique[1]
Frelimo, Departamento de Educação e Cultura, 1968

1. O que é a história?
a. O que é a história
b. Como se mede o tempo na história

2. A terra moçambicana
a. Geografia física de Moçambique
b. Moçambique se encontra na África

3. A antiga civilização de Moçambique
a. Civilizações dos metais
b. Civilizações agrícolas
c. Civilizações dos mercadores

4. O povo de Moçambique entra em contato com os povos de outros continentes
a. Os árabes

5. Chegada dos portugueses
a. Razão da chegada dos portugueses
b. Luta dos portugueses com os árabes pelo monopólio do comércio
c. Primeiras lutas de resistência contra a penetração portuguesa

6. Apogeu do Império do Monomotapa

---

1. Cf. Luisa Passerini, *Colonialismos Portogheses e Lotta di Liberazione nel Mozambico*, pp. 269-275.

7. Exploração pelos portugueses em Moçambique

8. Invasão de Moçambique por outros povos africanos

9. Moçambique durante o século XIX

10. A resistência do povo moçambicano ao colonialismo

11. A colonização de Moçambique
a. As grandes sociedades monopolistas
b. O fascismo colonialista português
c. Política obscurantista do colonialismo português
d. Consequências do colonialismo para o povo moçambicano

12. O povo moçambicano em luta contra o colonialismo
a. A única via para atingir a liberdade
Fatores negativos de divisão
Fatores positivos de união
Unidade do povo moçambicano na Frelimo
b. A luta armada: única via para conquistar a independência nacional
Necessidade da luta armada
A luta armada em curso
Sucessos militares da Frelimo
A vida nas zonas semi-libertadas
c. Solidariedade dos outros povos do mundo com o povo moçambica-no
Quem são nossos amigos
d. O Moçambique independente
Igualdade
Justiça social
Fim da exploração do homem pelo homem
Cultura moçambicana
Os deveres da construção nacional (esforço e traba lho de todos mais do que nunca)
e. O Comitê Central da Frelimo
O líder da Frelimo
Estrutura geral da Frelimo
Educação na Frelimo
f. A vitória será nossa

Tabelas e Gráficos

Tabela 1. ESTRUTURA OCUPACIONAL DA POPULAÇÃO.

Setor/Ano	1890	1911	1930
Primário	61%	57%	46%
Secundário	18,4%	21%	17%
Terciário	20,6%	22%	37%

Tabela 2. EMIGRAÇÃO EM PORTUGAL.

1870	7 310
1875	15 434
1880	12 596
1885	15 004
1890	20 614
1895	44 746
1900	21 235
1905	33 610
1910	39 515

Tabela 3. CRESCIMENTO DEMOGRÁFICO (População em Números Absolutos).

1801	2 931 930
1820	3 013 900
1857	3 568 895
1864	3 829 618
1878	4 160 315
1890	4 660 095
1900	5 016 267
1911	5 547 708
1920	5 621 977

Tabela 4. TAXA DE ANALFABETISMO (% sobre a População Total).

1878	82,4%
1890	75,05%
1900	78,04%
1911	75,05%
1920	70,5%
1930	67,8%

Tabela 5. VOTAÇÃO PARA A ASSEMBLEIA DA REPÚBLICA (25 abr. 1976).

Partido	Votação (%)	Número de Deputados
PS	34,87	107
PPD	24,38	73
CDS	16	42
PCP	14	40
UDP	1,67	1

Tabela 6. ELEIÇÃO PARA PRESIDENTE DA REPÚBLICA EM 27 JUN. 1976 (% dos Votos Válidos).

Candidato	Votação
Ramalho Eanes (OS-PPD/CDE)	60,79
Otelo Saraiva de Carvalho	16,24
Pinheiro de Azevedo	14,18
Otávio Pato (PCP)	7,49

Tabela 7. FORÇAS MILITARES NO ULTRAMAR.

Tipo/País	Angola	Guiné	Moçambique
Homens	70 000	42 000	57 000
Aviões	94	39	99
Helicópteros	45	18	36
Navios	8	8	4
Lanchas de Desembarque	16	13	8
Guerrilheiros	6 500	7 000	6 500

Tabela 8. RESULTADO DAS ELEIÇÕES PARA A ANC (25 abr. 1975).

Partidos	Votos (%)	Número de Deputados
PS	37,87	116
PPD	26,38	81
PCP	12,53	30
CDS	7,65	16
MDP/CDE	4,12	5
UDP	0,79	1
Representante de Macau	–	1

Tabela 9. SALDOS DO COMÉRCIO EXTERIOR (em Milhares de Escudos).

Ano	Saldos com Exterior	
	Previstos	Verificados
1959	− 3 480	− 3 580
1960	− 3 061	− 4 184
1961	− 2 593	− 6 908
1962	− 2 085	− 3 835
1963	− 1 522	− 5 239
1964	− 896	− 4 102

Gráfico 1. EVOLUÇÃO DA POPULAÇÃO BRANCA (% / Decênio).

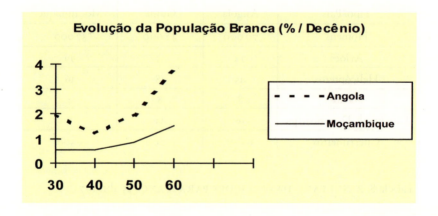

Gráfico 2. NÚMERO DE AÇÕES GUERRILHEIRAS DA FRELIMO (1974).

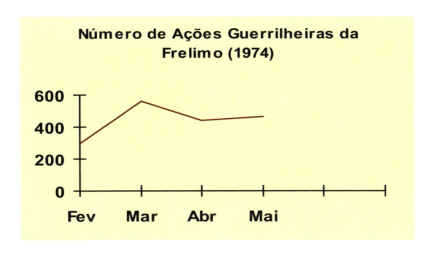

Fontes

SERRÃO, Joel. *Do Sebastianismo ao Socialismo*. Lisboa, Horizonte, 1983, pp. 130 e 134.

VIDIGAL, Luis. *Cidadania, Caciquismo e Poder: Portugal 1890-1916*. Lisboa, Horizonte, 1988, pp.17 e 19.

SILVA, Rui F. "Racismo e Colonização Étnica em Angola". *História (Nova Série)*, n. 9, p. 27, jun. 1995.

TOMÉ, Mário. "A Derrota Político-Militar, Base Descolonizadora do MFA: A Situação em Moçambique". *Seminário 25 de Abril*. Lisboa, Associação 25 de Abril/ Fundação Calouste Gulbenkian, 2-4 maio 1984, p. 298.

DIÁRIO DE NOTÍCIAS (vários fascículos sobre a Guerra Colonial). Banco de Portugal, 1966.

Índice Onomástico

ABREU, José 268
ABREU, Paradela 84
ADLER, Max 265
AFONSO, Aniceto 169
AFONSO, Zeca 131
AFONSO HENRIQUES de Portugal 34
AGUIAR, Maria Manuela 211
ALENCASTRE, Amílcar 103
ALEXANDRE, Valentim 246
ALEXANDRE I da Iugoslávia 60
ALEXANDRE I da Rússia 54
ALMEIDA, Diniz de 120, 121, 141, 162, 183
ALMEIDA, Fialho de 52
ALTHUSSER, Louis 107, 171
ALVARADO, Velasco 182, 187
ALVES, Vítor 121
AMADO, Jorge 90
AMARAL, Freitas do 160, 187
AMEAL, João 262
AMORA, António S. 239
AMORIM, Fernando Pacheco 265, 266
ANDERSON, Benedict 79
ANDRADE, Costa 153
ANDRADE, Mário de 89, 90

ANDRESEN, Sophia de Mello Breyner 129
ANTUNES, António Lobo 257
ANTUNES, Ernesto Melo 123, 155, 165, 172, 181, 210
ARAGON, Louis 171
ARAÚJO, João Salgado de 36
ARAÚJO, Renata 228
ARENDT, Hannah 35
D'ARRIAGA, Manuel 58
ARRIGUCCI, Davi Jr. 255
D'ARTHUIS, Beatrice 149
ASH, Timothy Garton 195, 207, 208, 272
AUDIBERT, Pierre 131
AZEVEDO, João Lúcio de 50, 260, 261
AZEVEDO, Licínio 90, 92
AZEVEDO, Pinheiro de 159, 178, 302

BALSEMÃO, Pinto 269
BALZAC, Honoré de 171
BANDEIRA, Sá da 246
BAPTISTA, António Alçada 119
BAPTISTA, Henrique 55
BAPTISTA, Jacinto 54
BARNAVE, Antoine 171
BARROS, João de 58
BARTHES, Roland 171

BAUM, Michael 145
BAVA, Caccia 243
BEN YUSSEF 73
BENDER, Gerald J. 69
BENJAMIN, Walter 255
BERCHT, Veronica 88
BERGSON, Henri 208
BERLIN, Isaiah 39
BERNARDO, Manuel 266
BETHENCOURT, Francisco 99
BIRMIGHAM, David 243
BISMARCK, Otto von 38, 54, 68
BLAIR, Tony 209
BLOCK, Maurice 45
BOBBIO, Norberto 139
BOCCACCIO, Giovanni 106
BODIN, Jean 36
BORCHARDT, Klaus-Dieter 208
BORDIGA, Amadeo 45
BOUDANT, Joël 211
BOUHIRED, Djamila 112
BOUILLET, Marie-Nicolas 36, 69
BOXER, Charles 34, 35, 107
BRAGA, Teóphilo 52, 56, 240, 241
BRANDO, Marlon 112
BRANDT, Willy 129, 206, 269
BRAUDEL, Fernand 7, 19, 21, 26, 77, 84, 157, 190, 191, 195, 196, 217, 219, 223, 244, 246, 255, 256, 270, 271, 274
BRAZÃO, Arnaldo 102
BRAZIL, Assis 46
BRECHT, Bertolt 171, 271
BREJNEV, Leonid 160
BRINGNON, Daniel 131
BRITO, Raquel Soeiro 223, 224, 226
BROWN, Michael Barrat 68
BRUNACCI, Augusto 70
BRUNO, Sampaio 46
BRUNSCHWIG, Henri 50
BUKHARIN, Nikolai 93
BURKE, Peter 71, 191

CABRAL, Amílcar 85, 88-90, 98, 99, 103, 114, 243, 247
CABRAL, Antonio 58, 59
CABRAL, Luiz 243
CABRAL, Manuel Villaverde 229
CAETANO, Marcello 104, 108-110, 115, 116, 119, 120-122, 124, 132, 135, 170, 172, 211, 273, 277
CALLAGHAN, James 186, 269
CAMARGO, Erney Plessmann 88
CAMINHA, Pero Vaz de 262
CÂNDIDO, João 56
CANFORA, Luciano 22
CANOTILHO, José Gomes 270
CÁNOVAS DEL CASTILLO, Antonio 44, 54
CAPELA, José 250 ,252, 253
CARDOSO, Fernando Henrique 93, 94
CARDOSO, Lopes 149
CARLOS, Adelino de Palma 140, 277
CARLOS DE BOURBON, Conde de Molina 43
CARLOS I de Portugal 53, 54, 70
CARLOS V do Sacro Império Romano-Germânico 255
CARLOS X de França, Conde d'Artois 42
CARLUCCI, Frank 269
CARMONA, Óscar 60, 61
CARNOT, Sadi 54
CARRILHO, Maria 112, 1126
CARVALHO, João Pinto de, Tinop 51
CARVALHO, Joaquim Barradas de 19, 106, 130
CARVALHO, Otelo Saraiva de 117, 121, 123, 124, 129, 130, 132, 136, 144, 161, 168, 171, 175-179, 182, 183, 185, 210, 225, 233, 278, 302
CARVALHO, Paulo 131
CASANOVA, Giacomo 106

ÍNDICE ONOMÁSTICO 305

CASTELO BRANCO, Camilo 50

CASTRO, Armando 40, 41, 51, 171

CASTRO, Fidel 182

CASTRO, Josué de 103

CAVALLO, Guglielmo 281

CERVANTES, Miguel de 171

CERVELLÓ, Josep Sanches 63, 91, 114, 154, 186, 264, 265

CHABAL, Patrick 248

CHALIAND, Gérard 74, 75

CHAMPALIMAUD, António de Sommer 146, 151

CHARTIER, Roger 281

CHAUDHURI, Kirti 99

CHESNEAUX, Jean 20, 71, 78, 87, 273, 274

CHILCOTE, Ronald 179, 207, 211, 281

CHURCHILL, Winston 204

CÍCERO 36

CIRICI, Alexandre 203

CLEAVER, Kathleen 244

COGGIOLA, Osvaldo 266

COLLIN, Claude 159

COMITINI, Carlos 87

COMTE, Auguste 36, 171

CORRÊA, Sônia 104

CORTESÃO, Armando 107

CORTESÃO, Jaime 50, 107, 171, 221, 224, 233, 260, 262

COSTA, Affonso 259

COSTA, Braz 169

COSTA, Gomes da 59

COUTINHO, Carlos 170

COUTINHO, Rosa 183

COUTO, Diogo do 171

CRISPI, Francesco 241

CROCE, Benedetto 195

CUNHA, Antônio Geraldo da 36, 38

CUNHAL, Álvaro 104, 110, 111, 129, 134, 137, 139, 144-146, 153, 156, 165, 171, 266, 277

DAHRENDORF, Ralf 199, 271, 272

DAL FARRA, Maria Lúcia 257

DAUZAT, Albert 35, 38, 68

DAVIS, Horace 76, 80, 82

DEAECTO, Marisa Midori 219, 240

DELANTY, Gerard 197, 198

DELGADO, Humberto 63, 87, 113, 232, 262

DELMAS, Philippe 83

DEL ROIO, Marcos 51

DESCARTES, René 171

DINIS I de Portugal 261

DINIZ, João 131

DOSTOIEVSKY, Fiódor 171

DOWNS, Charles 135

DRAIN, Michel 221, 234

DUBY, Georges 256

DURÃO, Rafael 142

EANES, Ramalho 161, 162, 172, 182, 279, 302

EINAUDI, Luigi 204

EISFELD, Rainer 158, 160, 265

ELIZABETH da Baviera, Sissi 54

ENGELS, Friedrich 39, 46, 170, 191

ERMAKOV, Vladimir 148

ESCARPIT, Robert 107

ESPANCA, Florbela 50, 260

FABIÃO, Carlos 117

FALLETO, Enzo 94

FANON, Frantz 72, 73, 90, 97, 107

FAULKNER, William 171

FAYE, Jean Pierre 155, 161, 185

FEBVRE, Lucien 37

FERNANDES, Florestan 20, 21, 23, 51, 57, 58, 92, 216, 247, 275

FERREIRA, Eduardo de Sousa 103

FERREIRA, José Medeiros 121, 150, 174, 264, 267

FERREIRA, Silvestre Pinheiro 239

FERREIRA, Vítor Matias 145

FIGUEIREDO, Fidelino de 54, 239, 240

FILIPE II de Espanha 201, 255

FINER, Samuel Edward 170
FONSECA, Faustino da 54
FONSECA, Hermes da 56
FONSECA, Manuel da 171
FONSECA, Ronaldo 155
FONTE, Barroso da 268
FORD, Gerald 159
FORD, John 112
FRANÇA, Eduardo D'Oliveira 19, 36, 49
FRANCISCO FERDINANDO da Áustria 54
FRANCISCO I de França 255
FRANCISCO JOSÉ I da Áustria 54
FRANCO, Francisco 59, 203
FRANCO, João 52
FREYRE, Gilberto 242, 263
FRY, Peter 243

GALVÃO, Henrique 112
GAMA, Jaime 211, 212
GANDHI, Mahatma 113
GARAUDY, Roger 171
GARRETT, Almeida 33, 199-200
GASPAR, Jorge 229
GEADA, Eduardo 107
GEERTZ, Clifford 39
GERASSI, John 103
GESCHER, B. H. 221
GESCHER, Franciscus Maria 221
GIAP, Vo Nguyen 94, 117
GIOLITTI, Giovanni 275
GIRARDET, Raoul 38
GODECHOT, Jacques 65, 66
GODINHO, Marques 63
GODINHO, Vitorino Magalhães 91, 97, 106, 231, 236, 241, 262
GOMES, Francisco da Costa 123, 124, 131, 161, 175, 278
GONÇALVES, Vasco 121, 129, 141, 142, 148, 149, 151, 154, 156-159, 163, 166, 170, 171, 174, 175, 178, 182, 210, 216, 238, 265, 278

GONZÁLES-CASANOVA, Pablo 103
GORBATCHOV, Mikhail 267
GOUNELLE, Max 211
GRAMSCI, Antonio 20, 45, 65, 103, 107, 113, 119, 152-155, 171, 189, 225, 242, 256, 275
GREEN, Marcus 65
GRISONI, Dominique 103, 189
GUERRA, Henrique 92
GUERRA, Miller 151, 152
GUEVARA, Ernesto Che 117, 171, 179
GUILHERME I da Alemanha 54
GUILLÉN, Nicolas 90
GUIMARÃES, Josué 151
GUIZOT, François 195

HAIDER, Jörg 209
HAMMOND, John 234
HAMMOND, Richard James 249, 251
HAUSER, Henri 195
HECATEU DE MILETO 197
HEGEL, Georg 171
HENRIQUES, António de Castro 197
HERCULANO, Alexandre 171, 239, 240
HESÍODO 197
HILFERDING, Rudolf 67, 93
HOBSBAWM, Eric 35, 39, 40, 44, 50, 54, 60, 76, 160, 166, 198, 257, 259
HOBSON, John 51, 67
HOLLAND, Stuart 96
HOMEM, Eduardo 104
HOMERO 255
HOROWITZ, Irving Louis 103
HORTHY, Miklós 60

IMPERATORI, M. J. 233

JANOWITZ, Morris 168, 169, 172
JAURÈS, Jean 273
JOÃO IV de Portugal 49

ÍNDICE ONOMÁSTICO

JOÃO VI de Portugal 41, 42
JOBIN, José 259
JOSPIN, Lionel 209
JOYCE, James 255
JUNQUEIRO, Guerra 52

KANT, Immanuel 171
KAUTSKY, Karl 93
KAYMAN, Martin 102
KISSINGER, Henry 268
KI-ZERBO, Joseph 77-79, 246, 247
KOLARZ, Walter 85
KONDRATIEV, Nikolai 96
KRUSCHEV, Nikita 85
KURZ, Robert 196
KUZNETS, Simon 238

LA BLACHE, Vidal de 19, 195, 223
LAFER, Celso 113
LAFONTAINE, Oskar 209
LAINS, Pedro 99, 100
LAPA, Rodrigues 108
LARANJEIRA, Manuel 49
LAROUSSE, Pierre 38
LEAL, António Gomes 49
LEFEBVRE, Henri 171
LEGRAND, Théodoric 229
LEIBNIZ, Gottfried 171
LEITE, Natália 258
LENIN, Vladimir 50, 54, 67, 93, 94, 150, 171, 219, 271, 275
LEOPOLDO II da Bélgica 79
LE PEN, Marine 209
LE ROY LADURIE, Emmanuel 237
LIMA, Marinús 145
LIMA, Sebastião Magalhães 46
LINDOLFO, Augusto Ferreira 109
LINHARES, Maria Yedda 80
LITTRÉ, Paul-Émile 67
LOPES, Fernão 171
LOUÇÃ, Francisco 156
LOURENÇO, Eduardo 202, 227

LOURENÇO, Vasco 121, 141, 148, 161, 267
LÖWY, Michel 39
LUKÁCS, Georg 171, 256-257
LUÍS FILIPE de Bragança 53
LUÍS FILIPE I de França, Duque de Orléans 43
LUÍS XIV de França 37, 201
LUMUMBA, Patrice 73, 85
LUXEMBURGO, Rosa 45, 51, 67, 93

MACHEL, Samora 77, 89, 117
MAGGIORI, Robert 103, 189
MAIA, Fernando Salgueiro 131, 132, 172, 178, 181, 258, 267
MANDEL, Ernst 112
MANNERHEIM, Carl Gustaf 60
MAO Tse-Tung 94, 107, 117, 171, 179
MAQUIAVEL, Nicolau 36, 71
MARCADÉ, Jacques 58, 234, 235
MARIA II de Portugal, Maria da Glória 42
MARIGHELLA, Carlos 117
MARQUES, A. Caseiro 268
MARQUES, Fernando P. 124
MARTELO, David 116, 177, 183, 184
MARTINEZ, Paulo Henrique 23
MARTINHO, Francisco C. P. 109
MARTINS, Maria Belmira 104
MARTINS, Oliveira 46, 52, 171, 228
MARTINS, Rogério 211
MARVAUD, Angel 48, 70, 239
MARX, Karl 24, 36, 38, 48, 75, 93, 105, 164, 167, 170, 191, 224, 255, 259, 260
MASARYK, Tomáš 60
MATOS, Norton de 63, 232,
MATTOSO, José 215
MAXWELL, Kenneth 90, 91, 156, 160
M'BOKOLO, Elikia 92
MCKINLEY, William 54
MEDEIROS, Maria de 258
MEDINA, João 205
MELO, António 250, 252, 253

MESQUITA, Mário 269
METTERNICH, Klemens von 42
MIGUEL I de Portugal 41-43
MILLER, Henry 106
MOBUTU Sese Seko 78, 95
MOITA, Luís 250, 252, 253
MONDLANE, Eduardo 89
MONTEIL, Vincent 167
MONTEIRO, Casais 204
MORAIS, Prudente de 54
MOREIRA, Vital 185
MOSCA, Gaetano 168
MOTA, Carlos Guilherme 37
MOURA, Paulo 161
MUJAL-LEÓN, Eusebio 138

NETO, Agostinho 89, 114
NEVES, Alvaro Seiça 108
NEVES, João Alves 115
NEVES, Orlando 144
NICOLAU II da Rússia 54
NITTI, Francesco 195
NIXON, Richard 160, 278
N'KRUMAH, Kwame 73
NOGUEIRA, José Félix Henriques 46, 47
NUNES, José 155
NYERERE, Julius 82

OLIVEIRA, Carlos 171
OLIVEIRA, Cavaleiro de 171
OLIVEIRA, Manoel de 226
OPELLO JR., Walter 175
ORTIGÃO, Ramalho 58
OSÓRIO, José Eduardo Sanches 132, 141

PABÓN, Jesus 59, 262
PACHECO, Carlos 245
PAIS, Sidônio 59
PALMELA, Duque de 51
PASSERINI, Luisa 85, 297
PATO, Otávio 150, 302
PATTEE, Richard 262-263

PAULO NETTO, José 81
PEDREIRA, Jorge 99
PEDRO I da Rússia, o Grande 198
PEDRO I do Brasil, Pedro IV de Portugal 42
PEDRO II do Brasil 240
PÉGUY, Charles 18
PÉLISSIER, René 91, 99
PEREIRA, Miriam Halpern 48
PEREIRA, Nuno Teotónio 250, 252, 253
PEREIRA, Sousa 152
PERRONE, Fernando Leite 163
PESSOA, Fernando 47, 56, 219, 241, 260
PILSUDSKI, Józef 60
PINTO, Jaime Nogueira 211
PIRENNE, Henri 195
PLÉKHANOV, Gueorgui 171
POLANYI, Karl 33-34
POLIAKÓVSKI, V. 148
POLITZER, Georges 90
PONTECORVO, Gillo 112
PORTANTIERO, Juan Carlos 119
POULANTZAS, Nicos 174
POUND, Ezra 52
PRADO, Eduardo 240
PRADO JR., Caio 261
PROENÇA, Raul 260
PRZEWORSKI, Adam 158

QUEIROGA, Fernando 63
QUEIRÓS, Eça de 171, 202, 240
QUENTAL, Antero Tarquínio de 46-47, 49, 51, 57, 200-201

RATZINGER, Joseph 197
REBELO, José 269
REDOL, Alves 171
REICH, Wilhelm 258-259
RENAUDET, Augustin 195
REZOLA, Maria I. 165
RIBEIRO, Aquilino 171
ROBERTO, Holden 243

ÍNDICE ONOMÁSTICO   309

RODRIGUES, Avelino 162, 169, 184, 186
RODRIGUES, Francisco Martins 187
RODRIGUES, Maria 90, 92
ROSANVALLON, Pierre 20
ROSA, Faure da 171
ROSAS, Fernando 57, 108-109, 174, 178, 211, 231
ROTBERG, Robert 75
RULLI, Giovanni 204

SÁ, Victor 42, 43
SÁ-CARNEIRO, Mário de 50, 110, 136, 260
SABINO, Amadeu L. 150
SACRAMENTO, Mario 171
SADE, Marquês de 106
SAINT-JUST, Louis Antoine Léon de 36
SAINT-LAURENT, Charles 35, 37, 40, 69, 199
SALAZAR, António de Oliveira 24, 54, 55, 59-64, 69, 108, 109, 114, 115, 205, 206, 242, 259-260, 263, 277
SAMPAIO, Albino Forjaz 261
SANTOS, Boaventura de Sousa 151, 187-188, 264, 267
SANTOS, Eladio 214
SANTOS, Maria de Lourdes 145
SANTOS, Milton 19, 79, 84, 85, 89, 97, 185, 198, 227, 274
SARAIVA, António José 171
SARAIVA, José Hermano 44
SARAMAGO, José 232, 257-258
SARTRE, Jean-Paul 260
SAVIMBI, Jonas 91, 243
SCHMIDT, Helmut 269
SCHOPENHAUER, Arthur 106
SCHROEDER, Gerhard 209
SEBASTIÃO I de Portugal 49, 196, 201
SEIGNOBOS, Charles 195
SENGHOR, Léopold 80, 90

SÉRGIO, António 171, 236, 260-261
SERRÃO, Joel 47, 52, 201
SHAKESPEARE, William 171
SILVA, Adulcino 268
SILVA, Antonio 86
SILVA, Rebelo da 171
SILVA, Rui F. 82
SILVEIRA, Paulo 93
SMITH, Clarence 48, 101, 239
SOARES, Mário 110, 113, 129, 133, 151, 171, 185-186, 210, 266, 267, 269, 277, 279
SOROKIN, Pitirim 209
SOUSA, Julião S. 91
SOUZA, Celestino 43
SPENGLER, Oswald 195
SPÍNOLA, António de 91, 122-124, 130, 131, 136, 140-144, 148, 150, 170, 265, 277, 278
STEINBECK, John 171
SUKARNO 87

TATISHCHEV, Vasily 195, 198
TELES, Basílio 171
TELO, António José 59
TENGARRINHA, José 150, 171, 205
THOMÁS, Américo 63
THOMAZ, Omar 243
TILLY, Charles 34
TOLSTÓI, Liev 171
TOMÁS, António 81
TORGA, Miguel 228-229
TORGAL, Luís Reis 205, 261
TOURÉ, Sékou 85
TOYNBEE, Arnold J. 195
TUDELA, Aquilino 226

UMBERTO I da Itália 54
UNAMUNO, Miguel de 19, 49, 52

VALLES, Edgard 93
VARELA, Raquel 91, 162, 213, 266
VARNHAGEN, Francisco Adolfo de 240

VICENTE, Gil 171
VIDIGAL, Luis 50, 54, 56
VIDROVITCH, Catherine Coquery 76, 88, 91
VIEIRA, Antônio 171, 241
VIEIRA, Nino 243
VILLAR, Pierre 261
VILLEN, Patrícia M. A. 81
VINCENT-SMITH, John 48
VOVELLE, Michel 20

WALLERSTEIN, Immanuel 95-96, 196
WEBER, Max 188
WELLINGTON, Duque de 42, 43
WEMANS, Jorge 216, 270
WERY, Max 162, 265
WESSELING, Henk 71
WILSON, Harold 159

ZENHA, Salgado 110w

Título	*A Revolução dos Cravos - Economias, Espaços e Tomadas de Consciência (1961-1974)*
Autor	Lincoln Secco
Editor	Plinio Martins Filho
Produção editorial	Carlos Gustavo Araújo do Carmo
Seleção de imagens	Ciro Seiji Yoshiyasse
Revisão	Plinio Martins Filho
Índice	Carolina Bednarek Sobral
Editoração eletrônica	Jorge Buzzo
	Carlos Gustavo Araújo do Carmo
Capa	Gustavo Piqueira - Casa Rex
Formato	15,5 × 23 cm
Tipologia	Garamond Pro Premier
Papel	Chambril Avena 80g/m² (miolo)
	Cartão Supremo 250g/m² (capa)
Número de páginas	312
Impressão e acabamento	Lis Gráfica